Un monde d'hommes

Albert Edwards

Writat

Cette édition parue en 2023

ISBN : 9789359259505

Publié par
Writat
email : info@writat.com

Contenu

LIVRE I

je

Tous les livres devraient avoir une préface, expliquant de quoi ils parlent et pourquoi ils ont été écrits.

Celui-ci concerne moi-même, Arnold Whitman.

J'ai cherché en vain un titre qui serait vraiment descriptif du sujet et de la forme de mon livre. Il ne s'agit ni d'un « Journal », ni d'un « Journal », car ces mots signifient un compte rendu quotidien des événements. Ni les « Mémoires » ni les « Souvenirs » ne répondent à ce cas, car la plupart de ce que j'ai écrit pourrait mieux être appelé « Méditations ». Il ne s'agit certainement pas d'un « roman », car ce terme implique une « forme littéraire » traditionnelle, un début, un développement et une fin. Je suis tout à fait sûr que mes débuts remontent à l'époque primordiale où la matière morte s'est organisée – ou s'est organisée – pour la première fois en une cellule vivante. Et savoir si je « finirai » un jour ou non est une question ouverte. Il n'y a d'« unité » dans la forme de mon récit que l'état d'esprit qui m'a conduit à l'écrire, qui m'a tenu à l'épreuve jusqu'à présent.

C'est l'histoire de la façon dont moi, né à la fin de la Grande Guerre, j'ai vécu et des choses – banales et inhabituelles – qui me sont arrivées, de ce qu'ils ont ressenti à l'époque et de ce que je ressens à leur sujet maintenant.

"Autobiographie" est le terme qui décrit le mieux ce que j'ai essayé de faire. Mais ce mot est associé à l'idée de grands hommes. Le fait que je ne sois pas « génial » a été ma principale motivation dans l'écriture. Nous avons beaucoup de manuels sur la façon de devenir empereur, du moins ils racontent comment un homme nommé Napoléon l'a fait. Il existe une infinité de volumes auxquels vous pouvez vous référer si vous souhaitez devenir président de ces États-Unis ou rivaliser avec la carrière du capitaine Kidd. Mais de telles ambitions sont rares chez les garçons de plus de dix-huit ans.

Même avant cet âge, j'ai commencé à souhaiter un livre comme celui que j'ai essayé d'écrire. Je voulais savoir comment vivaient les gens ordinaires. Il ne servait à rien, à cette époque, de lire comment tel ou tel César est venu, a vu et a vaincu. J'ai partagé les ambitions des garçons à mon sujet. Il y a bien sûr eu des moments de rêverie lorsque nous projetions d'explorer l'Afrique centrale ou de fonder des dynasties. Mais c'était une pure fiction. Nous savions que pas un homme sur des milliers ne devient célèbre. Pour chaque instant où nous rêvions de grandeur, il y avait des jours entiers où nous regardions le monde réel d'un air interrogateur. Nous n'avons reçu aucune réponse de nos professeurs. La plupart des garçons qui étaient à l'école avec moi dirigent aujourd'hui un magasin, exercent le droit ou la médecine. Ils s'y étaient préparés en lisant Plutarque en classe et Nick Carter en catimini.

Quand j'étais jeune, je voulais bien sûr gagner ma vie confortablement. Je voulais doucement gagner une certaine distinction, mais tout cela était subordonné à un désir plus précis d'être un homme et de ne pas avoir honte. Un livre sur la vie ordinaire dans laquelle je devais entrer aurait été un don de Dieu pour moi.

Voilà donc l'histoire de ma vie telle qu'elle m'apparaît maintenant, et comment, face aux choses qui m'arrivent, j'ai essayé d'être honnête.

Je n'ai que deux excuses à vous présenter. Tout le reste de mes écrits est de nature scientifique – sur le thème de la criminologie. Je ne suis pas habitué à la narration. Et j'ai suffisamment comparu devant les tribunaux pour réaliser la différence entre « preuve » et « vérité ». Au mieux, je ne peux que donner des « preuves ». D'autres qui m'ont connu raconteraient ma vie différemment, peut-être avec plus de vérité. Mais ce sera aussi proche de la vérité que possible.

Et maintenant mon histoire.

II

Mon premier souvenir distinct est celui d'une flagellation imméritée. Mais de là est née ma conception de la Justice. C'était, je pense, ma première idée abstraite.

Mes parents sont morts bien avant que je m'en souvienne et j'ai été élevé dans la maison du révérend Josiah Drake, un ministre presbytérien de Cumberland des montagnes du Tennessee. C'était mon oncle, mais je l'appelais toujours « le Père ». Il a été le fait marquant de mon enfance et ma mémoire conserve une image plus vivante de lui que de toute autre personne que j'ai connue depuis.

Il était très grand, mais fortement courbé. S'il s'était rasé , il aurait ressemblé à Lincoln, et c'est, je suppose, la raison pour laquelle il portait une barbe si longue et si fournie. Car il était sudiste et détestait le chef du Nord avec toute l'amertume des vaincus. Et pourtant, il était chrétien. Je n'ai jamais connu quelqu'un qui ait servi son Dieu avec plus de sérieux et de dévouement. C'était un érudit de l'ancien type. Il connaissait son latin, son grec et son hébreu. Et comme ces réalisations étaient rares parmi le clergé des montagnes du Tennessee, cela lui conférait un grand prestige. En tout, sauf le nom, il était l' évêque de la campagne. Sa foi était celle de Pym, Knox et Jonathan Edwards, un militant puritain, intrépide devant le monde, abject dans l'humilité devant son Dieu.

De sa femme, ma tante Marthe, je n'ai presque aucun souvenir. Quand j'étais très jeune , elle devait être importante pour moi, mais à mesure que je devenais enfant, elle s'est évanouie dans un flou indistinct. Je me souviens très clairement de la façon dont elle regardait l'église, pas tant de son visage que de ses vêtements. Au cours de toutes ces années, elle a dû en avoir de nouveaux, mais si c'était le cas, ils étaient toujours de la même étoffe et du même modèle que les anciens. Je me souviens surtout des crêtes que les os de son corset formaient dans le dos de sa robe alors qu'elle se penchait en avant, posant son front sur le banc devant nous, pendant la « longue prière ». Il y avait toujours une rougeur sur son visage quand c'était fini. Je pense que ses vêtements la gênaient d'une manière ou d'une autre.

J'ai aussi une photo de son regard passionné et agité sur la cuisinière de la cuisine lorsqu'elle était engagée dans l'épreuve annuelle de « préparer » les conserves. Même en préparant du beurre de pomme, elle maintenait une certaine formalité. Le seul moment où elle perdait sa dignité était lorsqu'un des nègres se précipitait dans la cuisine pour annoncer qu'un buggy arrivait dans notre cour. La course soudaine, la précipitation dans sa chambre, la rapidité avec laquelle la femme de cuisine au visage brûlant se transformait en une femme de ministre calme et vêtue de soie noire, étaient la principale merveille de mon enfance. Il était très rare que les invités arrivent au salon avant elle.

Tous ses enfants étaient morts en bas âge, sauf Oliver. Comme la religion du Père désapprouvait l'amour terrestre, elle l'idéalisait en secret. Je pense qu'elle a essayé d'accomplir son devoir chrétien envers moi, mais c'était décidément superficiel. Elle était très occupée avec la grande maison à maintenir en ordre, un travail religieux sans fin et le fardeau de préserver les apparences qu'exigeait la position de son mari.

Il y avait une grande pelouse devant la maison jusqu'à une palissade. Tondre l'herbe et blanchir cette clôture ont été les corvées les plus amères de mon enfance. La rue principale du village était si peu fréquentée qu'une ou deux fois par été, il fallait couper les herbes hautes et les mauvaises herbes. A côté de notre maison se trouvait l'église, c'était une boîte peu attrayante. Je me souviens qu'elle était peinte de temps en temps, mais que la flèche au-dessus du beffroi n'était jamais achevée. Il y avait une rangée de maisons de chaque côté de la rue et deux magasins. Au-delà de l'église épiscopale, la route tournait brusquement à droite et descendait abruptement dans la vallée. Loin en dessous de nous se trouvait le siège du comté. Environ cinq cents personnes y vivaient et l'endroit comptait six magasins et une gare.

C'était ce qui faisait son plus grand charme auprès de mes camarades de classe. Depuis n'importe lequel des champs, sur le flanc de la colline au-delà du village, nous pouvions regarder en bas et observer les deux trains quotidiens alors qu'ils effectuaient un large balayage vers ce pays oublié. Il y avait un garçon dont je me souviens avec envie. Son père était charretier de notre communauté et parfois il emmenait son fils avec lui. Ils dormèrent dans le grand chariot couvert sur la place devant le palais de justice du comté et revinrent le lendemain. Le nom du garçon était Stonewall Jackson Clarke. Il a dominé le reste d'entre nous parce qu'il avait vu une locomotive de près. Et il nous disait que le palais de justice était plus grand que nos deux églises « avec le magasin de Blake au sommet ».

Je pense qu'enfant, je connaissais les noms d'une ou deux gares de chaque côté du chef-lieu du comté. Mais il ne m'est jamais venu à l'esprit que les trains là-bas pourraient vous emmener vers les villes et les pays que j'ai étudiés dans ma géographie. Au-delà de la vallée se trouvaient Missionary Ridge et Lookout Mountain. Mais aucun des garçons avec qui je jouais ne réalisait que le monde au-delà des montagnes ressemblait en quelque sorte au pays que nous pouvions voir. Nous aurions été surpris si le professeur nous avait indiqué sur le plan de l'école l'endroit où se trouvait notre village. Le pays sur lequel régnait le prince de Cendrillon était tout aussi réel pour nous que l'État de New York ou les pays d'Europe, dont nous apprenions par cœur les noms des capitales.

Mon cousin Oliver ne me plaisait pas. Quand j'étais jeune, je ne savais pas pourquoi. Mais maintenant, je peux voir qu'il avait un côté lâche en lui, un soupçon de sournoiserie, une incapacité à être courageusement sincère. C'est grâce à lui que j'ai reçu ma leçon de justice.

Il avait alors environ seize ans et moi huit. Son passe-temps était alors la menuiserie et, comme j'étais censé émousser ses outils si je les touchais, il m'était interdit de jouer dans la partie de la grange où il avait son banc. Il allait passer la nuit chez des amis dans une commune voisine et, au petit-déjeuner (il devait commencer vers midi), il demanda au Père de réitérer l'interdiction. Quelques heures plus tard, j'ai trouvé Oliver fumant une cigarette en soie de maïs derrière la grange. Il m'a supplié de ne pas « le dénoncer ». Rien n'avait été plus éloigné de mon esprit. En guise de pot-de-vin pour mon silence , il a dit que je pourrais jouer avec ses outils. L'esprit de son offre m'a mis en colère, mais je l'ai accepté.

Après son départ, le Père me trouva à son banc.

"Ollie a dit que je pouvais", expliquai-je.

"Au petit déjeuner", répondit le Père , "il a clairement dit que vous ne pouviez pas."

Mais je m'y suis tenu. Le père avait toutes les raisons de croire que je mentais. Ce n'était pas dans la nature d'Oliver d'être gentil avec moi sans raison. Et je ne pouvais pas, sur l'honneur, en expliquer la raison. Le Père n'était pas du genre à gâter ses enfants en épargnant le bâton, et il n'y avait pas de crime dans son code plus odieux que le mensonge. Il a essayé de me forcer à avouer.

Il n'y avait rien de très tragique pour moi à être fouetté. Tous les garçons que je connaissais étaient ainsi punis. Je n'y avais jamais réfléchi. Comme je n'admettais pas avoir menti, c'était la pire raclée que j'ai jamais reçue. Il s'arrêta enfin, à bout de souffle, et m'envoya au lit.

"Olivier sera de retour demain", dit-il. "Cela ne sert à rien de persister dans votre mensonge. Vous serez découvert. Et si vous n'avez pas avoué..." La menace restait ouverte.

Je me souviens m'être retourné dans mon lit et avoir souhaité avoir menti et avoir été fouetté pour désobéissance. Cela n'aurait pas été si grave et aurait été terminé immédiatement. Le lendemain matin, j'étais assis d'un air maussade dans ma chambre, attendant le retour d'Oliver, me demandant s'il dirait la vérité. Je n'étais pas du tout confiant. Vers midi, le tableau s'est arrêté au portail, un des nègres a pris le cheval et j'ai entendu le Père appeler Oliver dans son bureau.

Puis soudain, une porte a claqué et j'ai entendu le pas du Père dans l'escalier. Il courait. Il a fait irruption dans ma chambre et avant que je réalise ce qui se passait, il m'a pris dans ses bras. Et, merveille des merveilles, il pleurait. Je n'avais jamais vu un homme adulte pleurer. Il me le demandait, je ne comprenais pas ce qu'il voulait dire, mais il me demandait de lui pardonner. Puis j'ai entendu la voix de la Mère à la porte.

"Qu'est-ce qu'il y a, Josias ?"

"Oh, Martha. C'est horrible ! J'ai frappé le garçon pour avoir menti et il disait la vérité ! Oh, mon fils, mon fils, pardonne-moi."

Au début, tout ce que j'ai réalisé, c'est que je ne devais plus être fouetté. Mais toute la journée, le Père m'a gardé près de lui et peu à peu, à partir de son discours, j'ai commencé à comprendre vaguement que la justice existait. J'avais toujours pensé que les punitions étaient une affaire de bon plaisir des parents. Que cela ait un rapport de cause à effet, que parfois un père puisse avoir raison et parfois tort de battre un enfant, ne m'était jamais venu à l'esprit.

Il est intéressant de voir comment de telles choses prennent forme dans l'esprit d'un enfant. Le Père m'a acheté un ensemble d'outils comme celui d'Oliver en guise d'offrande de paix, et bien sûr, j'étais beaucoup plus intéressé par eux que par toute conception abstraite de la justice. Pourtant, d'une manière graduelle et subconsciente, l'idée s'est imposée dans mon esprit. J'ai commencé à tout juger par cela. Je suppose que cela marquait la fin de la petite enfance, le premier léger début de la virilité.

III

Il n'est pas surprenant que, dans ce foyer austère, ma première idée fondamentale ait été celle de la justice plutôt que celle de l'amour.

Il fut peut-être un temps où l'affection entre le Père et la Mère se manifestait extérieurement. J'aimerais penser qu'ils avaient connu des jours de lune de miel plus gais. J'en doute. Ils étaient des compagnons plutôt que des amants. La Mère s'appelait bien Marthe, occupée à beaucoup de service. Son travail s'était intégré au sien. Il serait plus juste de dire que son œuvre était la sienne. Leur tâche qui les absorbait le plus était de gagner des âmes à Christ, et tout ce qui n'avait qu'un intérêt humain leur semblait terrestre. Je n'ai jamais vu entre eux quoi que ce soit qui ressemble à une querelle, ni aucun passage d'affection, sauf que le Père l'embrassait en partant en voyage ou en revenant.

Il m'est difficile de comprendre de telles personnes. Tout ce qui m'a donné du réconfort dans la vie, tous les plaisirs de la littérature et de l'art, tous les poèmes réels et écrits, ils m'avaient rigoureusement retranché.

Oliver et moi avons embrassé la mère quand nous nous sommes couchés. Je ne me souviens jamais d'avoir embrassé le père . Pourtant, il m'aimait. Parfois, je pense qu'il m'aimait plus que son propre fils. Je doute que j'aie été souvent séparé de ses pensées, jamais de ses prières.

Mais tout ce que je savais quand j'étais enfant sur les affections, qui s'expriment ouvertement, venait de Mary Button, mon enseignante de l'école du dimanche. Elle débordait de joie de vivre et en tout point à l'opposé de l'austérité que je connaissais à la maison. Elle était tout à fait merveilleuse avec moi. Lorsque la Mère était absente aux réunions synodiques, Marie venait souvent pendant une journée entière pour tenir la maison en ordre. C'était étrange et typique de l'entendre chanter des chansons entraînantes d'université sur notre orgue de salon – un engin sifflant qui semblait entièrement dédié à Moody et Sankey.

Tout au long de mon enfance, Marie est passée comme un rêve céleste, une princesse venue d'un beau pays de rire et de baisers.

Quand j'avais environ neuf ans, et elle, je suppose, vers dix-neuf ans, le professeur Everett, qui était avec son frère à l'université, a commencé à visiter le village. Je l'ai d'abord détesté avec une jalousie instinctive. Il a depuis acquis une grande renommée en tant que géologue et était sans aucun doute un homme estimable, mais si je devais le rencontrer maintenant, après toutes ces années, je suis sûr que la vieille rancune reviendrait à la vie et me ferait le haïr. Après quelques mois, il l'épousa et l'emmena dans une ville universitaire voisine.

Environ un an plus tard, alors que la douleur de son absence commençait à se dissiper et que, comme un garçon, je risquais de l'oublier, une photo d'elle et du bébé est arrivée. C'était une photo tellement affectueuse ! Elle avait l'air si radieuse et heureuse ! Elle était dressée sur la cheminée du salon et semblait éclairer cette pièce sombre . Je me souviens exactement de la manière dont elle était appuyée contre l'horloge en bronze, entre les bustes en plâtre de Milton et d'Homère. À cette époque, je pensais qu'il fallait être aveugle pour être poète. La photo a gardé son souvenir vivant pour moi.

Quelques mois plus tard, Mary m'a écrit que son mari partait pour assister à une convention et elle m'a demandé de venir lui tenir compagnie pendant la semaine.

L'excitation de cette première sortie dans le monde est la chose la plus vive qui me vienne de mon enfance. Le père m'a conduit en bas de la montagne jusqu'au siège du comté et j'ai enfin vu un train de près. Même lorsque je les avais observés à travers les lunettes de campagne du Père , je n'avais pas réalisé à quel point ils étaient grands. Il me chargea du conducteur, un homme aux manches sans bras et aux moustaches tombantes, qui avait été caporal dans son régiment.

Il y eut un bruit sec – nous n'avions pas d'aérofreins sur les trains du Tennessee à cette époque – et la gare et le Père disparurent hors de vue. Un nombre incroyable de choses sont passées par la fenêtre de la voiture ! J'ai compté tous les champs jusqu'à la station suivante. Il y en avait trente-sept. Le conducteur m'a dit que je ne devais descendre qu'au dix-huitième arrêt. J'ai commencé vaillamment à les compter tous, mais mon attention a été distraite par le fait que les choses à proximité de la piste passaient beaucoup plus vite que celles au loin. En "physique A" à l'université, j'ai appris une explication de ce phénomène qui semblait correcte sur le papier mais qui, même aujourd'hui, est totalement inadéquate lorsque je suis dans un train et que je regarde la terre tourner autour de points éloignés dans les deux horizons. Essayer de trouver une raison à cela lors de ce premier voyage en train m'a endormi. Finalement, le conducteur m'a réveillé et m'a remis à Mary.

Je ne me souviens que vaguement des détails de cette délicieuse semaine, l'étrangeté de toute l'expérience est ce qui me reste en mémoire. Il y avait le bébé, si doux, si rond et si content. Il y avait l'infirmière allemande, la première servante blanche que j'aie jamais vue. Et il y avait les fauteuils du salon, courbés et confortables, très différents des chaises du salon de la maison. Après le dîner, au lieu de m'envoyer au lit, Mary me lisait devant le feu ouvert, me lisait les merveilleuses histoires du roi Arthur. Quand j'eus enfin sommeil, elle m'accompagna dans ma chambre. Cela me gênait de me déshabiller devant elle, mais c'était très doux de la voir me border et m'embrasser « bonne nuit ».

Marie m'a "gâté", pour reprendre l'expression du Père , systématiquement, elle m'a laissé manger entre les repas et m'a gavé de friandises. Une nuit, ça m'a rendu malade. J'ai oublié si les "beignets" ou les "pop-overs" étaient à blâmer. Quand le médecin fut parti en riant, car ce n'était pas grave, Mary m'emmena dans son propre lit. J'aurais volontiers souffert dix fois plus de douleur pour le réconfort chaleureux de ses bras autour de moi.

C'est lors de cette visite que tout ce qu'on appelle l'Art dans la vie a commencé à m'intéresser. Les légendes du roi Arthur ont été mon introduction à la littérature, les « Idylles » de Malory et Tennyson ont été les premières histoires écrites ou poèmes que j'ai jamais appréciés. Et je pense que ma première impression de la Beauté a été la vue de Marie allaitant le bébé. Je suis sûr qu'elle n'a pas réalisé avec quels yeux étonnés je la regardais. Je n'étais qu'un petit rasoir et elle n'aurait pas pu deviner à quel point c'était un spectacle nouveau pour moi. À la maison, tout ce qui était humain et qui ne pouvait être supprimé était soigneusement caché. Je pense que certaines des vieilles Madones dans lesquelles la Mère allaite l'Enfant auraient semblé blasphématoires au Père. L'art m'a toujours semblé à son apogée lorsqu'il s'occupait de quelque chose d'humain aussi simple.

IV

J'avais deux camarades de jeu à l'époque, Margaret et Albert Jennings. Leur père faisait partie de l'équipe de "Stonewall" Jackson. "Al" avait mon âge, mais semblait plus âgé et Margot avait un an de moins. Jusqu'à ce que je parte à l'école , nous étions presque inséparables. Nous n'étions séparés que dans les affaires de l'Église, car ils étaient épiscopaliens.

Notre plus grand intérêt commun était une « entreprise de poulet ». Nous avions construit un enclos élaboré dans la cour arrière du presbytère et avions parfois jusqu'à trente poules. Cette entreprise nous a conduit au grand péché de notre enfance : le vol.

Pourquoi j'ai volé, je ne peux pas l'expliquer. Je n'ai jamais prétendu le justifier. Nous vendions une douzaine d'œufs à ma maison, puis en retirions du garde-manger autant qu'il était nécessaire pour en préparer une douzaine pour Mme Jennings. Nous avons fait cela de temps en temps pendant quatre ou cinq ans. Lorsque les poules pondaient librement, nous n'étions pas obligés de le faire. Mais s'il n'y avait pas d'œufs pour satisfaire les demandes des deux familles, nous les volions. Je pense que nous avons imputé la faute aux poulets. Al et moi étions toujours pleins de grands projets pour améliorer le stock ou la course et avions donc besoin d'argent. Il y avait peu de danger d'être découvert, car l'entretien ménager était une science très imprécise dans nos foyers du Sud. Et le simple fait que les poules refusaient de pondre comme elles le devraient était une raison très triviale pour sacrifier nos projets. Mais nous n'aimions pas le faire. Nous cherchions toujours les nids deux ou trois fois dans l'espoir de trouver les œufs dont nous avions besoin.

Al était un type bizarre. Je me souviens d'une fois où il nous manquait deux œufs.

"Nous devrons les voler à ta mère", dis-je.

"Vous êtes peut-être un voleur", rétorqua-t-il avec colère alors que nous partions après le butin. "Mais j'ai l'intention de le rembourser. Ce n'est qu'un prêt."

Il y avait un faible subterfuge selon lequel Margot ignorait notre malhonnêteté. Nous en avions décidé tous les trois en conseil public, pour la protéger au cas où nous serions attrapés. S'il devait y avoir des coups de fouet, c'était aux membres masculins de l'entreprise de les subir. Mais Margot savait, aussi bien que nous, combien d'œufs étaient pondus et dans quelle mesure nos ventes dépassaient ce chiffre. Mais les bonbons qu'elle achetait ne semblaient pas plus troubler sa conscience que sa digestion. J'ai rencontré une infinité de femmes plus âgées, en parfaite position dans l'Église, qui ne se soucient plus de la façon dont leurs hommes gagnent leurs revenus.

Il y avait un autre trait très féminin chez Margot. Nous avons divisé nos bénéfices à parts égales, en trois parties. Al et moi avons toujours réinvesti la majeure partie de notre part dans l'entreprise. Margot a dépensé le sien en bonbons. Al s'opposait parfois à cet arrangement, mais je la défendais toujours.

C'était parce que je m'attendais à l'épouser. Je ne me souviens pas quand cela a été suggéré pour la première fois, mais c'était une chose acceptée entre nous. Le colonel Jennings avait l'habitude de nous encourager en riant. J'en ai parlé une fois à la maison, mais le père a secoué la tête et a dit que cela le chagrinerait si je me mariais en dehors de notre confession. Les baptistes étaient son aversion particulière, mais à côté d'eux, il s'opposait aux épiscopaliens, qu'il estimait entachés de papisme.

Cela a conduit à une dispute avec Margot. Je lui ai dit catégoriquement que je ne l'épouserais pas, à moins qu'elle ne devienne presbytérienne. Elle était un peu snob et, comme les gens les plus considérables du comté appartenaient à son église, elle préférait m'abandonner plutôt que de descendre dans l'échelle sociale. Pendant plusieurs jours, nous ne nous sommes pas parlé. J'ai refusé de laisser entrer dans ma cour des épiscopaliens égarés. Comme le poulailler était dans mon domaine, Al, qui était plus petit que moi, est devenu un apostat. Mais Margot a tenu bon, jusqu'à ce que sa mère intervienne et nous dise, avec beaucoup de bon sens, que nous étions beaucoup trop jeunes pour connaître la différence entre une secte et une autre, qu'il valait mieux suspendre les hostilités jusqu'à ce que nous sachions pourquoi nous nous battions. La paix fut donc rétablie.

Mon amour de veau était étrangement froid. Certains garçons et filles de l'école avaient l'habitude de « cuillèrer ». Mais « se tenir la main » et ainsi de suite me paraissait complètement insensé. Je ne sais pas ce qu'en a ressenti Margot, mais je n'ai pas plus pensé à l'embrasser que son frère. Ce qu'il y avait de mieux chez elle, c'était qu'elle aimait aussi le roi Arthur. Mary m'avait donné un exemplaire de Malory. Dans notre grenier à foin, Margot et moi avions l'habitude de le lire à haute voix et de le jouer à tour de rôle. Ce n'est qu'une fois de temps en temps que nous parvenons à persuader Al de se joindre à nous dans ces drames enfantins. J'étais généralement Lancelot. Parfois, elle était Elaine, mais je pense qu'elle préférait être la reine.

A quatorze ans, je découvre les Chroniques de Froissart dans la bibliothèque du Père . Il avait une couverture rébarbative et je ne l'aurais peut-être jamais déterré s'il ne m'avait pas mis au travail pour épousseter ses livres en guise de punition pour une délinquance mineure. Sur l'étagère du bas se trouvaient trois grands lexiques : latin, grec et hébreu. À côté d'eux se trouvait la grande Bible familiale . Puis vinrent la Concordance de Cruden , une géographie de la Palestine, « Le déclin et la chute de l'Empire romain », la « République hollandaise » de Motley – et Froissart ! Alors que je l'époussetais sombrement, il m'a glissé des mains et s'est ouvert sur une vieille gravure du Meurtre de Richard II. Il y avait vingt-quatre planches dans ce volume. Jamais un garçon n'est entré dans un tel paradis.

Je ne peux que deviner ce que le Père aurait pensé si je remplissais mon esprit d'une telle tradition. Je n'ai pris aucun risque en la matière. Avec beaucoup de peine, je disposai les livres de manière à ce qu'on ne remarque pas l'absence de Froissart. Jusqu'à ce que j'aille à l'école dans l'Est à seize ans, il reposait au fond de la poubelle à son du loft, et quand enfin j'y suis allé, je l'ai donné à Margot comme mon trésor le plus précieux.

Quand je l'ai vue il y a dix ans, elle m'a montré le vieux livre. Cette vue nous mettait tous deux sous contrainte, nous rappelant le bon vieux temps où nous avions projeté de nous marier. Les funérailles d'un rêve me paraissent toujours plus tristes que la mort d'une personne.

Les camps meetings permanents, qui sont devenus le mouvement Chautauqua, commençaient tout juste à gagner en popularité. On en avait commencé une à quelques dizaines de kilomètres de notre village et l'année où je partais à l'école, le Père avait été nommé directeur. Nous avons quitté la maison au début de l'été et je devais partir vers l'Est sans revenir.

La veille de mon départ, je suis allé voir Margot. C'était mon premier appel formel et, dans mon nouveau pantalon long, j'étais très gêné. Pendant environ une heure, nous sommes restés assis, raides, répétant toutes les dix minutes la promesse de nous écrire. Je me souviens que nous avions compris qu'il me faudrait dix ans pour terminer le séminaire théologique et être prêt à l'épouser. Il a été ordonné que je devais étudier pour le ministère. Aucune autre carrière ne m'avait jamais été proposée.

La contrainte s'est dissipée lorsque je lui ai demandé une photo à emporter avec moi à l'école. Par instinct de coquetterie , elle feignit de ne pas vouloir que j'en aie un. Les garçons à l'école, disait-elle, avaient leurs murs recouverts de photos de filles, elle ne penserait pas à laisser le sien supporter une centaine d'autres. Quand j'ai solennellement promis de n'avoir d'autre photo que la sienne, elle a répondu qu'elle n'en avait pas de bonne. Il y en avait un sur la cheminée et je l'ai attrapé malgré ses protestations.

Elle était un peu un garçon manqué et une bagarre hoydenish s'ensuivit. Dans la bousculade, ma main tomba accidentellement sur sa poitrine. Cela m'a envoyé un frisson éblouissant. La vision m'est venue de Marie allaitant le bébé et de la beauté de son sein blanc. L'idée s'est associée à Margot, qui se débattait dans mes bras. Je ne connaissais rien du mystère de la vie. Je ne peux pas dire ce que j'ai ressenti – c'était très vague – mais je savais que quelque chose de nouveau m'était venu.

Margot remarqua le changement. Je suppose que j'ai arrêté la lutte avec elle.

"Quel est le problème?" elle a demandé.

"Rien."

Mais je suis parti et je me suis assis à l'écart.

"Quel est le problème?" insista-t-elle en s'approchant et en se plaçant devant moi. "Est ce que je t'ai blessé?"

"Non J'ai dit. "Mais il ne faut pas lutter comme ça. Nous ne sommes plus des enfants ."

Elle a levé la tête et a commencé à se moquer de moi et de mon nouveau pantalon long. Mais je l'ai interrompue.

"Margot ! Margot ! Tu ne comprends pas ?"

Je lui ai pris les mains, je l'ai tirée à côté de moi et je l'ai embrassée. C'était la première fois. Je suis sûr qu'elle n'a pas compris ce que je voulais dire – je n'étais pas clair moi-même. Mais elle se tut soudain. Et tandis que j'étais assis là, les bras autour d'elle, j'ai eu une vision de la maison de Mary et de la joie chaleureuse qui y régnait. Margot et moi aurions une maison comme celle-là ; pas comme celui du Père .

J'étais sous le charme d'une émotion vertigineuse à laquelle aucun de nos mots d'adulte ne correspondrait. L'émotion, je suppose, ne vient qu'une fois et est trop éphémère pour avoir gagné une place dans les dictionnaires pour adultes. C'était douloureux et génial, mais en rentrant chez moi , j'étais très heureux.

V

Bien sûr, je n'ai jamais remis en question les dogmes religieux du Père. Je ne savais même pas qu'ils pourraient être interrogés. Mais deux choses me troublaient constamment.

On m'avait enseigné que notre Sauveur était le Prince de la paix et que son commandement principal était la loi de l'amour. Mais quand les adultes se réunissaient, on parlait toujours de guerre. Je ne pense pas qu'il y ait un ancien ou un diacre dans notre église qui n'ait pas servi. Combien de fois j'ai entendu des récits sur la vague de meurtres et de viols qui avait déferlé sur nos montagnes quelques années auparavant !

Je me souviens particulièrement de l'installation d'un monument de bataille juste à l'extérieur de notre village et de la horde d'étrangers venus de diverses régions de l'État pour la cérémonie. Les héros étaient cinq hommes en uniforme gris, tous ceux qui restaient de la compagnie qui se tenait là et qui avait été abattue. L'un était un vieil homme, trois étaient d'âge moyen et un était si jeune qu'il ne pouvait pas avoir plus de seize ans le jour du combat. L'homme qui avait été leur capitaine resta au presbytère. Après le souper, les principaux hommes du village se réunirent dans notre salon. Je me tenais près de la chaise du Père et j'écoutais, les yeux écarquillés, tandis que, de sa voix cassée, le capitaine nous racontait tous les détails de ce massacre. Je me souviens que, dans l'excitation de son récit, le vieux soldat est devenu profane et que le Père ne l'a pas réprimandé.

D'une manière ou d'une autre , je ne ressentais aucune romance dans la guerre moderne, il ne semblait aucune similitude entre ces hommes et les héros chevaleresques de La Table Ronde. Peut-être que si Launcelot avait été une personne réelle, là dans le salon du presbytère, et m'avait raconté face à face et de manière vivante comment il avait tué le faux chevalier Gauvain , m'avait fait voir la tache de sang sur la lame de son épée, le cadavre à tête fendue. de son ennemi, qu'ils auraient pu aussi paraître odieux.

Quand j'étais petit garçon, je ne comprenais pas comment un disciple de Jésus pouvait être un soldat. Je ne savais pas que des hommes adultes posaient également la même question. Des années plus tard, je me souviens avoir entendu le sonnet mordant de Rossetti : « Vox ecclesiæ , vox Christi » —

"O'er les armes bénies pour le carnage, à la jeunesse féroce

Depuis un âge maléfique, le mot a sifflé : -

Vous êtes au Seigneur : sortez, détruisez, soyez forts :

L'Église du Christ vous absout de la loi de vérité du Christ. »

Je ne sais pas ce que le Père aurait pensé de ces paroles, car, comme certains des dirigeants des Têtes rondes de l'époque de Cromwell, il avait été aumônier ainsi que capitaine de sa compagnie. Si la guerre avait éclaté à nouveau, comme le pensaient les « Irréconciliables », et si Oliver avait refusé de s'enrôler sous prétexte qu'il étudiait pour le ministère du Christ, je pense que le Père l'aurait maudit.

L'autre chose qui m'inquiétait était un « hymne gospel » que nous chantions presque tous les dimanches. Il y avait une mélodie entraînante, mais les mots étaient horribles.

Il y a une fontaine remplie de sang,

Tiré des veines d'Emanuel;

Et les pécheurs plongés sous ce flot

Perdez toutes leurs taches de culpabilité.

Un moyen de salut aussi sanglant paraissait bien plus effrayant à mon imagination d'enfant que l'enfer le plus sulfureux .

Ces choses, on m'a dit que je les comprendrais quand je serai grande. C'était la réponse à tant de questions que j'ai perdu l'habitude de les poser. Je croyais que le Père était très sage et qu'il était prêt à le croire sur parole pour tout.

À onze ans, il m'a persuadé de « faire profession de foi » et d'adhérer à l'Église. Ce n'est qu'au cours de ces dernières années, plus douces, que je peux revenir sur cet incident sans amertume. C'était tellement injuste. La seule chose qu'on m'a fait comprendre, c'est que je prononçais des vœux très sérieux et irrévocables. Cela m'a impressionné à tous points de vue. On m'a donné une toute nouvelle tenue. Je n'avais jamais eu de nouveaux sous-vêtements et de nouvelles chaussures en même temps qu'un nouveau costume et un nouveau chapeau auparavant. De telles choses captent l'imagination d'un enfant. J'ai dû me lever devant toute la congrégation et répondre à des questions incompréhensibles avec des réponses que j'avais apprises par cœur. Puis, pour la première fois, on me donna une part du pain et du vin de communion. La solennité de l'occasion a été soulignée. Mais aucun effort n'a été fait – du moins aucun succès – pour me faire comprendre de quoi il s'agissait. Quand je suis devenu assez vieux pour commencer à penser à de telles choses, j'ai découvert que j'avais déjà juré de croire les mêmes choses aussi longtemps que je vivrais. J'essaie autant que je peux de me souvenir des nombreuses gentillesses de mes parents adoptifs, réalisant, comme je le fais sûrement, avec quel sérieux et dans la prière ils se sont efforcés de faire de leur mieux pour moi, cette folie reste mon souvenir le plus vif d'eux. C'était horriblement injuste envers un jeune qui prenait sa parole au sérieux.

Mais je n'ai jamais eu ce qu'on appelle une « expérience religieuse » jusqu'à cet été, lors d'un camp meeting, à l'âge de seize ans.

Au fil des années, j'ai appris que les sectes les plus anciennes et les plus riches avaient développé des mises en scène plus élaborées et plus artistiques pour leurs mystères. Je ne peux aujourd'hui assister à un office des Pères Paulistes, ou chez Sainte Marie la Vierge, sans ressentir l'ivresse du lourd encens et la merveilleuse beauté de la musique. Mais pour un garçon et pour les simples montagnards qui s'y rassemblaient, ce camp était suffisamment impressionnant.

Il se dressait au bord d'un lac miroir, à l'ombre de Lookout Mountain, dans l'un des plus beaux coins du Tennessee. Des pins majestueux se pressaient autour de la clairière et au-delà du lac, la colline s'éloignait, laissant une vue imprenable sur la vallée. L'homme semblait une toute petite créature sous ces arbres géants, face aux grandes distances jusqu'à la chaîne de montagnes au-delà de la vallée. Il n'y avait rien dans le camp qui rappelle la vie quotidienne. Les mille et une choses qui détournent avec insistance l'attention de la religion avaient été exclues.

Tous les soins avaient été pris pour que le camp contraste avec "The Springs", une station balnéaire à la mode et mondaine, et attire les gens à proximité. Il n'y avait pas de jeu de cartes ni de danse, car de telles choses étaient censées offenser la Divinité. L'étape vers la gare n'a pas fonctionné dimanche.

Chaque jour, après le petit-déjeuner, la grande famille – une centaine de personnes ou plus – se réunissait au bord du lac et le Père conduisait la prière. Le matin, il y avait des cours d'étude, dont la plupart étaient des cours bibliques. Je ne me souviens que de deux qui étaient laïques. L'un portait sur la littérature et la version King James a été prise comme modèle de prose anglaise. Aucune mention n'a été faite du fait qu'une grande partie de l'original était de la poésie. Il y avait aussi un cours sur la « Science ». Un professeur d' Exigesis d'un séminaire théologique voisin a lancé une polémique venimeuse contre Darwin. L'« hypothèse nébulaire » a été démolie grâce à de nombreux gestes convaincants.

Ma petite histoire d'amour avec Margot m'avait mis dans un état d'exaltation. D'autres choses conspiraient pour me rendre particulièrement sensible aux suggestions religieuses. Oliver revenait de sa deuxième année de séminaire. Mon aversion pour lui a été oubliée. Il m'a semblé très éloquent dans les réunions de jeunes qu'il dirigeait.

Mary était là avec ses trois enfants et avait pris pour l'été le chalet situé à une extrémité du demi-cercle surplombant le lac. Son mari, le professeur Everett, était parti depuis plusieurs mois pour l'expédition géologique en Alaska, qui était, je crois, le fondement de l'éminence qu'il occupe aujourd'hui dans cette science. Marie aussi avait été happée par la ferveur religieuse du lieu. Pour moi, elle semblait merveilleusement spiritualisée et belle au-delà des mots. Oliver et moi avions souvent l'habitude de rentrer chez elle à pied avec elle après les réunions du soir et, assis sur son porche au-dessus de l'eau, nous parlions de religion.

Les dimanches étaient des réunions de réveil continues. De célèbres pêcheurs d'âmes venaient chaque semaine. Toutes les méthodes, des plus spirituelles aux plus grossières , étaient utilisées pour nous sevrer de nos péchés. C'est "Salvation" Milton qui m'a débarqué.

Il était l'attraction phare du programme de l'été. Il reste au camp deux semaines, quatorze jours d'émotion tendue, à la limite de l'hystérie. Pour beaucoup de gens, le « Salut » Milton apparaît comme un véritable apôtre. Son message leur est parvenu sous forme de paroles saintes provenant de l'oracle du Très-Haut . Pour ceux-là, je crains que cela puisse paraître blasphématoire de ma part, en tant que criminologue, d'écrire sur lui comme un spécimen de pathologie. Mais j'en ai rencontré beaucoup qui lui ressemblaient beaucoup devant nos tribunaux pénaux.

Je n'ai aucun doute sur sa sincérité, jusqu'à la limite de son pauvre cerveau déformé. Il a eu des moments d'exaltation lorsqu'il pensait parler face à face avec Dieu. Il croyait intensément en sa mission. Il eut des moments moindres, qu'il regretta aussi amèrement que ses amis qui, comme les fils de Noé, le couvraient d'un drap pour que sa nudité ivre ne soit pas vue par les hommes. Il était pitoyablement déséquilibré. Mais je pense que si on lui avait donné la force de vouloir choisir, il aurait toujours été l'ardent serviteur de Dieu que nous avons vu en lui lors du camp meeting.

Il était maître de son métier. Par la méditation, le jeûne et la prière, il pouvait se mettre dans un état émotionnel où une éloquence passionnée coulait de ses lèvres avec une conviction presque irrésistible. Il était également adepte des ficelles les moins vénérables de son métier.

Il avait l'habitude, vers quatre heures de l'après-midi, de se promener séparément dans les bois et de passer une heure ou plus à genoux. Une fois, il m'a emmené avec lui. Je me souviens de la crainte d'être assis là sur les aiguilles de pin, dans le silence de la forêt et de le regarder « lutter avec l'Esprit ». J'ai essayé de prier aussi, mais je n'ai pas pu y penser aussi longtemps. Soudain, il commença à parler, demandant l'intercession du Christ en ma faveur. Et en rentrant chez moi, il m'a parlé de mon âme. Pour la première fois, j'ai été « envahi par une conviction de péché ». Cette nuit-là, il prêcha sur le salaire du péché.

Je n'oublierai jamais l'horreur de la peur qui m'a retenu tout au long de ce service. Milton avait l'habitude de traiter et de vaincre des hommes d'esprit mûr. Un garçon comme moi était du mastic entre ses mains. Quand, de la terreur frissonnante, est venue la promesse criée du salut, de l'immunité contre tout ce qu'il m'avait fait ressentir mes justes mérites, j'ai trébuché abjectement dans l'allée et j'ai pris ma place parmi les « Chercheurs ». Je dois dire qu'il avait du réconfort prêt pour nous. Je me souviens qu'il a mis son bras sur mon épaule et m'a dit de ne pas trembler, de ne pas avoir peur. Dieu était puissant pour sauver. Bien avant la création du monde, il m'avait construit une demeure dans les cieux. Il laverait tous mes péchés dans le sang de l'Agneau. Milton m'avait effrayé et m'avait poussé à traverser un océan rempli de sang si la sécurité était au-delà.

Le lendemain matin m'a apporté la paix. Je suppose que mes nerfs surmenés étaient arrivés à la limite de mon endurance. Je pensais que c'était la promesse d'une « paix qui dépasse toute intelligence ». J'étais sûr de mon salut. Plusieurs semaines d'exaltation spirituelle ont suivi. Je lisais la Bible avec passion, parfois seul, le plus souvent avec Olivier ou Marie, car c'était la mode d'adorer en commun. Chaque fois que l'occasion s'en présentait lors des réunions, je faisais un « témoignage public ».

Mais j'aurais eu du mal à définir ma foi. J'avais eu très peur et j'avais récupéré. Ceci, pensais-je, venait de Dieu. Je n'avais qu'une idée grossière de la Divinité. En général, je le considérais comme très semblable au Père, avec des cheveux blancs et une grande barbe. Je le considérais comme intimement intéressé par tout ce que je faisais et pensais, notant tout cela sur les tablettes du jugement – un comptable qui ne dormait jamais. Je n'étais pas du tout clair sur la Trinité. Ces presbytériens des montagnes étaient des chrétiens de l'Ancien Testament. Le Christ a joué un rôle mineur dans leur jeu de la passion. Ils parlaient beaucoup du Saint-Esprit, mais Dieu, le Père, le Roi des rois, le jaloux Jéhovah d'Israël était leur divinité principale. Nous étions censés l'aimer, mais en réalité nous le craignions tous. Cependant, j'étais très fier d'être convaincu d'être l'un de ses élus .

Les années qui passent m'apportent le désir d'un jugement plus subtil sur les choses que le verdict grossier du « bien » ou du « mal ». Je repense à ma formation religieuse, j'essaie de retenir mes larmes et mes ricanements et j'y pense calmement. Je doute qu'il y ait des enfants irréligieux. Certains adultes prétendent l'être, mais je pense que cela signifie qu'ils sont irréfléchis ou terriblement découragés. Nous vivons au milieu du mystère. Nous en sommes nés et lorsque nous mourons, nous y rentrons. Quiconque pense doit avoir une certaine attitude envers l'Incompréhensible – doit avoir une religion. Et des parents aimants essaieront inévitablement d'aider leurs enfants à entretenir une relation émotionnelle propre et douce avec l'inconnu. Ce n'est évidemment pas une entreprise facile. Car les adultes qui m'ont entouré dans mon enfance, malgré leurs efforts sincères, malgré leurs prières pour me guider, au lieu de développer ma vie religieuse, l'ont horriblement déformée. Ils tenaient sincèrement à me conduire vers le Ciel. Je ne pense pas qu'il soit exagéré de dire qu'ils me harcelaient sur une route pavée de bonnes intentions.

Je ne vois pas de tâche plus importante que le développement d'un « cours d'éducation religieuse pour les enfants » sensé et sain. Celui fourni dans nos écoles du dimanche me semble très en deçà de la réalité. C'est un travail qui exigera non seulement de la piété, mais aussi une connaissance approfondie de la pédagogie.

Il est certain que le nouveau et meilleur régime découragera les « professions de foi » précoces. Je ne pense pas que cela insistera sur le fait que nous naissons dans le péché et que nous sommes nés pécheurs. Surtout, il veillera à ce que la religion ne paraisse pas laide ou effrayante à l'imagination des enfants. Même les calvinistes les plus orthodoxes apprendront — espérons-le — à réserver « la fontaine remplie de sang » et les feux de l'enfer aux adultes. L'école du dimanche du futur se déroulera dans les champs, parmi les fleurs, et l'émerveillement de l'enfant devant notre merveilleux univers sera chéri et conduit à la dévotion - à la gratitude naturelle pour le don de la terre et de la plénitude. celui-ci. C'est sûrement plus sage que de garder les enfants à l'intérieur pour apprendre le catéchisme. Je ne vois rien qui me semble moins une cérémonie religieuse que ces occasions où des Bibles sont remises à tous les élèves de l'école du dimanche qui peuvent réciter tout le catéchisme. Qu'est-ce que les jeunes ont à voir avec une métaphysique aussi raffinée ? Oh! les heures stériles que j'ai perdues à essayer de comprendre les différences entre « Justification », « Sanctification » et « Adoption » – ou était-ce « Rédemption ». On croirait que Jésus avait dit : « Laissez venir à moi les petits enfants qui connaissent le catéchisme ».

Mais bien sûr, à seize ans, je n'avais pas de telles idées. Je ne connaissais de vie religieuse que celle que je voyais autour de moi. On m'avait soigneusement appris à croire qu'une mémoire rémanente et une langue désinvolte plaisaient au Très-Haut . J'étais très méprisant envers les enfants de mon âge qui étaient moins compétents.

Au milieu de cette paix tomba un éclair qui mit fin à ma vie religieuse. Sa flamme sinistre a momentanément illuminé le grand monde au-delà de ma connaissance. Et la vision de choses auxquelles je n'étais pas préparé était trop pour moi. Je n'ai peut-être pas raison scientifiquement, mais il m'a toujours semblé que ce que j'ai vu cette nuit de juillet a stupéfié la partie de mon cerveau qui a à voir avec les « actes de foi ». Depuis, je n'ai jamais pu croire religieusement en quoi que ce soit.

C'était un dimanche. Lors de l'office des vêpres, nous étions tous assis sur l'herbe au bord du lac, le Père avait prêché que nos corps étaient les temples de Dieu. Comme d'habitude, Oliver a dirigé la réunion des jeunes après le dîner. Ces réunions plus intimes signifiaient plus pour moi que les assemblées plus grandes. Notre texte était « Bienheureux ceux qui ont le cœur pur ». Je me souviens clairement de l'apparence d'Oliver, grand, robuste et merveilleux dans sa jeune virilité. Il a maintenant une grande église métropolitaine et il a conquis sa voie par l'oratoire. L'éloquence sur laquelle il allait bâtir sa carrière commençait déjà à se manifester.

Marie a chanté. J'ai aussi une photo nette d'elle. Elle portait une robe en linon clair, que le brillant clair de lune rendait presque blanche. Ses années semblaient avoir disparu d'elle et elle ressemblait à ce qu'elle était lors de sa nuit de noces. Dans son contralto riche et doux, elle chantait la plus triste de toutes les musiques d'église : « Il était méprisé ».

Quelque chose m'a retardé après le service et quand j'ai cherché Oliver et Mary, ils étaient partis. Je suis allé chez elle mais la femme de ménage a dit qu'ils n'étaient pas venus. Le mystère de la ferveur religieuse et la gloire de la nuit m'empêchaient d'attendre sur la véranda, m'appelaient à flâner au bord de l'eau. Mais je me lassai vite de marcher et, revenant vers la maison, je m'allongeai sur l'herbe sous un grand arbre. La pleine lune éclaboussait le pays de croquis d'ombres fantomatiques blanches et noires denses.

Deux idées se débattaient dans mon esprit. Il y avait un désir insistant que Margot soit avec moi pour partager cette merveille de l'expérience religieuse. À ce désir, contraint, je suppose, par les textes de la soirée, s'opposait une forte poussée vers une ascétisme extrême. J'étais impatient du retour d'Olivier. Je voulais lui demander pourquoi notre église avait abandonné le monachisme.

Combien de temps j'ai réfléchi à cela, je ne le sais pas. Peut-être que je me suis endormi, mais enfin je les ai entendus revenir à travers les bois. Il y avait quelque chose dans la voix d'Oliver qui freina mon envie de me lever et de les saluer. C'était quelque chose de chaud et de précipité, quelque chose de féroce et de menaçant. Mais alors qu'ils débouchaient dans une zone de clair de lune, même s'ils se turent soudainement, je compris qu'ils ne se disputaient pas. Mary l'avertit d'un geste et entra dans la maison. Par les fenêtres ouvertes, je l'entendis dire à la bonne nègre qu'elle pouvait rentrer chez elle. Je l'ai entendue dire "Bonne nuit" et verrouiller la porte arrière. La jeune fille fredonnait une berceuse en s'éloignant. Pendant ce temps, Oliver restait assis sur les marches.

Je ne sais pas ce qui me retenait silencieux, accroupi là dans l'ombre. Je n'avais aucune idée de ce qui allait arriver. Mais la main paralysante de la prémonition s'est posée sur moi. Je savais qu'un mal approchait et je n'aurais pas pu parler ni bouger.

« Oliver, » dit-elle d'une voix que je ne connaissais pas, alors qu'elle sortait sur le porche, « tu dois t'en aller. C'est mal. Terriblement mal.

Mais il se releva d'un bond et l'entoura de ses bras.

"C'est un péché, Oliver," dit-elle, "tu es un ministre."

"Je suis un homme", dit-il avec férocité.

Puis ils entrèrent dans la maison. Ce n'est que des années plus tard, lorsque j'ai lu le livre d'Ebber, « Homo Sum », que j'ai réalisé, dans l'histoire de ce prêtre luttant contre sa virilité, ce que ce moment avait dû signifier pour Oliver.

J'ai traversé l'herbe sur la pointe des pieds jusqu'à l'ombre de la maison. Un store avait été baissé précipitamment, trop précipitamment. Un mince ruban de lumière jaillissait en dessous.

Je ne pourrais pas maintenant écrire ce que j'ai vu à travers cette fenêtre, si j'essayais. Mais dans l'état d'esprit de l'époque, avec mon ignorance de la vie, cela signifiait la profanation totale de toute sainteté. Oliver et Mary se tenaient sur mon piédestal le plus élevé, un dieu et une déesse. Je les ai vus dans la poussière. Non, cela semblait être un véritable bourbier.

Je me détournai enfin pour me noyer. C'est près du bord de l'eau qu'ils m'ont récupéré, inconscient, quelques heures plus tard. Les médecins appelaient cela une fièvre cérébrale. Près d'un mois s'est écoulé avant que je redevienne rationnel. J'ai été étonné de constater que, dans mon délire, je n'avais pas bavardé sur ce que j'avais vu. Ni Oliver ni Mary ne soupçonnaient leur rôle dans ma maladie. Plus révoltante pour moi que ce qu'ils avaient fait, c'était l'hypocrisie avec laquelle ils l'avaient caché.

Je redoutais par-dessus tout toute explication et je développais une hypocrisie aussi grossière que la leur. J'ai étouffé ma répugnance envers les baisers de Mary et j'ai fait semblant d'aimer qu'Oliver me lise la Bible. Et lorsque j'ai pu me déplacer à nouveau, j'ai assisté aux réunions comme avant. Il y avait une haine noire dans mon cœur et le pain de communion me donnait la nausée. Ce qui restait de l'été n'était qu'une nostalgie du jour où je devrais partir à l'école. Rien n'importait que d'échapper à ces associations.

Je ne suis pas sûr de la cause – les semaines d'hystérie religieuse qui ont accompagné ma conversion, ce que j'ai vu à travers la fente sous le rideau de la fenêtre, ou la fièvre – mais quelque temps entre l'arrivée du « Salut » Milton et mon rétablissement, ce petit un grain de matière grise, ce minuscule ganglion de cellules nerveuses, avec lequel nous *croyons* , a cessé de fonctionner.

LIVRE II

je

Début septembre, Oliver m'a emmené à l'école dans l'Est. Ce n'était pas l'un de nos établissements d'enseignement largement annoncés. Le Père l'avait choisie, je pense, parce qu'on l'appelait Académie presbytérienne et que ce nom assurait son orthodoxie.

Je me souviens que j'étais debout sur le quai de la voie ferrée, après qu'Olivier eut pris toutes les dispositions avec le directeur, attendant l'arrivée du train qui devait l'emmener hors de ma vue. Combien de temps duraient les minutes ! C'est une chose pénible pour un garçon de seize ans de haïr quelqu'un comme je détestais mon cousin. J'étais content qu'il ne soit pas vraiment mon frère.

Il est étrange de voir à quel point la vie change nos normes. Maintenant, quand je repense à ces jours-là, je suis profondément désolé pour lui. C'était, je pense, son seul amour. Cela aurait pu lui apporter très peu de joie car cela devait lui paraître un péché aussi odieux que moi.

Cinq ans plus tard, il se marie. Je suis sûr qu'il a été scrupuleusement fidèle à sa femme. C'est une femme à respecter et son ambition a été un grand stimulant pour son ascension . Mais je doute qu'il l'ait vraiment aimée comme il a dû aimer Mary pour briser, comme il l'a fait, toute sa moralité à son égard. Pour lui, l'amour devait paraître une tragédie. Mais l'enfance est dure. Je n'avais aucune pitié pour lui.

Son départ m'a enlevé un grand poids. Alors que je rentrais seul à l'école, j'avais envie de crier. Je commençais une nouvelle vie – la mienne. Je n'avais pas d'idée très claire de ce que j'allais faire de cette nouvelle liberté qui m'appartenait. Je ne me souviens que d'une seule planche de ma plate-forme : j'allais me battre.

La seule fois dont je me souviens m'être battu à la maison, j'avais été battu par le garçon, bastonné par le professeur de l'école et fouetté par le père , lorsqu'il a remarqué mon œil au beurre noir. Les combats étaient strictement interdits. Après ce triple passage à tabac, j'ai pris l'habitude d'être victime d'intimidation. Comme même le plus petit garçon de notre village savait que j'avais peur de me défendre, j'étais victime de tyrannies sans fin. Le premier usage que je voulais faire de ma nouvelle liberté était de changer cela. J'ai décidé d'en vouloir au premier empiètement.

Elle est venue le jour même d'un des garçons de la quatrième classe. Je me souviens qu'il s'appelait Blake. Juste avant le dîner, nous nous sommes retrouvés sur le court de tennis. Ce n'était guère juste pour lui. Il s'est battu sans grand enthousiasme. Pour lui, cela faisait partie de la routine consistant à garder les nouveaux garçons en ordre. Pour moi, c'était la Grande Émancipation. J'y ai mis toute l'amertume de toutes les humiliations et indignités de mon enfance. Le cérémonial des « seconds », des « rounds » et des « arbitres » était nouveau pour moi. À la maison, les garçons se sautaient dessus, se donnaient des coups de poing, se mordaient, s'arrachaient les cheveux et donnaient des coups de pied jusqu'à ce que l'un d'eux dise qu'il en avait assez. Dès qu'ils ont donné le mot de commencer, j'ai fermé les yeux et j'ai martelé. Nous nous sommes battus pendant plusieurs rounds, puis Blake a été déclaré vainqueur pour des raisons techniques.

Ils m'ont dit avec pitié que je ne savais pas me battre. Mais tout ce que je voulais, c'était démontrer que je n'avais pas peur. J'avais gagné ça. C'était la seule dispute que j'ai eue à l'école. Même les intimidateurs ne se souciaient pas de tirer des conclusions avec moi, et je n'avais aucune envie de provoquer des ennuis. J'avais gagné un respect dans la petite communauté dont je n'avais jamais bénéficié auparavant.

D'une certaine manière, c'était une petite affaire, mais c'était de mauvais augure pour moi. C'était la première fois que je faisais la chose interdite et que je trouvais cela bien. Le Père avait eu tort d'interdire la légitime défense. C'était un début de se rendre compte que sa sagesse avait été en défaut ici. Avec le temps, toute sa structure morale élaborée s'est effondrée.

L'école était évidemment religieuse. Mais les enseignants, avec beaucoup de bon sens, comprirent que d'autres choses étaient plus importantes pour les garçons en pleine croissance que les professions de foi. Il semblait qu'après ma maladie, mon esprit se réveillait par sections. La partie qui consistait à réfléchir sur Marie et Oliver, à réfléchir sur ma relation avec Dieu, est restée longtemps en sommeil. J'ai étudié le latin, le grec et l'algèbre, j'ai joué au football, j'ai patiné et, avec le temps chaud, je me suis mis au baseball.

Au printemps, une ombre m'envahit : l'idée de rentrer chez moi. Plus je pensais à un autre été au camp, plus cela me paraissait effrayant. Finalement, je suis allé chez le médecin.

Il a été le premier, tout comme l'un des plus importants, des nombreuses personnes dont la gentillesse et l'influence ont illuminé ma vie. Il était directeur physique de l'école et avait également un petit cabinet dans le village. Des rumeurs couraient selon lesquelles il buvait et ne venait jamais à l'église. S'il y avait eu un autre médecin disponible, il n'aurait pas été employé par l'école.

Je n'ai jamais connu d'homme aux humeurs plus variables. Certains jours, sur le terrain de football, il se lançait dans ce sport avec un entrain incroyable pour un adulte, riait, plaisantait et nous appelait par nos prénoms. Encore une fois, il s'asseyait sur le banc près de la ligne de touche, l'air renfrogné, ne s'intéressant pas à nous, marmonnant pour lui-même des choses incohérentes. Un jour, un autre garçon et moi étions loin « hors des limites » à la recherche de châtaignes. Nous l'avons vu passer à travers les arbres et nous nous sommes cachés sous des broussailles. Il avait un fusil sous le bras, mais il faisait trop de bruit pour un chasseur. Il gesticulait sauvagement avec son bras libre et jurait de manière épouvantable. Nous étions paralysés par la peur. Je ne pense pas qu'aucun de nous n'en ait parlé à personne. Car malgré ses manières bizarres, tous les garçons, qui n'étaient ni sournois ni vantards, l'aimaient énormément.

Un samedi après-midi, j'ai trouvé le courage d'aller à son bureau. Il y avait plusieurs agriculteurs devant moi. J'ai dû attendre longtemps et quand mon tour est enfin arrivé, j'ai eu très peur.

"Si je rentre à la maison cet été", ai-je lâché, "je serai encore malade."

Oliver lui avait parlé de ma maladie. Au début , il s'est moqué de moi, mais j'ai insisté si obstinément qu'il a commencé à me prendre au sérieux. Il a essayé de me faire raconter mes problèmes mais je n'y suis pas parvenu. Puis il m'a examiné attentivement, en tapotant mon genou pour détecter mes réflexes et en faisant d'autres choses incompréhensibles qui sont désormais des tests psychologiques monnaie courante. Mais pour un médecin de campagne à l' époque , c'était très progressiste.

"Pourquoi es-tu si excité ?" » demanda-t-il soudain, « As-tu peur que je te fasse du mal ?

"Non," dis-je, "j'ai peur de devoir rentrer chez moi."

"Tu es un gars du rhum."

Il s'assit et écrivit au Père. Je ne sais pas quel argument il a utilisé, mais il a été couronné de succès. Une lettre arriva en temps voulu m'autorisant à accepter une invitation à passer l'été avec un de mes camarades de classe.

Ce furent des vacances merveilleuses pour moi : mon premier aperçu de la mer. La famille du garçon possédait un chalet sur la rive sud de Long Island. Le père qui était avocat se rendait souvent en ville. Mais les week-ends qu'il a passés avec nous ont été des régals. Il a joué avec nous ! Il a vraiment aimé m'apprendre à nager et à naviguer. Je me souviens de ma fierté lorsqu'il me confiait l'écoute de grand-voile ou la barre franche. La mère aimait aussi la voile. Qu'elle aime jouer avec nous m'a encore plus surpris que le père de mon amie. Quelle que soit leur religion en hiver, ils n'en avaient pas en été — à moins qu'être heureux ne soit une religion. J'ai recueilli de nouveaux idéaux de cette famille pour la maison que Margot et moi devions construire.

Au printemps de ma deuxième et dernière année à l'école, nous avons suivi un cours sur les « Preuves du christianisme ». C'était une affaire formelle, administrée par un vieux prédicateur congrégationaliste du village, que nous appelions « Holy Sam ». Il devait ce surnom à son habitude de prononcer « psaume » pour rimer avec « confiture ». Il ouvrait toujours l'office des Vêpres du dimanche en disant : « Nous commencerons notre culte par un saint sam. » Je pense qu'il ne s'intéressait pas plus au cours que la plupart des garçons. On supposait que nous étions tous chrétiens et c'était sa tâche plutôt ingrate de nous donner des « raisons raisonnables » pour ce que nous croyions déjà.

Cela a eu l'effet inverse sur moi. Le livre que nous avons utilisé pour un texte était principalement dirigé contre les athées. Je n'avais jamais entendu parler d'athée auparavant, c'était une excellente idée qu'il y ait des gens qui ne croyaient pas en Dieu. Je n'avais pas douté de son existence. Je l'avais détesté. La foi et l'amour que j'avais donnés à Mary et Oliver s'étaient transformés en dégoût et en haine. Je ne pouvais douter de leur existence, et Dieu n'était que le moindre de cette trinité.

Ce serait un immense soulagement si je pouvais me débarrasser de ma croyance en Dieu. La nécessité de la haine me serait enlevée. Et ainsi, avec mon intellect de dix-huit ans, j'ai commencé à raisonner sur la Divinité.

Le pendule de la philosophie a parcouru un long chemin depuis que j'étais jeune à l'école. Aujourd'hui, nous nous intéressons davantage aux processus subjectifs de la dévotion – ce que Tolstoï appelait le royaume de Dieu en nous – qu'aux définitions d'un concept extérieur et objectif. Les fines distinctions scolastiques des vieilles théologies confessionnelles perdent de leur intérêt. Nous serions presque tous d'accord avec révérence avec Rossetti :

Au mieux à Dieu, au pire au hasard,

Remerciez pour les bonnes choses en dernier lieu.

Mais les fleurs soufflées par le vent sont si bonnes

Dont la pomme n'est pas la gratitude.

Même si aucune prière ne lève ton visage

Laisse le doux droit de rendre grâce

Comme l'enfant chéri de ton âme, sois nourri .

La génération du Père considérait qu'une croyance en Dieu, telle que définie par la confession de Westminster, était plus importante que toute forme de grâce rendue. Je pensais que j'étais en guerre contre Dieu. Bien entendu, je ne faisais que lutter contre la définition formelle du Père. Notre manuel, en y répondant, citait les arguments de Thomas Paine. La logique employée contre lui était faible et peu convaincante. C'était entièrement basé sur la Bible. Cela soulevait manifestement la question de savoir si Dieu était un mythe, les Écritures étaient alors une fiction. Aujourd'hui, les tirades de Paine n'ont pour moi qu'un intérêt historique. Le dernier appel en matière de religion ne s'adresse pas à la raison pure. La sanction de la « foi » échappe au formalisme de la logique. Mais à dix-huit ans, « l'appel à la raison » me paraissait sans réponse.

J'ai commencé à perdre le sommeil. À mesure que le printemps avançait, je trouvais ma chambre trop petite pour mes pensées et je pris l'habitude de me glisser par l'escalier de secours et de marcher dans la nuit. Il y avait une vieille course de moulin près de l'école et j'avais l'habitude de arpenter la digue pendant des heures. Tout comme pour le vol d'œufs, quelque chose m'a poussé à faire cela et je m'inquiétais très peu de ce qui se passerait si j'étais découvert.

Après plusieurs nuits de méditation , j'ai mis mes conclusions sur papier. Depuis, j'ai conservé la feuille sale et froissée, écrite d'une main d'enfant en mauvais état . Il y avait d'abord les deux propositions : « Il y a un Dieu », « Il n'y a pas de Dieu ». S'il existe un Dieu, il pourrait être soit un Jéhovah personnel, comme celui en quoi croyait le Père, soit une divinité impersonnelle comme celle des théistes. C'étaient toutes les possibilités auxquelles je pouvais penser. Et à propos de ces propositions, j'ai écrit ce qui suit :

"Je ne trouve aucune preuve de l'existence d'un Dieu personnel. Il faudrait des preuves solides pour me faire croire en un être aussi cruel. Comment un Dieu tout-puissant, qui se soucie d'eux, a-t-il pu laisser ses enfants dans l'ignorance ? Il existe de nombreux hommes adultes. qui pensent savoir ce que signifie la Bible. Ils se sont brûlés vifs – catholiques et protestants – et ils s'entretueraient encore s'il n'y avait pas de lois contre cela. Un Dieu personnel ne laisserait pas ses disciples se battre pour sa signification. Il parlerait clairement. S'il le pouvait et ne le faisait pas, il serait un scélérat. Je détesterais un tel Dieu. Mais il n'y a pas de bons arguments en faveur d'un Dieu personnel.

"Un Dieu impersonnel ne vaudrait pas mieux que pas de Dieu. Il ne se soucierait pas des hommes. Un tel Dieu ne pourrait nous donner aucune loi. Chacun devrait découvrir par lui-même ce qui est juste.

"S'il n'y a pas de Dieu, c'est comme s'il existait un Dieu impersonnel.

" Par conséquent, l'homme n'a pas de règle divine sur ce qui est bon et ce qui est mauvais. Il doit le découvrir par lui-même. Cette expérience doit être le but de la vie : découvrir ce qui est bon. Je pense que la meilleure façon de vivre serait de faire en sorte que le Le plus grand nombre de gens seraient heureux que vous ayez survécu. »

Tel était mon credo à dix-huit ans. Cela a très peu changé. Je ne crois pas... à beaucoup de choses. Ma philosophie est toujours négative. Et la vie me semble aujourd'hui, comme alors, une expérience éthique.

Mes promenades de minuit près du bief ont pris fin brusquement. Mes spéculations furent interrompues par la lourde main du médecin qui se posa sur mon épaule.

"Que fais-tu hors du lit à cette heure-là ? Tu fumes ?"

J'étais complètement confus, ne voyant d'autre issue que la honte. Ma peur même m'a sauvé. Je n'arrivais pas à reprendre mes esprits pour mentir.

"Je pense à Dieu", dis-je.

Le médecin poussa un long sifflement et s'assit à côté de moi.

"C'est ça qui t'a donné de la fièvre cérébrale ?"

"Oui."

"Eh bien, parle-moi de ça."

Aucune bonne chose qui me soit venue depuis ne peut être comparée à ce que le médecin a fait pour moi cette nuit-là. Pour la première fois de ma vie, un adulte m'a parlé sérieusement, laisse-moi parler. Les adultes m'avaient parlé sans fin. On m'avait dit ce que je devais croire. Il a été le premier à me demander ce que je croyais. C'est peut-être le grand amour pour lui, qui a surgi dans mon cœur cette nuit-là, qui m'a rendu plus tard dans ma vie particulièrement intéressé par des gens comme lui.

J'ai commencé au début, et quand je suis arrivé à "Salvation" Milton, il m'a interrompu.

"Nous enfreignons tellement les règles ce soir, autant en faire plus. Je vais fumer. Tu veux un cigare ?"

Je ne fumais pas à cette époque. Mais l'offre de ce cigare, le fait qu'il me traite comme un adulte et un égal, m'a donné une nouvelle fierté de vivre, m'a donné le courage d'aller jusqu'au bout de mon histoire, de parler d'Oliver et de Mary, de lui faire part de mon credo. Il était assis là, fumant en silence et m'écoutait.

"Qu'en penses-tu?" J'ai finalement demandé : « Croyez-vous en Dieu ?

"Je ne sais pas. Je ne l'ai jamais rencontré dans aucun laboratoire. Cela me fait penser à un conte de fées."

"Alors tu es athée," dis-je avec empressement.

"Non. Un sceptique." Et il a expliqué la différence.

"Comment savez-vous ce qui est bien et ce qui est mal ?"

"Je ne sais pas", a-t-il répondu. "Je sais seulement que certaines choses sont confortables et d'autres non. Il est inconfortable de laisser les gens penser que vous êtes un menteur, surtout lorsque vous dites la vérité. C'est inconfortable d'être surpris en train de voler. Mais je connais certaines choses. des voleurs qui ne sont pas arrêtés et qui semblent assez à l'aise. Surtout, c'est inconfortable de se savoir un raté.

Sa voix s'éteignit avec lassitude. Il lui fallut plusieurs minutes avant de recommencer.

"Je ne pourrais pas vous dire ce qui est bien et ce qui ne va pas, même si je le savais. Vous ne croyez pas en Dieu, pourquoi devriez-vous croire en moi ? Si vous ne croyez pas la Bible , vous ne devez croire aucun livre. Non - ce n'est pas ce que je veux dire. Une grande partie de la Bible est vraie. Nous ne croyons pas certaines d'entre elles, vous et moi. Ainsi en est-il des autres livres - en partie vrais, en partie faux. Ne vous fiez pas à la totalité d'un livre ou d'un autre. homme."

"Comment puis-je savoir quelle partie croire ?"

"Tu serais l'homme le plus sage du monde, mon garçon, si tu savais ça," rit-il.

Puis, après un long silence, il parla d'une voix froide et dure.

"Écoutez-moi. Je ne suis pas un homme de confiance. Je suis un échec."

Il m'a raconté l'histoire pitoyable de sa vie, sur un ton égal et impersonnel, comme s'il s'agissait de l'histoire de quelqu'un d'autre. Il avait étudié en Allemagne, était revenu à New York, brillant chirurgien, directeur d'un grand hôpital.

"J'étais proche du sommet. Il n'y avait aucun homme de mon âge au-dessus de moi. Puis le fracas. C'était une femme. Vous ne pouvez pas dire ce qui est bien et mal dans ces choses. Ne blâmez pas ce cousin de le vôtre ou celui de la fille. Si quelqu'un devrait savoir, c'est un médecin. Moi non. C'est le problème le plus difficile qui soit en matière d'éthique. Les séminaires théologiques n'aident pas. C'est stupide de simplement dire aux hommes de s'en tenir à l'écart, tôt ou tard. plus tard, ils ne le font pas. Et personne ne peut leur dire ce qui est juste. Vous ne comprendriez pas mon cas si je vous en parlais. Cela m'a achevé. J'ai commencé à boire. Faites attention à la boisson. Ce sera sûrement inconfortable. Je " C'était une ivrogne - au fond. Enfin, j'ai entendu parler d'elle à nouveau. Elle descendait rapidement - vers le fond. Eh bien, je savais à quoi ressemblait le fond - et je ne voulais pas qu'elle le sache. "

Il fuma furieusement son cigare pendant un moment avant de poursuivre. Il avait rampé dehors et était devenu dégrisé. Ce travail scolaire et la pratique du village lui ont donné de quoi la maintenir dans un hôpital privé. Elle souffrait de phtisie.

"Et d'ici peu," conclut-il, "elle mourra et... eh bien, je pourrai retourner au Pays des Oubliés."

Bien sûr, je ne comprenais pas la moitié de ce que cela signifiait. Comme je me suis creusé le cœur pour un mot de réconfort ! Je voulais lui demander de rester à l'école et d'aider les autres garçons comme il m'aidait. Mais je n'ai pas trouvé de phrases. Finalement, son cigare s'éteignit et il enfonça le mégot dans le bief. Il y eut un sifflement aigu, qui ressemblait à une protestation, avant qu'il ne coule sous l'eau. Il s'est levé d'un bond.

"Vous devriez être au lit. Un jeune a besoin de sommeil. Ne vous inquiétez pas pour Dieu. Il est plus important pour vous de faire partie de l'équipe de baseball. Courez."

Je n'avais fait que quelques pas lorsqu'il m'a rappelé.

"Vous savez, si vous le dites à quelqu'un, je pourrais perdre mon poste. Je m'en fiche de moi, mais soyez prudent à cause d'elle. Bonne nuit."

Il s'est détourné avant que je puisse protester. Son rappel est le seul nuage dans mon souvenir de lui. Son secret était en sécurité.

Pendant le reste de l' année scolaire , j'ai consacré toute mon attention au baseball. Le médecin était uniformément bourru avec moi. Nous n'avons pas eu une autre conversation.

Deux semaines avant la fermeture de l'école , il a disparu. Je savais qu'elle était morte, il n'aurait pas abandonné son poste tant que durait son besoin. Le jour du commencement, John, le marchand de pommes, m'a remis une lettre de sa part. Après l'avoir lu, je l'ai soigneusement déchiré, comme il l'a demandé, et j'ai jeté les fragments par la fenêtre du train qui me ramenait chez moi. Il y avait beaucoup de choses pour m'aider à avoir une pensée claire dans cette lettre, mais la partie la plus importante était des conseils sur la manière d'agir envers le Père . "Ne lui confie pas tes doutes maintenant. Cela ne ferait que l'affliger. Attends d'être grand avant de te disputer avec lui."

II

Rien d'important ne s'est produit au cours des semaines que j'ai passées en camp meeting cet été-là. Heureusement Marie n'était pas là et Oliver, après avoir terminé le séminaire, passait quelques mois en Europe. Je gardais à l'esprit les conseils du Docteur, évitais toute dispute et observais machinalement les formes de cette communauté religieuse. Personne ne soupçonnait mon impiété, mais je soupçonnais tout le monde d'hypocrisie. C'était une période stérile de tromperie.

Même ma correspondance avec Margot ne me procurait aucun plaisir. Je ne pouvais pas lui écrire sur mes doutes, mais j'avais très envie d'en discuter avec elle. Même si je ne pouvais pas mettre sur papier ce qui tenait le plus à mon cœur, j'avais beaucoup de mal à remplir des lettres avec des choses moins importantes. Chaque fois que je n'ai pas été franc, j'ai toujours trouvé cela tristement insatisfaisant.

J'imagine que les garçons les plus réfléchis de ma génération étaient horriblement seuls. De nos jours, il est de plus en plus courant que les adultes soient amis avec les enfants. Le docteur de l'école était le seul homme à qui je me sois jamais confié. Et dans ma solitude, j'attendais avec impatience de longues conversations avec Margot. Je supposais que l'amour signifiait comprendre.

La grave maladie de la Mère nous a ramenés à la maison avant la fin de l'été. Je n'y avais pas été particulièrement malheureux durant mon enfance, mais maintenant que j'avais vu d'autres maisons plus agréables, la mienne me paraissait cruellement triste. Sa tristesse s'intensifiait parce que la Mère était mourante. Je n'avais pas eu d'amour particulier pour elle, mais la chose était rendue plus difficile pour moi par mon manque de sympathie pour leurs conventions religieuses. Il était impératif qu'ils ne remettent pas en question la volonté de Dieu. La Mère ne voulait pas mourir. Le père avait, j'en suis sûr, le cœur brisé à l'idée de la perdre. Ils ont gardé une attitude courageuse – cela me semblait une vaine prétention – que Dieu était très bon envers eux, qu'il la libérait de l'esclavage de la vie, l'appelant à une joie indescriptible. Même si elle était attachée aux choses connues – le père , son fils absent, les tombes de ses autres enfants, les objets simples du presbytère, les quelques pièces d'argent héritées, les chaises familières – il lui incombait de paraître heureuse de partir vers l'inconnu.

C'était ma première rencontre avec la mort. Comme il est étrange que le plus grand de tous les lieux communs nous surprenne toujours ! Quelle torsion dans notre cerveau nous pousse à essayer si désespérément d'ignorer la mort ? Les docteurs en philosophie jonglent avec les mots sur leurs *Erkenntnis La théorie* – essayer de découvrir les limites de la connaissance humaine, essayer de décider pour nous quelles choses sont connaissables et ce que nous ne savons peut-être pas – mais surtout leurs bavardages, le fait de la mort s'impose comme une chose que nous connaissons tous. Que nos tempéraments nous inclinent à révérer la raison pure ou à accepter la connaissance empirique, nous savons, sans équivoque, que nous devons sûrement mourir. Pourtant, quelle quantité incroyable d'énergie mentale nous dépensons pour essayer de l'oublier. Le résultat? Nous sommes tous surpris et perturbés lorsque ce lieu commun se produit.

Le christianisme prétend avoir vaincu la mort. Pour les élus, a enseigné le Père , c'est un réveil joyeux. Les gens de l'Église suivaient scrupuleusement les formes imposées par leur credo. Qui peut dire la réalité de ses pensées ? Il y a une certaine validité dans la théorie de la psychologie qui dit que si vous frappez un homme, vous vous mettez en colère ; que si vous riez, cela vous rend heureux. Je ne nierais pas que leur attitude leur ait apporté un certain réconfort. Mais à ce moment-là, ballotté dans ma mer tumultueuse de doutes, il me semblait qu'ils avaient tous peur. De la même manière, des troupes bien disciplinées tourneraient et marqueraient le pas et poseraient les armes, exécuteraient toutes les manœuvres familières du terrain d'armes, tandis que les obus de l'ennemi balayaient leurs rangs avec une peur froide, il me semblait donc que ces soldats du Christ exécutaient des rites pour lesquels ils avaient perdu tout cœur pour tenter de se convaincre qu'ils n'avaient pas peur.

Une grande tendresse et une grande pitié me sont venues pour la Mère . Comme je l'ai dit, il y avait eu peu d'affection entre nous. Tout son amour était allé à Oliver. Pourtant, dans ces derniers jours, alors qu'elle était si impuissante, cela semblait la réconforter si je m'asseyais à côté d'elle et lui caressais la main. Une sympathie mystique s'établit entre nous et elle n'éprouva aucun besoin de faire semblant devant moi. J'étais assis là et j'observais le chagrin sur son visage, un chagrin désespéré, oui, et parfois la rébellion et la peur. Mais avec une loyauté courageuse, elle a tout caché lorsque le Père est entré dans la pièce, a séché ses larmes et a parlé de la joie qui l'attendait.

Il y avait aussi mon propre chagrin. La désillusion m'était venue de Margot. Pourquoi je m'attendais à ce qu'elle sympathise et comprenne mes doutes, je ne le sais pas. C'était un rêve assez fou.

Le premier soir à la maison, je suis allé la voir. La famille se pressait avec de nombreuses questions. Al fréquentait une académie militaire du Sud et il y avait d'innombrables comparaisons à faire entre son école et la mienne. Mais finalement, Margot et moi nous en sommes libérés et sommes partis seuls sous une tonnelle. Elle semblait plus âgée que moi, la maturité qu'elle avait acquise au cours de ces deux années m'avait surpris. Mais j'ai laissé échapper mes ennuis sans préface.

" Margot, " dis-je, " crois-tu tout dans la Bible ? "

Je suppose qu'elle attendait un mot d'amour. Deux ans auparavant, lorsque je l'avais quittée, je l'avais embrassée. Et maintenant--

"Bien sûr", dit-elle surprise.

Si elle avait douté d'un seul point ou d'un seul titre, j'aurais peut-être été content. Son acceptation irréfléchie de tout cela m'a mis en colère.

"Je ne le fais pas," grognai-je.

"Que veux-tu dire?"

"Je pense ce que je dis. Je ne crois pas en la Bible."

Je me souviens si bien de son apparence, là, dans la tonnelle où elle m'avait conduit, ses yeux écarquillés de surprise et de peur. Je pensais qu'elle avait l'air stupide.

"Je ne crois pas en Dieu", ai-je continué.

Je m'attendais à ce qu'elle prenne cette annonce tranquillement. Mais deux ans auparavant, je n'avais jamais entendu parler d'hommes qui doutaient de l'existence de Dieu, à l'exception, bien sûr, des païens ignorants. Les cheveux de Margot sont presque blancs maintenant, mais je suppose que dans toute sa vie, je suis la seule personne qu'elle a entendu remettre en question les enscignements de l'Église.

Je réalise maintenant à quel point j'ai été stupide de m'attendre à ce qu'elle comprenne. Ces deux années d'absence avaient tout changé pour moi, même le sens des mots que j'utilisais. J'avais voyagé dans un monde plus vaste que le sien et j'avais commencé à rencontrer l'esprit d'hommes qui réfléchissaient. Dans ce petit village de montagne, un recteur de second ordre, un peu lourdaud, avait été son guide intellectuel. C'était fou pour moi de penser qu'elle sympathiserait avec moi. Et pourtant, parce que je l'aimais, je l'ai aimé. Je n'avais que dix-huit ans.

Comme l'effroi grandissait dans ses yeux à mesure que je déclamais mon incrédulité !

"C'est méchant, ce que tu dis."

"C'est vrai. La vérité est-elle mauvaise ?"

"Je ne t'écouterai plus ."

Elle se leva. Soudain, j'ai réalisé que je la perdais.

"Margot", ai-je supplié, "tu ne dois pas y aller. Nous allons nous marier. Je dois te dire ce que je pense."

"Je n'épouserai jamais un homme qui ne croit pas en Dieu."

Nous étions tous les deux très héroïques. Il n'y avait aucune personne plus âgée et plus sage pour se moquer de nous. Alors nous nous sommes levés et nous nous sommes regardés. Elle a attendu quelques minutes que je me rétracte. Je ne pouvais pas. Puis deux larmes coulèrent sur ses joues. Je voulais désespérément dire quelque chose, mais j'avais aussi les larmes aux yeux et aucun mot ne venait. Elle se tourna et s'éloigna. Je ne pouvais pas y croire. Je ne sais pas combien de temps j'ai attendu qu'elle revienne. Enfin, je suis rentré chez moi.

Des jours maussades et amers suivirent. Je suppose qu'elle espérait, comme moi, qu'un moyen serait trouvé pour rétablir la paix. Mais aucun de nous ne savait comment.

Si j'en avais les moyens, j'organiserais d'abord la vie de manière à ce que les garçons échappent à de telles crises. Tôt ou tard, je suppose, chaque être humain arrive à un point où faire des compromis signifie une damnation totale. Mais si je pouvais reformuler ce « triste schéma de choses », je verrais que ce moment sinistre n'arrive qu'à maturité. Un Français a dit qu'après trente ans, nous devenons tous cyniques. C'est un dicton vicieux, mais qui contient une infime part de vérité. En vieillissant, nous devenons indifférents, cyniques, à l'égard des phrases. Le drame de la jeunesse est qu'elle voit rarement au-delà des mots. Et de toutes les futilités, il me semble que les querelles sur les termes avec lesquels nous nous efforçons d'exprimer notre mysticisme – notre religion, si vous voulez – sont les plus futiles. À dix-huit ans, je laisse un enchevêtrement de mots s'écraser, briser, mon amour. La jeunesse est cruelle, surtout envers elle-même.

Les funérailles de la mère me parurent étrangement irréelles. Il était difficile de trouver les larmes attendues et les vêtements noirs de deuil étaient odieux. J'avais l'impression d'être enfermé dans un cachot immonde et étouffant par manque d'air.

La libération est venue avec le temps pour moi de commencer mes études universitaires . J'avais la gorge nouée lorsque je montai dans le wagon, à côté du garçon noir qui devait me conduire au siège du comté pour le train de minuit. Le Père m'a tendu la main et m'a serré la main en espérant que le Seigneur me garderait sous sa garde, puis nous avons franchi la porte dans la rue principale. J'ai vu le Père debout seul dans l'embrasure de la porte et je savais qu'il priait pour moi. Je sentais que je ne reviendrais jamais. J'avais pitié du Père dans la grande maison vide, mais je n'avais aucun regret personnel, sauf Margot. Le souvenir des premiers adieux, comment j'avais trouvé avec elle la première réalisation de l'amour, le premier vague sentiment des forces mystiques de la vie, me revint vivement. Tout au long de ces deux années, elle a été un élément constant de ma réflexion. Je n'avais pas pensé à elle sentimentalement, le plus souvent, dans l'urgence du travail ou des loisirs, je n'avais pas du tout pensé à elle. Mais sa vision avait toujours été là, dans le saint des saints de mon cerveau, une chose qui ne devait ni changer ni disparaître.

L'église épiscopale était illuminée et pendant que nous passions devant , j'entendais des rires. Je savais qu'ils le décoraient pour un mariage. Margot serait là, car elle était l'une des servantes de la mariée. Dès que nous étions hors du village , j'ai dit au garçon noir que j'avais oublié quelque chose et, sautant, je suis retourné dans les bois et j'ai fait le tour du côté de l'église. J'ai mis une planche sous une fenêtre et j'ai regardé à l'intérieur. Il y avait d'autres personnes là-bas, mais je n'ai vu que Margot. Elle était assise à l'écart des rires, tressant une couronne de pin moulu pour le pupitre. Son visage était très triste. Bien sûr , elle savait que je partais, tout le monde sait des choses comme ça dans un petit village. Mais elle gardait la tête haute. Si je l'avais appelée sur les marches, elle m'aurait demandé une fois de plus de me rétracter. Je savais que c'était irrévocable. Le sort nous avait rendus trop fiers.

Je descendis de mon perchoir et retournai au chariot. Il y avait un vent d'ouest sauvage qui soufflait, il hurlait et hurlait à travers les pins et j'ai capté une partie de sa féroce exultation. L'été avait été amer au-delà des mots. La vie pleine devant moi m'appelait, la vie sans besoin d'hypocrisie.

Quand enfin j'étais dans le train et que j'ai senti le pot au moment où il démarrait, je me suis avancé vers le wagon fumant. En symbole de ma nouvelle liberté, avec autant de respect que s'il s'agissait d'un sacrement dédié à la déesse de la Raison, j'ai allumé une cigarette. Les larmes étaient très proches de mes yeux alors que j'étais assis là et que je fumais. Mais l'orgueil du martyre les retenait. N'étais-je pas en train d'abandonner même Margot pour la Cause de la Vérité ?

III

Le Collège était situé au sommet d'une colline, surplombant une large vallée. Il n'y avait rien de la grandeur sauvage de nos montagnes du Tennessee, c'était un paysage plus doux que celui offert par mon pays d'origine. Mais la plus grande différence résidait dans les champs serrés et bien labourés. Ici et là, il y avait des parcelles de bois, mais pas de forêt. C'était un pays agricole.

Si je devais construire un paradis, je le construirais sur le modèle de cet ancien campus. Aujourd'hui, chaque fois que je suis complètement fatigué et que j'ai envie de me reposer, la vision me vient de ces bâtiments recouverts de lierre et des rangées de peupliers maigres. C'est mon symbole de joie et de contentement légers. L'ombre lugubre de ma maison ne s'étendait pas si loin, et j'y étais plus insouciant que je ne l'ai jamais été ailleurs.

J'ai participé de bon cœur à la vie étudiante, j'ai joué au football et j'ai excellé dans le nouveau jeu du tennis. Il y a une période à la fin de l'adolescence où on ressent une exubérance de bien-être animal, où c'est une fierté de pouvoir soulever un poids plus lourd que son voisin, où c'est une joie de sentir ses muscles se faire mal. avec la fatigue, quand tout votre être s'ouvre à une sensation nouvelle dont vous ne connaissez pas le nom. Je me souviens de glorieux déplacements dans la neige épaisse de l'hiver, en y repensant, je sais que le zeste palpitant, qui me semblait alors intimement lié aux muscles de mes cuisses et de mon dos, était la prise de conscience naissante de la pure beauté du monde. . J'ai passé cette période au collège. Je suppose que c'est pour ça que j'aime cet endroit.

Dès le début, un seul sujet d'étude m'a intéressé. Cela ne figurait pas au programme de la première année. Par un hasard du sort, « l'Anglo-Saxon » m'a vivement séduit. Je suppose que c'était une conséquence de mon penchant d'enfant pour " Morte" de Malory. d'Arthur . " Dans la bibliothèque, j'ai trouvé de nombreux livres dans le vieil anglais grincheux des premières chroniques. Ils me semblent encore les plus fascinants qui aient jamais été écrits. J'en ai déchiffré certains avec aisance. Avant de pouvoir me procurer la viande parmi les autres , je devais maîtriser une grammaire anglo-saxonne. Tous mes moments libres étaient passés parmi les étagères. Mon travail en classe était mal fait. Mais parmi les livres, je suis entré en contact étroit avec le professeur Meer, le bibliothécaire et directeur du " Le département de littérature anglaise. Sa spécialité était Chaucer, mais mon intérêt remontait à une date encore plus ancienne. Il était mon deuxième ami adulte et je passais de nombreuses soirées chez lui. Mais notre conversation était toujours de littérature plutôt que de vie, de les tout premiers temps, où il n'y avait ni traditions ni conventions et où chaque écrivain était aussi un découvreur.

Une phase de la vie qui ne m'avait jamais troublé auparavant commença à occuper une grande partie de ma pensée. Mon attention a été attirée sur la question des femmes par les propos des footballeurs. Il y avait deux groupes très distincts parmi les athlètes ; les hommes du YMCA et les autres. Il était inévitable que je me sente hostile au premier. Ils utilisaient les phrases, parlaient la langue du Camp Meeting. Avec beaucoup de douleur et de travail, j'avais réussi à me libérer de tout cela. Beaucoup d'entre eux étaient peut-être des gens estimables, je ne le sais pas. Je n'ai bien connu aucun d'entre eux. Mais j'étais surpris de me retrouver souvent mal à l'aise avec les autres. Leur conversation était pleine de vagues allusions que je comprenais rarement. Ils étaient arrivés à l'université beaucoup plus sophistiqués que moi. Dans ma quête de la sagesse virile, j'ai lu un livre sur les questions sexuelles, que j'ai trouvé dans ma fraternité.

Cela m'a très peu appris. Depuis, j'ai vu des dizaines de livres de ce genre et je ne comprends pas l'esprit dans lequel ils sont écrits. Dans leur effort d'être purs et scientifiques, les auteurs se sont mis en quatre et n'ont presque rien dit à leurs lecteurs. C'était comme un livre qui décrivait le mécanisme d'une presse à imprimer sans un mot sur son utilisation ou sa place dans la vie. Une presse à imprimer est une chose sans vie à moins que l'on comprenne que ce n'est pas tant en elle-même que dans sa vaste utilité qu'elle est la chose la plus merveilleuse que l'homme ait faite. Le livre qui m'est tombé entre les mains décrivait en détail, dans une phraséologie froide et plutôt révoltante, la physiologie du sexe, mais il ne donnait aucune allusion à sa signification psychologique ou sociale, il ne suggérait même pas de loin que, tôt ou tard, tous ceux qui le liraient il faudrait considérer le sexe comme un problème d'éthique personnelle. C'était un mauvais manuel pour quelqu'un qui venait juste d'entrer dans la virilité.

On ne m'avait jamais rien dit sur le sexe. Je jugeais aux plaisanteries du gymnase que les autres avaient beaucoup discuté de ces questions dans leurs écoles préparatoires. Et avec les connaissances supplémentaires des années suivantes, je suis persuadé que mon école avait un esprit exceptionnellement propre. Je n'ai jamais entendu les garçons parler de telles choses, et si l'un d'entre eux prenait de mauvaises habitudes, il le faisait en privé.

Ces étudiants se vantaient. Bien sûr , j'ai caché mon ignorance avec honte. À mesure que la saison de football avançait, le discours devenait plus explicite. Certains membres de l'équipe, après le match de Thanksgiving contre notre université rivale, qui a mis fin à la saison, "se rendaient en ville pour semer l'enfer". Les hommes du YMCA s'attendaient à « rentrer directement à la maison ». Environ une semaine avant le dernier match, Bainbridge, notre capitaine et senior, a montré à certains d'entre nous une lettre qu'une fille de la ville lui avait écrite. Les autres gars qui ont vu la lettre l'ont trouvée très drôle. Cela me paraissait étrange et curieux. Une femme qui aurait pu l'écrire était quelque chose de totalement étranger à mon expérience.

Le soir de Thanksgiving – nous avions gagné la partie – nous tous, à l'exception des hommes du YMCA, sommes allés en ville pour un dîner et une fête. Il se trouve que j'étais le seul homme de ma fraternité dans l'équipe de football et, à la fin du dîner, je me suis retrouvé seul. J'avais un peu la tête qui tournait et je me souviens avoir marché dans la rue principale, essayant de me rappeler si j'avais décidé ou non de me lancer dans cette aventure féminine. J'étais sûr que je ne m'attendais pas à être livré à mes propres ressources. Je me dirigeais vers la gare pour prendre un train pour rentrer à l'université, lorsque je suis tombé sur certains camarades. Ils m'ont immédiatement annexé. Nous sommes descendus dans la rue en poussant le cri de guerre de la liberté. Ils avaient un objectif mais chaque bar que nous traversions détournait leur attention. C'était la première fois que j'approchais de la frontière de la sobriété – cette nuit-là, j'ai largement dépassé les limites. Sorti de tout cela, je me souviens avoir été persuadé de monter des escaliers sombres et avoir été soudainement dégrisé par la vue d'une pièce pleine de femmes. J'ai peut-être été si confus que je leur fais une injustice, mais aucune femme ne m'a jamais paru d'une laideur aussi nauséabonde. Malgré les protestations de mes amis, je me suis enfui.

Ce n'est pas une expérience agréable à raconter, mais cela m'a éloigné de ce qui aurait facilement pu être pire. J'avais raté le dernier train. Ne voulant pas passer la nuit dans un hôtel, ni rencontrer mes camarades dans le train du matin, j'ai parcouru les dix miles jusqu'à l'université. D'une manière ou d'une autre, la vue de ces femmes odieuses avait chassé toutes les vapeurs d'alcool de mon cerveau. Dans la nuit froide et fraîche, sous les lumières basses du ciel, je me sentais plus clair d'esprit que d'habitude. Aussi intensément que les étoiles brillaient au-dessus de moi, j'ai réalisé que je n'avais rien à faire avec une telle débauche. Ce n'est pas que j'ai pris une quelconque résolution, seulement j'ai compris sans aucun doute que de telles choses ne m'attiraient pas.

C'est quelque chose que je ne comprends pas. Le Père m'avait appris que beaucoup de choses étaient des péchés. Mais je ne pense pas qu'il y ait quoi que ce soit dans ma formation qui m'amène à penser que l'ivresse et la débauche soient pires que jouer aux cartes. Pourtant, j'ai appris à jouer au poker le cœur léger. C'était la même chose avec le théâtre et la danse. Il m'avait bien plus souvent mis en garde contre ces choses que contre l'ivresse. La meilleure explication que je puisse trouver, même si elle ne me satisfait pas entièrement, est que la débauche vulgaire a choqué certains instincts esthétiques plutôt que moraux. Ce n'était pas la pensée du péché qui m'avait poussé à fuir ces femmes, mais leur effroyable laideur.

Vers la fin du trimestre de printemps, la querelle longtemps retardée avec le père a atteint son paroxysme. J'ai oublié la cause exacte de l'accident, c'était peut-être la fumée. Je suis sûr que tout a commencé pour quelque chose de moindre importance. Mais une fois la brèche ouverte, il n'y avait aucune chance de la réparer. Dans la demi-douzaine de lettres échangées entre nous, j'ai professé mes hérésies avec de volumineux soulignements . Je n'avais qu'une idée, en finir à jamais avec la feinte et l'hypocrisie.

J'étais stupide et cruel. Je n'ai pas apprécié l' amour du Père pour moi, ni réalisé ses limites. Il était sûr d'avoir raison. Tout son système intellectuel reposait sur une foi inébranlable. Du point de vue de la nouvelle philosophie pragmatique, il avait testé sa « vérité » par une longue vie et l'avait trouvée bonne. Peut-être dans ses premiers jours avait-il rencontré du scepticisme, mais depuis son enfance, depuis qu'il avait commencé son pastorat, il n'avait fréquenté que des gens qui étaient mentalement ses inférieurs. Il était plus qu'un « curé », il était le sage, non seulement de notre petit village, mais de la campagne. Partout dans les montagnes, sa parole avait un poids décisif.

Inévitablement, il était devenu sûr de lui et dogmatique. Il lui était humainement impossible de discuter avec un jeune comme moi.

Dans ma jeunesse étroite et amère, je ne pouvais pas voir cela. J'aurais pu accorder sa sincérité, s'il avait accordé la mienne. Mais qu'il suppose que j'aimais le vice parce que je doutais de certains dogmes, cela me paraissait insensé . Mais les hommes qu'il connaissait, qui n'étaient pas « soi-disant chrétiens », étaient des ivrognes ou pire encore. Il croyait réellement que Robert Ingersoll était un homme d'une dépravation indescriptible. Il ne pouvait concevoir qu'un homme mène une vie honnête sans l'aide du Christ. La paix entre nous était impossible. Son ultimatum était une tentative pour m'affamer et m'amener au repentir. "Mes revenus", écrit-il, "proviennent des croyants qui donnent leurs acariens pour la poursuite de l'œuvre du Christ. Ce serait un péché de vous permettre de les gaspiller dans une vie tumultueuse."

donc pris fin.

IV

D'une part, les fées qui ont assisté à mon baptême ont été merveilleusement gentilles avec moi. Ils m'ont offert le cadeau d'amis. C'est la chose par-dessus toutes les autres qui me rend respectueux, qui me fait souhaiter un dieu à remercier. Il n'y a pas d'équité en la matière. Je suis convaincu que c'est ce que le Père aurait appelé « un acte de grâce ». Toujours, dans chaque crise, chaque fois que le besoin s'en faisait sentir, un ami était à mes côtés pour m'aider à traverser.

ainsi que mon père m'a supprimé mon allocation. Complètement ignorant de la vie extérieure, je n'étais pas aussi effrayé par mon soudain manque d'argent que j'aurais dû l'être, comme je le serais aujourd'hui. Du travail m'a été trouvé. Mon ami le professeur Meers a découvert qu'il avait besoin d'un assistant pour l'aider sur une bibliographie qu'il préparait. Il m'a proposé un salaire modeste, suffisant pour vivre confortablement. Je suis donc resté dans la ville universitaire, vivant dans la maison de la fraternité.

Le travail en bibliothèque m'intéressait plus que mes études. Même les détails de routine n'étaient pas mauvais et j'avais beaucoup de temps à consacrer au vieil anglais qui me fascinait. Je n'étais pas ambitieux et j'aurais été content de passer ma vie dans cette ville paisible et agréable. Mais le professeur Meers avait d'autres projets pour moi. Malgré mon intérêt indolent pour les livres anciens, il était suffisamment optimiste pour y voir la promesse d'une grande érudition. Il était meilleur comme critique de la littérature que comme juge des hommes. Il faisait continuellement des projets pour moi. Je n'y ai prêté que peu d'attention jusqu'à ce qu'un an se soit écoulé et que nous commencions à voir la fin du travail qu'il pouvait m'offrir. J'ai commencé à spéculer avec plus d'intérêt sur ce que je ferais ensuite.

Sans m'en parler, le professeur Meers a écrit au directeur d'une bibliothèque de New York, qu'il connaissait, et m'a assuré un poste. Lorsqu'il a reçu la nouvelle , il est venu me voir avec un plan plus précis que je n'aurais jamais pu élaborer moi-même. Il savait qu'une certaine maison d'édition voulait publier une édition manuelle de "Ralph Roister Doister ". Il leur avait donné mon nom et je devais préparer le manuscrit pendant mes heures libres. Cela, m'a-t-il dit, ne m'apporterait pas beaucoup d'argent, mais une certaine réputation et lui permettrait de trouver plus facilement d'autres débouchés pour moi, où je pourrais développer mon goût pour le vieil anglais. J'ai capté une partie de son enthousiasme et je me suis lancé dans mon nouveau travail avec de grands espoirs.

De mes premières semaines en ville, il ne me reste que peu de souvenirs, si ce n'est une recherche décourageante d'un logement. Après beaucoup de vagabondages, j'ai pris une chambre abandonnée dans une famille pas très paisible. La recherche d'un endroit pour manger était également insatisfaisante.

À la bibliothèque, j'étais soumis à un travail sans intérêt au département de la jeunesse. Mais là, en manipulant des livres avec des mots d'une seule syllabe, j'ai découvert une vision nouvelle et inquiétante de la vie. Il y avait plus de jalousie que d'amitié entre mes collègues. Les chances d'avancement étaient rares, la concurrence vive – et nouvelle pour moi. Je n'ai pas compris l'hostilité qui sous-tend la lutte pour gagner sa vie. Une fois que je me suis souvenu, j'ai trouvé une feuille de chiffres soigneusement compilée, que j'avais préparée pour mon rapport mensuel, déchirée en morceaux dans ma corbeille à papier. Une autre fois, un conseil, que je découvris ensuite intentionnellement trompeur, me fit partir à la chasse à l'oie sauvage, me fit perdre une demi-journée et me valut une réprimande de la part du chef. De telles choses m'étaient incompréhensibles au début. Il m'a fallu un certain temps pour réaliser que les gens autour de moi avaient peur de moi, craignant que je puisse gagner des faveurs et être avancé au-dessus d'eux. J'étais mécontent de leur attitude, mais peu à peu, par un mot laissé tomber ici et là, j'ai appris à quel point un dollar par semaine plus ou moins était une question très vitale pour la plupart d'entre eux. Une fille de mon département avait une mère à charge et essayait désespérément de garder un frère à l'école. Il y avait un homme dont la femme était malade et les factures du médecin et du pharmacien le terrorisaient constamment. Très probablement, si j'avais été à leur place, j'aurais fait les petites choses méchantes qu'ils ont faites. La vie a commencé à revêtir pour moi un nouvel aspect sombre . Je ne pouvais pas espérer progresser sans piétiner quelqu'un.

De par mon tempérament, j'étais absolument inapte à ce combat. Mon désir de vivre était si faible que des hostilités aussi honteuses et mesquines me semblaient un prix exorbitant à payer pour cela. J'aurais préféré ne pas être né plutôt que de lutter de cette manière pour vivre. J'ai commencé à chercher avec impatience un autre emploi. Mais je n'en ai trouvé aucun qui ne portait la même souillure.

Mais c'est là, dans cette bibliothèque, que j'ai rencontré Norman Benson. Il avait près de dix ans de plus que moi, il était grand et aux articulations lâches. Son visage, très ridé, me rappelait nos alpinistes du Tennessee. Mais la ressemblance ne va pas plus loin. C'était un produit de la ville, élevé dans le luxe et la richesse. Il a été diversement décrit par les gens de la bibliothèque comme « un saint », « un monstre », « un philanthrope », « un excentrique ». Le chef le traitait d'« ennuyeux ». Il était l'idole des petits garçons qui faisaient nos courses et remettaient les livres sur les étagères. Il leur donna de grosses cigarettes égyptiennes dans son étui d'argent, pour leur immense plaisir et pour l'immense horreur de Miss Dilly, qui avait la garde des garçons.

Son passe-temps, comme il me l'expliqua bientôt, était « une bibliothèque qui circule vraiment ». Il avait une langue étrange, un fond d'anglais de Harvard, un premier plan d'argot pittoresque, le tout éclairé par des éclairs de grossièretés étranges. Bien sûr , je ne me souviens pas de ses paroles, mais sa manière de parler, je n'oublierai jamais.

"On appelle ça une bibliothèque circulante", criait-il. " Bon sang ! Il ne bouge jamais d'un pouce. Il est stationnaire ! Au lieu de se promener dans la ville, il reste ici et attend que les gens viennent. Et les gens ne viennent pas. Pas sur votre vie ! Seuls quelques-uns ont le courage de le faire. " faire face à toute cette architecture imposante et à toutes ces formalités administratives. S'il y a quelque chose qui décourage les lecteurs, ils ne le font pas parce qu'ils ont été trop stupides pour y penser. Si un étranger entre et demande un livre , ils le traitent comme un escroc. Posez-lui des questions impertinentes sur le métier de son père. Il ne le laissera pas prendre un livre à moins qu'il ne puisse convaincre un contribuable de lui promettre de le payer s'il le vole ! Qu'est-ce que cela a à voir avec ça ? " Quelqu'un veut lire. Ils devraient envoyer un Hosanna ! Ils devraient sortir comme des facteurs et laisser chaque matin un livre à chaque porte. Circulant ? Pourri ! "

Il avait donné son temps et son argent pendant un an ou deux pour réaliser cette réforme. Au début , il avait rencontré une froide indifférence. Mais il est resté fidèle à son propos. Il avait mis son argent en garantie pour les livres qui pourraient être perdus. Il avait persuadé une demi-douzaine d'instituteurs ou plus de distribuer des livres à leurs élèves et aux parents, en les payant de sa poche pour le travail supplémentaire. Il avait établi des succursales dans plusieurs églises missionnaires et dans un ou deux salons.

« Ce cadavre de bibliothécaire, m'a-t-il expliqué, avait la stupide idée que son travail consistait à conserver les livres, à les mariner ! J'ai essayé de lui montrer que chaque livre qu'il a sur ses étagères et qui prend la poussière est " L'argent gaspillé, que son travail est de les faire circuler. Les livres de la ville devraient être dans les maisons des contribuables et non enfermés dans une bibliothèque. L'idée même l'a horrifié au début. Il avait peur que les livres se salissent. " Bon Dieu ! Quelle est la meilleure fin qui puisse arriver à un livre, j'aimerais le savoir ? Il devrait tomber en morceaux après beaucoup de lecture. Pour qu'un livre soit mangé par les vers, c'est un péché. J'ai martelé lui, jusqu'à ce qu'il commence à voir la lumière. Il ne pleure plus si un livre doit être rebondi.

En effet, le processus de « martelage » a été efficace. Cette année-là, le chef a lu un article au Congrès national sur « l'extension des bibliothèques ». Bien sûr, c'est lui qui s'en est attribué tout le mérite ; il se vantait du fait que l'idée était venue de sa bibliothèque, etc. Mais Benson ne s'en souciait pas du tout. Son plan avait été accepté et il était content.

Il m'a énormément intéressé. Pourquoi un homme disposant de gros revenus passait-il son temps à essayer de faire lire aux gens des livres qui ne les intéressaient pas suffisamment pour les poursuivre ? Je n'ai pu obtenir aucune réponse de sa part. Il passait de la question à un panégyrique de la lecture. Il exprimait fréquemment que « la lecture est une invention du dernier demi-siècle ».

"Bien sûr", nuancerait-il, "l'aristocratie aime lire depuis bien plus longtemps. Mais le peuple ? Il vient juste d'apprendre à le faire. La démocratisation du livre est l'événement social le plus important de l'histoire du monde. Pensez-y ! Il y a plus de gens qui lisent un éditorial dans un journal en vingt-quatre heures qu'il n'aurait été possible de lire Shakespeare durant toute sa vie. Il existe des dizaines de livres individuels qui ont eu une édition plus importante que toutes les empreintes de la littérature élisabéthaine réunies. voyez-vous l'immensité de cela ? Cela signifie que les gens du monde entier seront capables de penser à la même chose en même temps. Cela signifie un esprit social. Platon vivait dans son petit coin du monde et ses enseignements étaient vécus par la parole de bouche et des manuscrits. Seules quelques personnes pouvaient les lire, et encore moins pouvaient se permettre de les acheter. La Case de l'oncle Tom a balayé le pays en quelques années. Pensez au temps qu'il a fallu au christianisme pour se propager - quelques centaines de kilomètres à l'heure. siècle. Et puis pensez à la théorie de l'évolution ! Il a conquis le monde en moins d'une génération ! C'est ce que signifient les livres. Nous entrons tout juste dans l'ère de la connaissance humaine par rapport à l'ancien savoir des individus. C'est gigantesque ! Merveilleux!"

Benson, comme beaucoup d'autres, s'est pris d'affection pour moi. J'étais assez seul dans cette bibliothèque. Et ne trouvant aucune sympathie ailleurs, j'ai profité de chaque occasion pour parler avec lui.

Un soir, il m'a demandé de venir dîner avec lui. J'ai accepté avec plaisir, étant plus que fatigué de ma petite chambre blafarde et du restaurant négligé où je mangeais. Une soirée avec ce jeune homme riche semblait vraiment attirante. À ma grande surprise, il m'a ouvert la voie vers une voiture du centre-ville de Bowery. Je ne connaissais pas bien la ville et je pensais que cette rue lugubre menait peut-être à un quartier plus beau. Mais plus nous avancions, plus le quartier devenait sombre. C'était ma première visite dans les bidonvilles.

Nous sommes descendus à Stanton Street. Il m'est si familier maintenant — avec son aspect crasseux, la misère de ses immeubles, sa surpopulation humaine et l'émerveillement que les gens puissent rire dans un tel endroit — qu'il est difficile de se rappeler à quoi il ressemblait la première fois. Je pense que ce qui m'a le plus impressionné, c'est la multitude d'enfants. Le plus clair, c'est que je me souviens avoir enjambé un bébé sale. Il était allongé sur le dos, suçant un trognon de pomme et me regardait avec un étrange désintéressement. Il ne semblait pas avoir peur que je marche dessus. J'avais envie de m'arrêter et de mettre le jeune à l'écart, à l'écart. Mais je sentais que j'aurais l'air idiot. Je ne savais pas où le prendre. Et Benson continua son chemin dans la rue sans s'en apercevoir.

Quelques pâtés de maisons plus loin, nous sommes arrivés à une maison d'habitation avec des bacs à fleurs aux fenêtres. Une plaque de laiton sur la porte portait l'inscription « La Maison des Enfants ». C'est ainsi que j'ai été initié au Règlement Social. C'étaient des nouveautés à l'époque.

Un tumulte de jeunes nous entourait à notre entrée. Une jeune femme au visage doux essayait de les chasser, expliquant avec une bonne humeur vexée qu'ils avaient trop tardé et qu'ils ne partiraient pas. Ils ont grimpé partout sur Benson, mais d'une manière ou d'une autre, il a mieux réussi que la jeune femme à les persuader de rentrer chez eux. Son nom, lorsque Benson m'a présenté, m'a fait sursauter. Cela rappelait un fantastique article de journal sur la fille d'un millionnaire qui avait abandonné ses diamants et ses yachts pour vivre parmi les pauvres. Je l'avais supposée comme une créature au visage jaunâtre, ressemblant à une nonne. Je l'ai trouvée très vivante, pas du tout recluse.

La colonie se composait d'un immeuble avant et arrière. La cour entre les deux avait été transformée en un agréable jardin. Avec les roses trémières le long des murs et les brillants parterres de géraniums, c'était un endroit étrangement beau pour ce quartier bondé. Les quartiers des hommes se trouvaient dans le bâtiment arrière. Benson avait deux pièces au dernier étage, une petite chambre monastique et un plus grand bureau. Cela m'a plus surpris que la cour. C'était surprenant de retrouver l'atmosphère d'un dortoir universitaire au centre des bidonvilles. Les livres, les fleurets d'escrime, les coussins du canapé près de la fenêtre – après mes mois passés dans une chambre meublée – me donnaient le mal du pays de ma maison de fraternité.

En bas, dans la joyeuse salle à manger, j'ai rencontré le personnel des « Résidents ». Le révérend James Dawn, un Anglais, était le chef des travaux. Il était diplômé d'Oxford et avait été associé à Arthur Toynbee dans la première colonie de Londres. Son épouse, anglaise également, était assise au pied de la table. Benson m'a rapidement présenté aux autres. « Miss Blake – infirmière de district », « Miss Thompson – élève de la maternelle », « Long, professeur de sociologie à l'université », « Dr Platt – du département de santé ». Je n'ai pas commencé à comprendre les étiquettes.

C'était un dîner bien meilleur que celui que j'aurais pu obtenir dans n'importe quel restaurant, meilleur que la nourriture que j'avais mangée au Collège et à l'école. Mais ce qui m'a le plus impressionné, c'est le dynamisme d'une conversation vive, intellectuelle – souvent pleine d'esprit. La discussion a porté sur l'un des innombrables problèmes municipaux. J'avais honte de mon incapacité à y contribuer.

C'était pour moi un groupe de personnes merveilleusement attirant. Ils appréciaient tout ce qui semblait le plus désirable dans la vie universitaire et ajoutaient à cela un étrange sérieux magnétique que je ne comprenais pas. Je les ai vus détendus. Mais même dans leur conversation d'après-dîner, autour de leurs tasses de café et de leurs cigarettes, il y avait un courant de sérieux sous-jacent qui faisait allusion à un contact vital avec une réalité inconnue. J'étais comme un Esquimau regardant une montre, je ne comprenais pas ce qui faisait tourner les aiguilles. Je pouvais voir leurs actions, mais pas les stimuli auxquels ils réagissaient. Je ne connaissais rien à la misère.

Cette soirée m'a mis l'esprit en ébullition. C'était un monde complètement nouveau que j'avais vu. Je n'avais jamais pensé aux bidonvilles autrement que comme à un lieu de vie pénible. Stanton Street était révoltante. Je ne voulais pas le revoir. Et pourtant, je ne parvenais pas à me libérer de cette pensée, de celle du groupe étrange que j'avais rencontré à la Maison des Enfants. Il semblait y avoir quelque chose de fatal là-dedans, quelque chose qu'il fallait regarder sans broncher et essayer de comprendre.

D'un autre côté, un instinct de défense m'a fait essayer de l'oublier. Le dégoût pour la lutte pour la vie, qui m'était venu à force d'éprouver les mesquines jalousies de la bibliothèque, s'était transformé en une peur muette et vague à la vue du bidonville. Je me tournai vers « Ralph Roister Doister » — sur lequel je n'avais fait que des progrès apathiques — avec une ardeur nouvelle. La seule issue que je pouvais entrevoir aux problèmes embarrassants de la vie résidait dans une carrière d'érudit.

Le vieil anglais, qui autrefois était pour moi un amusement, me semblait désormais un moyen de salut. Lorsque Benson m'a ensuite suggéré de passer la soirée avec lui, je me suis excusé en invoquant le travail.

Mais très souvent, alors que j'étais assis à ma table, brûlant l'huile de minuit sur cette farce vieille d'un siècle, la vision de ce bébé de Stanton Street, suçant la poubelle, s'interposait entre moi et mon page. Et j'ai ressenti une certaine honte en essayant de le chasser. C'était comme si un défi difficile avait été lancé à mes pieds et que je devais le relever et affronter le combat, ou commettre une capitulation grossière. J'ai essayé d'échapper au problème, avec des livres.

LIVRE III

je

Peu de temps après cette visite dans les bidonvilles, alors que j'étais en ville depuis un peu plus d'un an, j'ai reçu une nouvelle offre d'emploi, grâce à la gentillesse du professeur Meer. Le travail consistait à cataloguer et à éditer une bibliographie descriptive d'une vaste collection de manuscrits et de brochures anglais anciens. Un riche fabricant de boîtes de conserve les avait achetées et comptait les donner à une bibliothèque universitaire.

Il offrait exactement l'évasion que je recherchais. J'ai immédiatement écrit, de bonne humeur, pour l'accepter. Cependant , Norman Benson a jeté de l'eau froide sur ma joie. C'était mon seul ami à la bibliothèque et je me suis empressé de lui annoncer la bonne nouvelle. Mais lorsqu'il a lu la lettre, il était loin d'être enthousiaste.

"Vas-tu l'accepter?" » demanda-t-il froidement.

"Bien sûr," répondis-je, surpris par son ton. "Je n'espérais guère une telle chance, du moins pas avant de nombreuses années. C'est une grande chance."

"Cela m'intéresse vraiment", dit-il en posant les livres qu'il portait et en s'asseyant sur mon bureau. « À quoi bon, poursuivit-il, pensez-vous que cela puisse faire du bien à quelqu'un de vous faire manipuler ces vieux parchemins ?

"Pourquoi. C'est——" commençai-je avec désinvolture, mais je n'étais pas préparé à répondre à la question. Et, réalisant soudain que je n'avais pas réfléchi à cet aspect de l'affaire, j'ai laissé ma réponse inachevée.

« Je n'ai pas un peu le tempérament scolaire », dit-il après avoir attendu assez longtemps pour me laisser tenter de trouver une réponse. "C'est juste une des nombreuses choses que je ne comprends pas. Je ne nierais pas qu'un peu d'érudition, aussi sèche que la poussière, puisse être d'une certaine utilité. Je ne doute pas qu'un bon cas de ce genre pourrait être fait pour l'étude de la littérature médiévale. Je ne dis pas que c'est *absolument* inutile. Mais *relativement* cela me semble... enfin... sans intérêt. C'est dans la même classe que l'astronomie. On pourrait étudier les étoiles jusqu'à ce qu'on soit noir dans le visage et vous n'y trouveriez rien d'anormal, et si vous le faisiez, vous ne pourriez pas le réparer. L'astronomie nous a été d'une certaine utilité pratique, au moins elle nous aide à régler nos montres. Mais comment diable faire vous espérez tirer quelque utilité des Anglo-Saxons ? Vous ne voulez pas être utile ?

Son mépris pour ma spécialité m'a irrité.

« Que me suggéreriez-vous de faire ? Social-Settlement-ology ? J'ai répondu avec une ironie élaborée.

Mais s'il perçut une note de colère dans ma réplique, c'est qu'il était trop occupé par ses propres idées pour y prêter la moindre attention. Il quitta la table et fit les cent pas comme une bête en cage, comme il le faisait toujours lorsqu'il était aux prises avec un problème. Au bout d'un moment, il revint et s'assit.

"Vous ne répondez pas à ma question", dit-il sèchement. "Vous pouvez vous prévaloir de votre dignité et dire que je n'ai pas le droit de le demander. Mais c'est de la pourriture ! Je suis sérieux et je vous donne le mérite de le penser. Maintenant, vous proposez de tourner le dos au monde et d'entrer dans un sorte de monastère. Ce travail n'est qu'un début. Vous faites votre choix entre les hommes et les livres, entre la pensée humaine qui est vivante et celle qui a été préservée comme des momies. Pourquoi ? Je demande. Qu'y a-t-il dans ces vieux livres qui peut se comparer en termes d'intérêt à la vie qui nous entoure. La vérité n'est pas seulement plus étrange que la fiction, elle est plus dramatique, plus comique, plus tragique, plus belle. Même Shelley n'a jamais écrit de paroles comme certaines que vous pouvez voir de vos propres yeux, peut-être ressentir. . J'aime savoir ce qui pousse les gens à faire des choses. J'aimerais savoir ce qui vous pousse à accepter cette offre. Je suppose que vous voulez être utile à votre époque et à votre génération. Quelle utilité espérez-vous rendre en tablant ces vieux livres , que seuls quelques savants liront jamais ? »

Je n'étais absolument pas préparé à répondre à sa question. Et je me sentais sombrer dans son estime. Pourquoi étais-je en quête de la vie d'un rat de bibliothèque avec tant d'empressement ? Je comprends maintenant. J'étais un lâche. J'étais encore endolori par les blessures de mon effort enfantin pour comprendre Dieu. J'avais peur de la vie. J'avais peur du petit enfant qui suce le trognon de pomme dans Stanton Street. La vie autour de moi, dont Benson parlait avec tant d'enthousiasme, me semblait menaçante. Il imposait évidemment une obligation de guerre aux personnes qui y entraient activement. Je voulais la paix. Les livres me semblaient une sorte de ville refuge.

Mon nouvel employeur, M. Perry, l'homme aux boîtes de conserve, était un type étrange. Il avait grandi dans l'industrie de la conservation des fruits et, à l'âge d'une trentaine d'années, il avait inventé une méthode permettant de sertir le couvercle des boîtes de conserve, sans utiliser de soudure. La chance lui avait donné un partenaire commercial honnête et le brevet leur avait fait fortune à tous les deux. Lorsque le premier versement de redevances était arrivé, Perry avait arrêté de remuer la marmite des confitures de framboises et n'avait plus fait un seul travail depuis. A quarante ans, il avait construit un

« manoir » en ville et s'était lancé dans la politique. Il a acheté son chemin pour obtenir un siège au Sénat de l'État, mais s'est rendu compte que cela l'ennuyait jusqu'à l'extinction. Après que plusieurs autres modes se soient révélées inintéressantes, il avait jeté son dévolu sur un LL.D. Un ami lui avait conseillé de faire don d'une précieuse collection de livres à une université.

Il avait envoyé un gros chèque à un marchand londonien et il en était résulté cette masse hétérogène. Comme son intérêt pour l'affaire n'avait été que momentané , il s'en sentit décidément dénué après la première dépense. C'est, je suppose, la raison pour laquelle j'ai été choisi, au lieu d'une autorité reconnue, pour ce travail. Il n'avait aucune idée de ce à quoi devrait ressembler le catalogue, et la seule instruction qu'il m'a donnée était d'en faire « quelque chose d'érudit ».

Il y avait dans son monstrueux manoir un appartement initialement conçu pour le tuteur des enfants. Mais il n'y avait jamais eu d'enfants. Ces quartiers m'ont été donnés. Il y avait une entrée privée, une chambre, une salle de bain et un bureau, où mes repas étaient servis, et il y avait un escalier qui descendait vers la bibliothèque.

Au cours des trois années où j'ai travaillé pour lui, je ne l'ai pas vu dix fois. Sa femme était morte, il vivait souvent à l'extérieur et, à ma grande satisfaction, il ne m'invitait jamais à ses enterrements de vie de garçon, dont les répercussions me tiraient parfois du sommeil. Une fois tous les six mois environ, il faisait venir un expert pour examiner mon travail. Comme ils ne trouvèrent aucune faute et qu'il ne parvenait pas à la comprendre, il fut convaincu que c'était savant.

Ce fut une période de grand contenu pour moi. L'ornière dans laquelle je suis tombé était vraiment profonde. Je n'ai vu personne. Presque mon seul contact avec les autres se faisait par courrier. Et mes lettres étaient toutes liées à ma spécialité. J'ai travaillé huit heures complètes à la bibliothèque. L'architecte ne s'attendait pas à ce que M. Perry fasse beaucoup de lecture et, les fenêtres étant peu nombreuses, la pièce était sombre. J'ai souvent dû utiliser de la lumière artificielle. A cinq heures, je suis allé faire une promenade d'une heure dans le parc. C'était du moins ma théorie. Mais la moindre inclémence était un prétexte pour monter quelque manuscrit dans ma chambre, près de ma lampe à abat-jour et ouvrir le feu. Les huit heures quotidiennes inscrites au catalogue n'étaient qu'un début. Dès que j'eus terminé mon édition de « Ralph Roister- Doister », j'entamai une monographie sur les racines anglo-saxonnes. Mon ambition était de gagner une bourse dans une université anglaise. Une fois mon catalogue terminé, j'aurais suffisamment d'argent de côté pour un an ou plus d'études à Oxford. Ma vie était tracée.

II

L'obscurité est arrivée de manière inattendue.

Parfois mes yeux étaient fatigués, mais je ne l'avais pas pris au sérieux. Un après-midi, alors que j'étalais une feuille de papier sur le bureau, la page fut soudain obscurcie par une toile d'araignée dansante – une contorsion vertigineuse de noir et de blanc – devenant de plus en plus dense. J'ai mis mes mains sur mes yeux et j'ai ressenti un soulagement si soudain que j'avais peur de les retirer à nouveau.

Je me levai lentement et me dirigeai vers un fauteuil avec mon pied. Combien de temps je suis resté assis là, les mains pressées contre mes yeux, je ne sais pas. J'avais lu quelque part qu'un homme devenait aveugle avec de tels symptômes. C'était une peur indescriptible, une peur qui me faisait rire. Quand on sent que les dieux ont de l'esprit, c'est mauvais signe.

J'étais soudain calme. Cela a été accepté. J'ai réfléchi quelques minutes, les yeux toujours fermés, puis je me suis dirigé vers le téléphone.

"Central", dis-je, et je me souviens que ma voix était calme et banale. "Voulez-vous me donner l'hôpital des yeux et des oreilles ? Je ne peux pas chercher le numéro. Je suis aveugle."

"Bien sûr", fut la réponse. "Ça doit être dur d'être aveugle."

Un serrement m'est venu à la gorge. Cela me vient à l'esprit maintenant lorsque j'écris à ce sujet, chaque fois que j'entends des gens se plaindre que l'industrie moderne a privé notre vie de toute humanité et nous a transformés en mécanismes. De tels propos me font penser à la soudaine sympathie qui m'est venue de la machine. Chaque fois que je suis complètement déprimé et découragé, j'entre dans une cabine téléphonique.

"Bonjour, Central ", dis-je, "dis-moi quelque chose de joyeux. Je n'ai pas de chance."

Cela n'a jamais échoué. Une certaine sympathie plaisante est toujours sortie de la machine et m'a aidé à me rétablir.

Quand le médecin est arrivé, il a regardé un instant mon bureau, toute cette masse fatigante d'imprimés et de notes délavées. Il alluma la lumière électrique.

"Je suppose que tu travailles beaucoup sous cet éclairage diabolique ?"

"J'ai besoin d'une lumière forte", dis-je.

Il grogna de dégoût.

"Ça va faire mal", dit-il en me faisant asseoir près de la lumière électrique, "mais tu dois le supporter."

Il a fixé un petit miroir sur son front et m'a projeté le rayon cruel dans les yeux. Quelque part dans le cerveau, cela s'est concentré et a brûlé. La sueur coulait partout sur moi.

"Maintenant, l'autre œil."

J'ai tressailli un instant, tenant ma main devant lui.

"Viens, viens," dit-il d'un ton bourru, et j'ai retiré ma main.

Une fois l'épreuve terminée, il m'a attaché un bandage noir sur les yeux, m'a allongé sur le salon et m'a sermonné. Lorsqu'il s'est arrêté pour reprendre son souffle, je l'ai interrompu.

"Quel espoir y a-t-il ?"

Il hésita.

"Oh ! Dis-moi la vérité."

"Eh bien, je suppose que les chances sont égales que vous en voyiez assez pour un travail ordinaire. Mais elles ne seront jamais fortes. Vous devrez abandonner les livres. Vous devez garder les yeux bandés. Repos complet. Six semaines. Ensuite, nous pourrons dites combien de dégâts vous avez fait. Ce n'est qu'une supposition maintenant.

Nous avons parlé affaires. J'avais assez d'argent économisé pour une chambre privée et un bon traitement, alors il m'a mis dans un taxi et a dit au chauffeur de m'emmener à l'hôpital.

Ce fut une expérience épouvantable, cette balade. Essayez-le vous-même. Parcourez les rues les yeux assombris : vous entendrez mille sons que vous n'avez jamais entendus auparavant, même les sons familiers seront effrayants. Chaque secousse, chaque arrêt semblera capital. J'étais heureux que le médecin ne soit pas venu avec moi, heureux que personne ne m'ait vu aussi effrayé.

Finalement , nous nous sommes arrêtés et j'ai entendu l'appel du taxi.

"Hé ! là. Sortez et prenez cet homme."

Je me suis révolté devant mon impuissance, j'ai poussé la porte et j'ai trébuché en sortant. Je serais tombé lourdement si un infirmier n'avait pas été là pour me rattraper.

"Vous devez d'abord être prudent, Monsieur", dit-il. "Tu t'y habitueras avec le temps."

C'était exactement ce dont j'avais peur : m'habituer à l'obscurité !

Cependant, ses paroles ont ravivé ma fierté. Les voies des dieux me parurent à nouveau drôles, et je plaisantai avec lui pendant qu'il me conduisait en haut des escaliers et dans une salle de réception. Le chirurgien interne, pour moi seulement une voix, était nerveux et joyeux. Il n'arrêtait pas de répéter : « Tout ira bien. » "Tout va aller bien." Il semblait danser dans tous les sens. Mes oreilles ne s'étaient pas habituées à localiser les sons. Je suppose qu'il se déplaçait normalement, mais il semblait à chaque fois parler sous un angle différent.

"Voici Miss Barton", dit-il enfin. "Elle est infirmière de jour dans votre service. Elle vous mettra à l'aise."

Machinalement, j'avançai la main dans l'obscurité. Elle a été rencontrée et saisie par quelque chose que je savais être une main, mais cela ne ressemblait à aucune main que j'avais jamais vue.

"Je suis heureux de vous rencontrer", dis-je.

Avec quelques plaisanteries sur le fait que les gens n'étaient généralement pas heureux de rencontrer des infirmières, elle m'a conduit à l'ascenseur et à ma chambre.

"Vous avez tout un travail devant vous : explorer cet endroit", dit-elle avec une vraie joie dans la voix. "Il y a toutes sortes d'aventures dans cette *terra incognita* . Tout est rembourré pour que vous ne puissiez pas vous cogner les tibias, mais faites attention à vos orteils. Au début, vous feriez mieux de rester au lit quelques jours et de vous reposer. Avez-vous tous dont tu as besoin dans ta valise ? »

"Je ne sais pas. Un domestique l'a emballé."

"Eh bien, c'est la première partie d'exploration à faire. Je vais t'aider."

Sa voix sautait également de manière surprenante. Il y avait quelque chose d'étrange à se trouver dans une chambre avec un parfait inconnu dont l'existence n'était manifestée que par cette voix apparemment erratique et par des mains qui dénouaient mes lacets de chaussures, me tendaient mon pyjama et me mettaient au lit.

"Je dois m'enfuir maintenant et m'occuper de Mme Stickney, à côté - elle est très difficile. L'infirmière de nuit, Miss Wright, arrive très bientôt, à six heures. Elle vous apportera votre souper. Quand vous vous réveillerez dans le " Bonjour, sonnez la cloche, ici au-dessus de votre tête, et je vous apporterai le petit déjeuner. Bonne nuit. "

C'est lorsqu'elle fut partie et moi seul dans ce lit étrange que je ressentis pour la première fois l'horrible vide des ténèbres. Je n'aime pas y penser maintenant.

Ce ne fut probablement pas beaucoup de minutes, mais cela me parut des heures, avant que Miss Wright ne m'apporte mon dîner. Elle s'est assise sur le bord de mon lit et m'a aidé à trouver le chemin de ma bouche. Elle était prévenante et essayait d'encourager. Mais je ne l'aimais pas. Son efficacité même m'a toujours rappelé mon impuissance. Et sa voix semblait trop large pour une femme. Cela m'a donné l'impression qu'elle parlait à quelqu'un à quelques mètres derrière moi.

Ils avaient, je crois, heureusement drogué ma nourriture, car je m'endormis aussitôt. Quand je me suis réveillé, je n'avais aucune idée de l'heure. Pendant un certain temps , je suis resté là, dans l'obscurité, à me poser des questions. Je ne voulais réveiller personne. Mais finalement , j'ai décidé que je n'aurais pas si faim avant l'heure du petit-déjeuner. Après de vaines recherches, j'ai trouvé la cloche au-dessus de mon lit. En quelques minutes, la voix de Miss Barton – même après toutes ces années, je la considère comme une sorte de gaieté ensoleillée – annonça qu'il était près de onze heures. Une fois le petit-déjeuner terminé, avec des mises en garde en plaisantant contre l'incendie du lit, elle a rempli ma pipe et a appris à mes mains le chemin vers la boîte d'allumettes.

Dans les semaines qui ont suivi, j'ai perdu toute notion de l'heure du soleil. J'en suis venu à comprendre mes journées par rapport à elle. Pendant les « nuits », quand elle n'était pas en service, l'obscurité était très noire.

Il me serait impossible de donner en détail l'évolution par laquelle Miss Barton, ma nourrice, s'est transformée en mon amie Ann. Cela a commencé, je pense, lorsqu'elle a découvert à quel point j'étais complètement seule . Le deuxième jour d'hospitalisation, j'ai reçu l'autorisation de recevoir des visites et j'ai fait venir l'homme de loi de mon employeur.

— Qui veux-tu que tu fasses venir demain ? Miss Barton a demandé quand il était parti.

Je ne pensais à personne.

"Voulez-vous que j'écrive quelques lettres à vos proches ?"

"Non. Je n'ai aucun parent proche."

"Eh bien. N'as-tu pas des amis à qui écrire ?"

Au cours des trois années où j'ai vécu chez M. Perry, j'ai rompu tous les liens sociaux. Je n'avais pas entretenu mes amitiés universitaires. Benson s'était tellement opposé à ce que je quitte ce qu'il appelait la vie active que j'avais perdu tout contact avec lui. Mes seules relations avec les gens avaient été techniques, par correspondance. Je ne voulais même pas déranger le professeur Meer avec mes malheurs purement personnels. Cela parut tout à fait impie à Miss Barton. Quoi? J'avais vécu plusieurs années en ville et je n'avais pas d'amis ? C'était incroyable ! Malheureusement, c'était vrai. Je ne pensais à personne à qui demander de venir soulager ma solitude. Et il n'y a pas de solitude comme l'obscurité.

La semaine suivante fut la pire, car les infirmières avaient changé et Miss Wright, qui était de service de jour, n'était pas sociable. Cependant, Miss Barton, prenant pitié de moi, avait l'habitude de s'asseoir souvent avec moi pendant des heures la nuit. Comme mon contact avec elle était fragmentaire ! Quiconque n'a pas été privé de la vue ne peut se rendre compte du rôle important qu'elle joue dans les relations de la vie. Je ne pouvais qu'entendre. Il y avait toujours le grincement du fauteuil à bascule à côté de mon lit et sa voix, parfois placide, parfois tendue, se balançant d'avant en arrière dans l'obscurité. Il ne semblait pas y avoir de corps . Chaque fois que ses mains me touchaient, cela me surprenait.

Mais grâce à son discours, j'ai appris quelque chose sur la personne à qui appartenait la voix. Elle était née dans un village du Vermont, où personne n'avait jamais entendu parler d'une femme professionnelle, mais aussi loin qu'elle se souvienne, elle avait jeté son dévolu sur la médecine. Son père, elle ne l'avait jamais connu. Sa mère, fine couturière et créatrice de broderie, avait élevé les enfants. Un frère était ingénieur et la sœur aînée, institutrice. Mais il n'y avait pas assez d'argent pour envoyer Ann à la faculté de médecine. L'allaitement était aussi proche qu'elle avait pu se rapprocher de son ambition. Mais ce qui ne pouvait lui être donné, elle comptait le conquérir elle-même. Elle avait accepté ce poste parce que le travail de nuit était très léger et qu'une semaine sur deux , elle pouvait consacrer presque toute la journée à étudier. Son intérêt s'était tourné vers la nouvelle science de la bactériologie. Sa vague ambition de devenir médecin s'était transformée en un idéal précis de travail de recherche.

D'une manière ou d'une autre, la voix, si calmement sûre lorsqu'elle parlait de cela, me donna une impression d'intégrité de propos, de détermination invincible, telle que la vue ne m'a jamais donné de personne. Je ne savais pas, pas plus qu'elle, comment elle allait obtenir son laboratoire de recherche. Mais je ne pouvais pas douter qu'elle le ferait. Elle avait une confiance inconditionnelle en son destin. Je me retrouve à souligner cette phase d'elle. C'est à ce moment-là que c'est ce qui m'a le plus impressionné.

Mais sa conversation ne se limitait en aucun cas à son ambition. Elle avait lu mille choses en dehors de ses médicaments et en parlait plus fréquemment. Elle faisait constamment référence à des livres, à des faits historiques et scientifiques que j'ignorais. Elle parlait sérieusement d'éthique et des choses les plus profondes de la vie. Cela a réveillé en moi tous les vieux questionnements et aspirations de la prépa. jours d'école - les choses que j'avais cachées dans ma bibliothèque remplie de livres. C'était la première personne que je rencontrais depuis le médecin de l'école qui me montrait ce qu'elle pensait de ces choses. Benson avait abondamment parlé du côté objectif de la vie, mais il n'avait jamais évoqué sa vie intérieure. Les gens que j'avais connus voulaient faire de ce monde une réunion de prière, une maison de comptage ou un terrain de jeu. Ann n'était pas plus intéressée que moi par de tels idéaux.

Elle a utilisé une phraséologie qui était nouvelle pour moi : « Individualisme », « expression de soi », « expansion de la personnalité ». Elle parlait de la vie comme d'une croisade contre la tyrannie des préjugés et des conventions. Son point de vue était biologique. Tous les progrès évolutifs étaient basés sur des variations par rapport au type. Des efforts pour maintenir ou conserver le type qu'elle a qualifié de « réactionnaire » et « envahissant ». Elle a insisté sur l'opportunité d'une « liberté absolue de s'écarter de la norme ». L'autorité qu'elle a citée avec le plus grand respect était Spencer. Cette conversation, dont je n'ai pas compris une grande partie, m'a montré clairement une chose : une âme qui cherche passionnément la vérité. Ce qu'elle m'a dit était son idéal comme cela avait été le cri de guerre de Bakounine . " *Je suis un chercheur passionné de la Vérité* ."

Dès qu'on faisait allusion à mon mode de vie, elle s'enflammait. Ce n'était pas naturel – et c'était sa pire dénonciation.

"Je crois à l'individualisme et à l'égoïsme", a-t-elle déclaré. "Mais pas dans l'isolement. L'homme est naturellement aussi grégaire que la fourmi. Une fourmi qui vivait seule serait une non-fourmi. Vous avez été un non-homme. C'est bien que vos yeux soient revenus sur vous, si cela vous apprend les sens. ... Les rapports sexuels avec les siens sont une nourriture nécessaire à la vie humaine.

Et même si c'était un don du ciel pour moi de trouver quelqu'un à qui parler, cela devait aussi être un plaisir pour elle. Les histoires qu'elle m'a racontées sur les autres patients montraient que leurs relations avec les infirmières étaient assez stériles, voire insultantes. Après avoir écouté d'heure en heure les innombrables petits ennuis de Mme Stickney, ce fut pour elle un soulagement, je pense, de venir dans ma chambre et de parler des choses qui l'intéressaient violemment. Elle m'a donné de plus en plus de temps. Au cours de la troisième semaine, alors qu'elle était de nouveau en service de jour, elle me lisait « L'Histoire de la morale européenne » de Lecky.

III

Il est difficile d'écrire sur la semaine prochaine. Je ne peux plus le voir tel qu'il devait être à l'époque. Je ne peux pas en dire le « pourquoi ». C'était.

Il y avait une immense solitude et une peur. Les quelques centaines de dollars que j'avais économisés pour étudier à Oxford me permettraient de payer les frais du médecin et de me garder quelques mois. Mais qu'y avait-il au-delà, si mes yeux ne revenaient pas ? Au mieux, les chances étaient égales. De toute façon, le seul métier que je connaissais avait disparu. Un rat de bibliothèque aux yeux faibles est une chose désolée. Bien sûr, j'aurais pu rentrer chez moi. Mais je n'ai jamais eu beaucoup de respect pour le fils prodigue. Ce devait être un type pauvre et fougueux .

Eh bien, dans ma plus grande misère, Ann m'a réconforté — comme les femmes ont réconforté les hommes depuis la création du monde. D'une manière inexplicable, pour des raisons inexplicables, elle m'aimait.

J'essaie d'organiser mes souvenirs de ces jours dans un ordre ordonné. Mais tout cela est flou. Jour après jour, mon besoin grandissait et jour après jour, elle y répondait. Les patients de cet hôpital ne nécessitaient pas beaucoup d'attention, sauf pendant la journée. La plupart d'entre eux ont bien dormi. Ils l'appelaient rarement après minuit. Elle m'a donné de plus en plus de son temps.

La tension entre nous a augmenté rapidement, mais par étapes graduelles, presque imperceptibles. Sa main resta un peu plus longtemps dans la mienne. Le fermoir de la main devint une caresse, puis un baiser. Le baiser dura....

Alors la voix a pris un corps. Le toucher est venu au secours de l'ouïe comme moyen de contact avec ce cher personnage des ténèbres. Il est étrange de voir avec quelle manière fragmentaire elle a pris forme dans ma conscience comme quelque chose de plus qu'une infirmière rémunérée, plus proche et plus intime que n'importe quel ami que j'avais connu dans la lumière.

Dans l'obscurité, tout le reste semblait étrange. Ce que j'ai découvert au toucher comme étant une table ne rentrait pas dans l'ancienne catégorie des « tables ». Même la pipe que je fumais depuis l'université semblait avoir subi un changement fondamental dans sa nature. Ann était la seule chose qui semblait naturelle. Je n'avais eu aucune intimité avec une femme de lumière permettant de juger de cette expérience. En arrivant à moi, cela ne me semblait pas étrange — cela rendait les choses ultérieures étranges. Quand enfin mes yeux s'ouvrirent, je rougis devant Ann comme devant un étranger.

Tout cela semblait tellement inévitable.

« Il est tard, dit-elle un soir, je dois y aller. Si tu me veux, appelle.

" Bien sûr que je te veux."

"Mais tu devrais dormir. Je veux dire, appelle si quelque chose arrive."

" Peu importe que quelque chose arrive ou non. Je———"

"N'appelle pas sauf si tu as besoin de moi."

La porte se referma derrière elle. Je restais là à me demander si j'avais ou non besoin d'elle. La cloche était à portée de ma main. Je me suis levé du lit pour échapper à la tentation. Les mains tremblantes et maladroites, j'ai rempli et allumé ma pipe et je me suis assis près de la fenêtre ouverte. J'avais mal à la tête à cause de la solitude et de la désolation. Quelque part dans la nuit, une cloche d'église a sonné deux heures, des pas tardifs ont résonné clairement et clairement sur le trottoir en dessous de moi. J'ai essayé de m'intéresser à spéculer vers où et vers qui la personne se précipitait. Mais mes pensées sont revenues à ma propre solitude. Dans le monde entier, personne ne connaissait ma cécité et ne s'en souciait, à l'exception du marchand de boîtes de conserve qui jurait d'avoir du mal à trouver quelqu'un pour terminer mon travail. Non, il y avait Ann.

Tout à coup, une vision de mon enfance m'est revenue, de l'époque où j'avais été malade chez Mary Dutton, lorsqu'elle m'avait emmené dans le confort chaleureux de son lit. La vision a apporté une résolution rapide. J'ai sonné. Je me suis appuyé contre le mur et j'ai attendu, à bout de souffle. La porte s'ouvrit et sa voix sortit de l'obscurité.

"Me veux-tu vraiment?"

Je ne pense pas avoir parlé, mais je me souviens lui avoir tendu les mains. Mes oreilles tendues entendirent un léger bruissement – puis un contact – et mes bras l'entourèrent.

donc été réconforté.

IV

Pendant la nuit, ce fut un riche oubli. Mais le nouveau jour m'a rappelé des Champs Élysées à la froide réalité de notre monde ordinaire.

Ma familiarité avec la franchise franche de mon bon ami Chaucer et avec les premiers écrivains anglais avait purifié mon esprit de bien des méchancetés. Je n'ai jamais eu aucun sentiment de péché biblique en ce qui concerne ma soudaine passion pour Ann. C'était trop doux et naturel pour que ce soit si faux. Mais à cette attitude du début de la Renaissance s'opposait un sens moderne de la responsabilité personnelle. Les implications de cette chose me troublaient désespérément.

Alors que j'étais assis là dans l'obscurité, en train de réfléchir – avec de temps en temps Miss Wright venant s'occuper des affaires courantes de la journée – j'ai réalisé pour la première fois la différence entre l'amour et la passion. Il ne faisait aucun doute qu'Ann m'aimait. Mais je ne l'aimais pas.

Elle était aussi éloignée de la sentimentalité bon marché que n'importe quelle femme que j'ai connue. Elle n'était étrangement pas romantique. Il y avait une précision impressionnante dans tout ce qu'elle faisait. J'ai su dès le début que l'amour qu'elle me donnait était pour toujours. Cela devait être le facteur humain le plus important de sa vie, mais cela ne devait pas être réciproque. Dans ma misère je voulais son réconfort, dans ma solitude j'avais besoin de son affection. J'étais devenu très attaché à elle, je dépendais d'elle, mais je savais dès le début qu'elle ne devait pas être le centre de ma vie.

Néanmoins mon parcours me semblait très clair. "La femme qui a fait" n'avait pas été écrit à cette époque. L'idée, aujourd'hui si communément exprimée dans la littérature, selon laquelle la vie sexuelle hors mariage pourrait être belle et digne, n'était pas familière. Même si je n'avais ni désir d'union perpétuelle, ni envie de l'épouser, ma conscience me disait très clairement que je devais le faire. Je ne pensais pas pouvoir, avec décence, faire moins.

Depuis que Margot s'était retirée, je n'étais plus porté aux rêves romantiques. Je ne comptais pas sur la grande passion, en tant qu'élément nécessaire de la vie, et il n'y avait donc aucun sacrifice de soi particulier à fermer la porte à cette possibilité en épousant une femme que je n'aimais pas entièrement. Pourtant, menacé de cécité, sans argent ni métier, qu'avais-je à lui offrir ? Plus je pensais à ces choses, plus je devenais humble . Cependant, son « joli nom » me semblait plus important que n'importe laquelle de ces considérations. Il était regrettable que je ne puisse pas lui assurer son aisance et son confort. Il était regrettable que je ne puisse pas lui donner l'amour qui devrait être le noyau du mariage, mais tout cela ne semblait pas une raison pour ne pas lui offrir l'enveloppe.

Quand enfin Ann est arrivée, elle s'est moquée de moi. Quoi? Se marier? Rien n'était plus éloigné de son esprit. Elle avait son propre travail tracé pour elle. Créer une maison ? Pourquoi dès qu'elle aurait économisé cent cinquante dollars de plus, elle irait à Paris étudier avec Pasteur. Les gens pourraient se moquer de ses germes, de ses cultures et de ses sérums. Laissez-les rire ! L'avenir était à la bactériologie. Marier? Bien sûr , elle m'aimait, mais où ai-je pu confondre ces deux idées ?

Elle m'a donné une conférence sur l'amour libre. Il est difficile d'écrire sur une théorie à laquelle je suis si fortement opposé. Pourtant, l'attitude d'Ann dans cette affaire fait partie intégrante de mon histoire.

Plus je vis, plus il me semble remarquable de constater à quel point le champ dans lequel chacun d'entre nous développe une pensée originale est limité. Un de mes amis est un médecin extrêmement compétent. Dans sa spécialité, il s'est montré étonnamment radical. Ses guérisons sont cependant si étonnantes que ses collègues acceptent ses méthodes. Mais dans tous les autres domaines de la pensée, il est désespérément conservateur. Une autre connaissance, un peintre, est un innovateur audacieux dans son utilisation des couleurs, mais il a accepté sans conteste toutes ces croyances que Max

Nordau a appelées « les mensonges conventionnels de notre civilisation ». Dans un domaine, nous semblons consacrer toute notre énergie mentale, tous nos pouvoirs de pensée originale, dans d'autres domaines, nous croyons ce qu'on nous enseigne. C'était le cas d'Ann. Sa spécialité était la bactériologie, elle avait hérité de ses idées sur le mariage.

Sa mère, que j'ai ensuite connue et respectée, était une femme remarquable. M. Barton, après une jeune vie assez honnête, l'avait abandonnée à trente-cinq ans. Bien que ni Ann ni Mme Barton n'aient jamais beaucoup parlé de lui, j'ai appris qu'il était mort, un ivrogne désespéré. Au début, la mère avait soutenu les enfants en allaitant et en cousant parmi les familles de ses voisins du Vermont. Et partout, une fois entrée dans l'intimité d'une maison, elle retrouvait le même faux-semblant répugnant, une apparence extérieure d'harmonie et d'affection soigneusement préservée, une réalité intérieure de petites querelles et de discorde. Souvent, elle rencontrait des situations de tragédie plus odieuse, de jalousie, de haine et de passions étranges, des femmes au cœur brisé par manque d'amour, physiquement brisées par un excès de procréation. En considérant ses propres malheurs comme une horrible exception, elle en est venue à croire que de tels chagrins étaient pitoyablement courants. Et partout, les femmes semblaient être les victimes. Aussi malheureuse que puisse être la vie conjugale d'un homme, il trouvait une libération dans son travail. Pour cette femme, la maison était tout, si ça tournait mal, toute la vie allait de travers.

Par hasard apparemment, mais je suppose qu'inévitablement, elle était entrée en contact avec certains des dirigeants du premier « Mouvement pour les droits de la femme ». Elle correspondit ardemment avec eux et finit par venir vers l'ouest, à Cincinnati, après avoir décidé qu'elle avait besoin d'éducation. Elle subvenait à ses besoins et à ceux de ses enfants grâce à des travaux d'aiguille et passait la moitié de ses nuits, une fois couchés, à lire des manuels scolaires. Il fallait qu'elle commence par le début. Seule, dans sa mansarde, elle suivait les cours du lycée, encombrant le travail qui prend deux ou trois ans à un enfant, dans les demi-nuits d'une. Peu à peu, elle a gravi les échelons jusqu'au poste de contremaître dans une grande entreprise de broderie et a ainsi pu envoyer ses enfants au lycée, les plus âgés à l'université. Mais sa santé s'était détériorée avant que le tour d'Ann vienne.

Son intérêt pour le mouvement des femmes l'avait mise en contact avec toutes sortes de radicaux et peu de temps après son arrivée à Cincinnati, elle avait rencontré Herr Grun , un réfugié anarchiste allemand. L'amitié s'est transformée en une belle relation amoureuse qui a duré jusqu'à sa mort.

Ann avait accepté tous les dogmes libertaires de son père adoptif. Cela m'a semblé très merveilleux de l'entendre parler de sa « maison ». C'était un mot assez stérile pour moi. Mais pour elle, cela signifiait une richesse d'affection, un lieu de sympathie sûre. J'écoutais avec une envie triste et amère ses histoires d'enfance. La bienveillance, l'harmonie heureuse qu'elle avait connue à la maison, on lui avait appris à croire, résultaient de la relation libre entre sa mère et son amant. Ann avait grandi dans une atmosphère où l'amour libre était la norme.

La persécution est le moyen le plus sûr de convaincre un hérétique qu'il a raison. J'ai connu bon nombre d'anarchistes et ce qui frappe le plus chez eux, c'est leur intérêt communautaire. Qu'ils soient ou non sérieusement offensants envers la société, ils forment tous une étroite alliance défensive contre elle. L'hostilité qu'ils rencontrent de toutes parts les oblige à s'associer aux leurs. Ann avait grandi parmi les enfants de camarades.

Pour eux, l'amour est une affaire entièrement personnelle et individuelle. L'ingérence de l'Église ou de l'État leur paraît impertinente et indécente. Ils prennent toute cette affaire de sexe plus au sérieux et, à certains égards, de manière plus sensée que la plupart d'entre nous. Leurs ménages, autant que je les ai vus, sont très peu différents, ni meilleurs ni pires que la maison moyenne. Leur avantage réside dans le fait que la plupart des anarchistes sont de nature bienveillante et qu'ils sont rarement maudits par un matérialisme cupide. Mais c'est une différence entre les gens et non entre leurs institutions.

Le mariage, pour Ann, aurait été un renoncement à son éducation et aux personnes qu'elle aimait, comparable à celui d'une fille d'un pasteur baptiste devenue religieuse catholique ou de la troisième épouse d'un aîné mormon. Mais les femmes protestantes épousent parfois des mormons ou portent le voile. Et les anarchistes ne sont pas plus sages que les baptistes pour plier la brindille pour qu'elle reste pliée. Si Ann avait été ce type de femme, elle aurait peut-être laissé tomber son peuple pour m'épouser, comme l'ont fait des filles soigneusement élevées dans des crises similaires depuis que le monde est jeune.

Mais elle avait une théorie très précise selon laquelle l'amour ne devrait pas interférer avec la vie. Chacun de nous, soutenait-elle, a reçu une personnalité distincte, une tâche particulière à accomplir dans le monde, et le développement de cette personnalité, l'accomplissement de cette tâche individuelle, constituent le grand objectif de la vie. L'amour ne doit pas détourner l'attention de la course vers l'objectif fixé. L'amour est une parure de la vie. Elle parlait avec un mépris mordant d'un homme qu'elle connaissait et qui "portait trop de bagues aux doigts". Son goût était mauvais, il essayait de trop décorer sa vie et manquait ainsi la réalité de la vie. Le but qu'elle s'était fixé était la bactériologie et elle ne doutait pas qu'elle l'ait bien choisi. Cela devait être sa vie. Si le destin lui accordait des joies telles qu'elle appelait son amour pour moi, c'était quelque chose dont il fallait être reconnaissant. Mais il doit être subordonné à sa carrière et ne jamais interférer avec celle-ci.

Ce n'est certainement pas l'attitude ordinaire des femmes envers l'amour. Mais Ann était une femme exceptionnelle, une de ces exceptions inexplicables, que l'on qualifie du vague mot de « Génie ».

y a quelques mois , j'ai pris un journal français illustré et, en l'ouvrant au hasard, je suis tombé sur une page contenant des photographies d'une demi-douzaine de femmes célèbres. Le visage d'Ann était parmi eux. Il y avait un article d'un éminent psychologue sur "Les femmes de génie". Ses conclusions ne m'intéressaient pas particulièrement, mais je n'avais jamais vu auparavant un exposé aussi concis des réalisations d'Ann, des sociétés savantes auxquelles elle appartient, des revues scientifiques qu'elle contribue à éditer, des brochures qu'elle a écrites, des découvertes remarquées qu'elle a faites. . Cela m'a surpris de voir sur une demi-page un bilan aussi impressionnant de réalisations.

Cela m'aide maintenant à mieux comprendre la jeune femme, qui m'intriguait beaucoup il y a une vingtaine d'années. À cette époque, je ne voyais aucune promesse particulière de distinction. Je souris avec un sourire ironique lorsque je me souviens de ma présomption de penser qu'il était nécessaire qu'elle se cache sous l'ombre de mon nom. Je suppose que si elle avait consenti à m'épouser, nous aurions trouvé un moyen de gagner notre vie. Dans mon état d'infirmité, je n'aurais pas pu faire grand-chose – je n'ai aucun talent pour gagner de l'argent. La charge de subvenir aux besoins du foyer lui aurait incombé considérablement. Peut-être que cela aurait été « mieux » pour nous deux, si son éducation étrange ne lui avait pas rendu le mariage déplaisant. Elle et moi aurions pu être « plus heureux » si elle n'avait pas été envahie par l'ambition dévorante qui la poussait à mettre l'amour à une place moindre. Peut-être. Mais la race aurait été plus pauvre et aurait perdu ses contributions très réelles à l'élimination des maladies.

Je ne pouvais alors pas discuter avec elle de ces choses. Mes connaissances étaient bien inférieures aux siennes. Mais même si c'était un soulagement de constater qu'elle ne m'épouserait pas, il y avait quand même un sentiment de profonde injustice. Il me semblait que c'était une tricherie ignoble que de lui prendre bien plus que ce que je pouvais lui donner. Il me semblait finalement injuste d'accepter un amour auquel je ne pouvais pas entièrement me rendre. Mais elle a écarté toute tentative d'explication. Elle a couru dans sa chambre et, apportant un exemplaire du Rubaiyat, m'a prêché tout un sermon sur le quatrain sur l'astronomie d'Omar, comment il avait révisé le calendrier, radié les morts hier et les enfants à naître demain. L'amour, disait-elle, est subjectif, sa joie vient du fait d'aimer plutôt que du fait d'être aimé. Puis, tout à coup, elle est devenue craintive. Peut-être qu'elle était « envahissante », peut-être que je ne voulais pas qu'elle m'aime...

Mes scrupules sont passés à la vitesse supérieure. Je la voulais sûrement. Et j'ai réussi à l'en convaincre.

V

Nos relations ayant été pour le moment déterminées, Ann entreprit de me réformer. Elle était vraiment horrifiée par la vie isolée que je menais. Le fait que je m'intéresse peu à l'humanité, pas du tout à la vie publique et que je sache seulement par hasard qui est le maire de la ville, l'a choquée. Chaque soir, une fois ses autres patients installés pour la nuit, elle m'apportait les papiers. Il n'y avait pas d'amour – un seul baiser – jusqu'à ce qu'elle m'ait lu une demi-heure. Cela m'ennuyait jusqu'à l'extinction, mais elle insistait sur le fait que c'était bon pour moi. Il me fallait écouter, car chaque soir elle m'interrogeait sur ce qu'elle avait lu la veille . J'ai ainsi acquis un certain nombre d'informations sans rapport avec les divorces de millionnaires, les meurtres et la politique municipale.

Son étape suivante consistait à me faire fréquenter les autres patients.

"Ennuyé?" gronda-t-elle. "C'est un péché de s'ennuyer. Ce sont des gens, des êtres humains, aussi bons que vous. Le mari de Mme Stickney ne vous intéresse pas ? Les soucis professionnels de M. Blake ne vous intéressent pas ? Ce sont les deux." grands faits de la vie. La moitié féminine du monde pense aux hommes. La moitié masculine pense aux affaires. Ce sont les deux choses qui sont vraiment les plus intéressantes.

Elle prenait tellement à cœur ma réforme que j'ai commencé à m'y intéresser moi-même. Je me suis familiarisé avec tous les symptômes de la dyspepsie d'un mari. Les problèmes oculaires de Mme Stickney semblaient avoir été causés par une application trop attentive des livres de cuisine, à la recherche d'un plat que son mari pourrait digérer. Grâce au discours maussade de M. Blake, j'ai acquis un nouvel aperçu des affaires et des petites et grandes malhonnêtes qui les composent. Je me demande parfois s'il a vraiment été volé pendant sa maladie autant qu'il s'y attendait. Il était convaincu que son principal concurrent achèterait ses secrets commerciaux à son comptable en chef. Il ne semblait pas en colère contre son rival ni contre son employé pour avoir saisi cette occasion de le tromper, mais contre le sort qui, par sa maladie, leur offrait une si grande tentation. Il se plaignit amèrement de ce qu'aucune chance aussi heureuse ne s'était jamais présentée à lui.

Mais c'est grâce aux journaux que j'ai le plus gagné.

"Vous voulez entendre parler d'un socialiste millionnaire qui dit que tous les juges et policiers devraient purger un an de prison avant d'être éligibles à un poste ?"

"Cela semble plus encourageant que les discours de campagne", dis-je docilement.

C'était Norman Benson. J'ai reconnu sa façon étrange d'exprimer les choses, avant qu'elle ne prononce son nom.

"Je le connais", ai-je ri.

Je devais lui raconter notre courte connaissance.

"Pourquoi ne lui demandes-tu pas de venir te voir ?"

Je n'avais pas l'impression de le connaître suffisamment bien pour le déranger. Je ne l'avais pas vu ni entendu parler de lui depuis trois ans.

Dès le matin, sans me le faire savoir, elle lui a téléphoné pour lui parler de ma situation. Vers onze heures, à mon immense surprise, Miss Wright l'a amené dans ma chambre.

Benson était l'homme le plus occupé que j'aie jamais connu. Plus tard, lorsque je partageais ma chambre avec lui et que j'étais son ami le plus intime, je n'ai jamais pu suivre la moitié de ses activités. C'était une sorte d'« ingénieur-conseil » en publicité. De grandes entreprises de tout le pays le faisaient venir et payaient bien pour qu'il attire l'attention du public sur un nouveau produit. Il pouvait écrire des vers du genre Spotless Town tout en prenant son petit-déjeuner, et bien qu'il ne prenait pas l'art au sérieux, il dessinait certaines des publicités les plus réussies de son temps. Une année, il gagna environ trente mille dollars, en plus de son revenu hérité de dix mille. Il ne dépensait pas plus de cinq mille dollars par an pour lui-même, mais il était toujours dans une situation difficile.

Il a été directeur d'une demi-centaine d'organisations philanthropiques : colonies, crèches, foyers d'immigrés, sociétés d'enfance, etc. Son passe-temps favori était le " Arbeiter Studenten Verein." Lorsqu'il ne soutenait pas entièrement ces entreprises, il payait le déficit annuel. Ce sont ces dépenses qui le poussèrent à se lancer dans le travail publicitaire qu'il détestait.

Je me demandais comment, malgré ces activités multiples, il trouvait du temps pour les mille et une petites gentillesses, les relations personnelles variées qu'il entretenait avec des hommes de toutes sortes et de toutes conditions. Une fois par semaine environ, il dînait au University Club, le plus souvent dans la colonie, et les autres soirs, il partageait un repas partagé au dernier étage d'un immeuble avec l'un de ses Arbeiter . Étudiants . De la même manière, il a trouvé le temps de se souvenir de moi et d'apporter de la joie à l'hôpital.

Le premier matin, en parlant de l'article du journal, je lui ai demandé s'il était socialiste.

"Pendu si je sais", dit-il. "Je n'ai jamais adhéré à aucune organisation socialiste. Je n'aime pas beaucoup ces gens de la caisse à savon. Ils parlent de reconstruire nos institutions industrielles, et la plupart d'entre eux ne savent pas comment rendre la monnaie pour un dollar. Ils parlent de renverser le Mur. Ils ne se rendent pas compte à quel point c'est une chose importante, ni à quel point c'est injuste, fou et lourd. Mais parfois, je pense que je dois être socialiste. Je ne peux pas ouvrir la bouche et dire quelque chose de sérieux sans que tout le monde me traite de socialiste. Je ne sais pas. »

Les semaines restantes à l'hôpital m'ont donné beaucoup de choses à méditer. Mon esprit fonctionne rétrospectivement. J'ai toujours sympathisé avec l'habitude de ruminer la vache. Les impressions de l'heure ne sont jamais nettes chez moi. Pour qu'une expérience devienne réelle, je dois y réfléchir longtemps ; progressivement, il s'enfonce dans ma conscience et devient un bien vital.

La gentillesse de Benson était absolument nouvelle pour moi. Personne n'avait jamais fait pour moi des choses comme lui. Et comme cela m'a surpris qu'il prenne la peine de m'envoyer une canette de mon tabac préféré, de même l'affection, les révélations intimes d'amour qu'Ann m'a données étaient une chose inimaginable. "Viens avec moi sur une haute montagne et je te montrerai toutes les merveilles du monde" - tel fut le cadeau qu'Ann m'a fait. Hors de l'horreur des ténèbres, du fond même du marécage du découragement, elle m'a conduit jusqu'à la lumière blanche des sommets de la vie.

En relisant ces pages, je constate que j'ai décrit Ann comme une voix, comme une personne qui pensait et parlait de choses sérieuses, qui semblait principalement absorbée par une ambition qui jusqu'alors n'avait porté aucun fruit. J'aimerais imaginer la femme qui est venue vers moi dans l'obscurité avec une richesse de joie, de tendresse et d'amour.

Un jour, j'espère que notre littérature et notre esprit seront purifiés afin que de telles choses puissent être traitées sainement et avec douceur. Mais ce moment n'est pas encore venu et je dois me contenter des outils dont je dispose. Ann m'a apporté en ces jours désolés toutes les merveilles féminines - les plaisanteries pittoresques et douces de l'amour, les mots et les noms doux et insensés qui sont des caresses, les rafales soudaines de révélation de soi , les restrictions étranges et inattendues - dont je ne peux pas parler. écrire.

Je n'étais plus seul — même lorsque Miss Wright était de service — il y avait tellement de choses à méditer.

VI

Finalement, les bandages furent ôtés. Je me souviens de l'éclat soudain et douloureux de la pièce sombre, des trois médecins en costumes d'hôpital, qui consultaient sur différentes formes de torture. Je me souviens particulièrement du grain de beauté sur le front du chef, un homme aux cheveux gris et à lunettes. Ce furent les premières choses sur lesquelles mes yeux, sortis de leur long sommeil, se fixèrent. L'épreuve s'est prolongée tragiquement. Il semblait qu'ils étaient intentionnellement lents. Mais le verdict, lorsqu'il est tombé, a été l'acquittement. J'ai eu de la chance. Avec précaution, je pourrais retrouver une vision presque normale. Mais pendant des mois, je ne dois pas essayer de lire. Toujours, toute ma vie, je dois m'arrêter au premier signe de fatigue.

Alors, après avoir ajusté quelques verres fumés, ils m'ont renvoyé dans ma chambre, faire mes valises et partir vers une nouvelle vie. En entrant dans le couloir, j'ai vu deux infirmières à l'autre bout. Mon cœur s'est arrêté d'un coup et j'ai eu soudain des vertiges. D'une manière ou d'une autre , je n'avais pas pensé à Ann en termes de vue. Elle était venue à moi des ténèbres, s'était révélée comme un son et un toucher. Je n'avais aucune idée à quoi elle ressemblerait. Ils sont tous deux venus vers moi. Je ne voyais que très peu de choses à travers mes lunettes noires. Je ne pouvais pas deviner lequel était lequel.

"Alors. Ils ont enlevé les bandages ? Je suis très content." C'était la voix fatigante de Miss Wright.

"Je suis contente aussi", a déclaré Ann.

J'ai essayé de la voir, mais mes yeux étaient pleins de larmes.

"Je vais lui montrer sa chambre", dit Ann.

Quand la porte s'est fermée, elle m'a jeté ses bras autour du cou et a pleuré comme je n'avais jamais vu une femme pleurer.

"Oh ! bien-aimé", sanglotait-elle. "Je suis tellement contente. J'avais peur… peur que tu deviennes aveugle."

Elle avait toujours été si joyeuse, si professionnelle à propos de mon cas – bien sûr, tout se passerait bien – que je ne l'avais pas vu de son point de vue. Ce fut une révélation pour moi que son courage avait été une imposture.

"Oh. J'avais peur… peur !"

J'ai essayé de la réconforter, mais toute l'inquiétude refoulée et la peur des semaines avaient éclaté. Et je n'avais pas réalisé que son amour avait fait de mon risque une tragédie personnelle pour elle.

Lorsqu'elle se fut un peu calmée, je voulus qu'elle s'écarte pour que je puisse la regarder. Mais non, dit-elle, elle ne voulait pas que je la voie en premier alors que ses yeux étaient gonflés de larmes. Elle s'accrochait fermement à moi et ne voulait pas me montrer son visage.

Il y avait un coup à la porte. Je n'avais pas vécu assez longtemps pour réaliser la gravité des yeux mouillés d'une femme et, sans y penser, j'ai dit : « Entrez. C'était Benson.

"Mlle Wright me dit—"

Il hésita. Il regardait Ann. Je me suis retourné aussi. Elle faisait un effort courageux pour paraître indifférente, mais ses yeux étaient rouges au-delà de tout ce qui se cachait.

"Oui," dit-elle sur son ton professionnel. "Les nouvelles sont très bonnes. Meilleures que nous l'espérions."

"Très bien. Je suis passé", a déclaré Benson, comme s'il n'y avait aucune raison d'être gêné, "pour voir comment vous étiez sorti et vous faire passer le week-end avec moi s'ils vous laissaient partir. Je dois rendre visite à mon oncle et à ma tante, des vieux stupides, des hypocondriaques. Mais ils partent en Europe la semaine prochaine et il faut vraiment que je les voie. Je mourrai d'ennui s'il n'y a pas quelqu'un à qui parler. Mieux vaut venir, la navigation est bonne. " Je dois courir au club pendant quelques minutes. Pouvez-vous préparer votre grip dans une demi-heure ? Très bien. Au revoir. "

Ann était aussi en colère que je ne l'ai jamais vue.

"Au moins, tu aurais pu me laisser le temps de me sécher les yeux."

"Je ne crois pas qu'il ait remarqué quoi que ce soit. Les hommes ne voient jamais des choses pareilles", dis-je.

Mais Ann en rit et sa bonne humeur fut restaurée.

Son visage, maintenant que je le voyais, n'était pas du tout ce à quoi je m'attendais. C'était sérieux, maigre, un peu sévère. Je l'avais considérée comme blonde, mais ses cheveux étaient d'un brun riche et profond. Bien sûr, je ne suis pas juge de son apparence. Elle avait apporté de la joie dans mes ténèbres. Elle ne pouvait qu'être belle pour moi.

L'expression est ce qui compte le plus. Sur son visage, souligné par son uniforme d'infirmière, il y avait un air certain de sensibilité, de fiabilité de la Nouvelle-Angleterre. Peut-être que dans d'autres circonstances, elle ne m'aurait pas attiré. Son visage au repos n'aurait peut-être inspiré que de la confiance. Mais quand elle a posé ses mains sur mes épaules et qu'elle a levé les yeux vers mon visage, avec la lumière de l'amour dans les yeux, il m'a semblé qu'un halo mystique de beauté brillait autour d'elle. Aucune autre femme ne m'a jamais regardé comme Ann. Et pourtant, je sais que la plupart des gens la qualifieraient de « simple ».

La chose la plus difficile à accepter chez elle était sa taille. Je l'avais trouvée considérablement plus petite que Miss Wright. J'avais bien sûr été induit en erreur par la taille relative de leurs voix. Ann mesurait au-dessus de la moyenne et Miss Wright mesurait à peine cinq pieds.

Dans la demi-heure précédant le retour de Benson, nous n'avions rien discuté de plus concret que des opportunités de nous rencontrer en dehors de l'hôpital. Elle était libre un samedi sur deux, de l'heure du dîner jusqu'à minuit. J'avais un peu peur que Benson, lorsque nous étions seuls, puisse poser des questions ou plaisanter sur elle, mais il parlait activement d'autre chose.

Son oncle et sa tante formaient un vieux couple solitaire. Leurs enfants étaient établis et il ne leur restait plus grand-chose pour les intéresser, à l'exception de leurs maladies, dont certaines, selon Benson, étaient réelles. C'était une belle maison juste à la sortie de Stamford on the Sound – plutôt tristement vide maintenant que les enfants étaient partis. Je n'avais jamais vu un tel luxe, une argenterie aussi lourde, des serviteurs aussi omniprésents.

Ils envisageaient de vivre à Paris, près d'une fille qui avait épousé un Français. Leurs arrangements étaient tous faits. Mais au dernier moment, leur infirmière de formation les avait semés dans la confusion en décidant soudain qu'elle ne voulait pas quitter l'Amérique. La tante nous en raconta, d'un ton maussade, au dîner. Le désir d'Ann m'est venu à l'esprit.

"De combien de temps libre disposerait l'infirmière ?" J'ai demandé. "J'en connais une qui a hâte de vivre à Paris et d'étudier avec Pasteur. Elle est très compétente. Votre neveu l'a vue, Miss Barton, elle était à l'hôpital. Je l'aimais énormément."

Benson m'a jeté un rapide coup d'œil. C'était le seul signe qu'il ait jamais donné d'avoir remarqué une quelconque intimité entre nous.

"Ma tante compte vivre de manière permanente à Paris", a-t-il déclaré. "Elle ne voudrait pas embaucher quelqu'un qui ne serait pas disposé à rester indéfiniment."

"Je pense que cela conviendrait exactement à Miss Barton."

Benson a immédiatement accepté ma suggestion et a recommandé Ann avec enthousiasme. J'ai dû répondre à une série de questions. La tante faisait partie de ces indécis qui détestent se décider, mais l'oncle voulait se lancer. Nous en parlions continuellement pendant les trois repas du dimanche, et le lundi matin ils allèrent la voir, avec un mot de présentation de ma part.

Ann, comme je l'avais prévu, était ravie de cette opportunité. Elle leur plut, et dès qu'elle put trouver un remplaçant, chose facile puisque sa position était désirable, les dispositions furent prises.

VII

Ann et moi avons passé ensemble la journée avant de partir. Nous avions prévu une excursion au bord de la mer, mais il pleuvait désespérément et nous trouvâmes refuge dans un hôtel. Nous étions trop intéressés l'un par l'autre pour nous soucier beaucoup de la météo ou de notre environnement. Toutes les beautés de la nature qui auraient pu détourner notre attention auraient semblé une impertinence.

Ce fut une journée de plaisir inoubliable. Et pourtant, ce n'était pas sans un subtil alliage. Par un accord tacite, nous avons été à la hauteur de la philosophie d'Omar, nous n'avons discuté ni du passé ni du futur. J'avais peur de m'arrêter et de réfléchir, de peur que cela puisse paraître faux...

Un jour, elle a apporté quelques expressions de gratitude pour que je lui ai, comme elle le dit, donné cette belle opportunité de réaliser son rêve d'étudier avec Pasteur. Et pendant tout ce temps, je savais que ce n'était pas uniquement pour elle que j'avais saisi cette chance que le destin m'avait offerte. Malgré la joie de son amour, il y avait ce courant d'incertitude sous-jacent. Je voulais m'en éloigner suffisamment, pour le juger. C'est difficile d'exprimer ce que je veux dire, mais j'étais plus heureux, plus léger, ce jour-là, car je savais qu'elle partait le lendemain.

Mais ces moments flous n'étaient que des instants. Nous étions jeunes. C'était le printemps de la vie comme c'était le printemps de l'année. L'esprit de la poésie, des grandes paroles, était là dans cette chambre d'hôtel sordide...

Tôt le matin, à travers les rues humides et scintillantes, nous avons traversé la ville en direction de la rivière. Bien sûr , je savais exactement où nous allions, mais d'une manière ou d'une autre, l'entrée du quai m'a surpris et mal préparé. Pendant un moment, nous sommes restés là, à nous serrer la main aussi formellement que possible. Soudain, des larmes lui montèrent aux yeux, elle leva la main et m'embrassa. Puis elle se tourna brusquement et entra dans le bâtiment nu et sombre. Elle avait un pas ferme, elle partait à la rencontre de son destin.

J'ai regardé jusqu'à ce qu'elle soit hors de vue. Et puis je me suis surpris par un étrange soupir de soulagement.

VIII

Plus tard dans la journée, j'ai déjeuné avec Benson au University Club.

"Quels sont tes projets maintenant ?" » a-t-il demandé alors que nous nous installions autour d'un café et de cigarettes.

"Trouve un travail, je suppose."

"Vous n'êtes pas en état de travailler ni de chercher du travail, vous venez juste de sortir de l'hôpital."

"Mais je dois manger."

"C'est une superstition idiote !" il a explosé. "Il n'est pas nécessaire de travailler pour manger. Aucun des "meilleurs gens" ne le fait. La moitié du problème dans le monde, c'est que tant d'idiots transpireront, rien que pour manger. S'ils refusaient de travailler pour des tripes... " Des ragoûts et exiger des places dans les loges à l'opéra, cela ferait des merveilles. Pourquoi les gens vont-ils travailler toute leur vie pour avoir une chance de mourir dans un immeuble, cela me dépasse. Quel genre de travail voulez-vous ? "

Mes idées sur ce point étaient vagues.

"Combien d'argent as-tu ?"

C'est ce que j'avais compris.

« Cent quatre-vingt-cinq dollars et quatre-vingt-treize cents. Et puis mes livres – peut-être pourrais-je en obtenir cent de plus.

" Bien sûr, si vous êtes suffisamment peu scrupuleux, c'est un bon début pour une fortune. Beaucoup d'hommes l'ont fait avec moins. Mais c'est ennuyeux de rester les bras croisés et de regarder l'argent croître. Avez-vous déjà vu un morceau d'œufs d'alose - tous des œufs " L'argent est sacrément plus prolifique que le poisson. Imprégnez un dollar en argent de suffisamment de cynisme et vous ne pourrez pas maintenir vos dépenses au niveau de vos revenus. Regardez comme la richesse a augmenté dans ce pays malgré tous nos vols et gaspillages ! Pendant la guerre, nous avons brûlé de l'argent – jeté des millions après des millions dans les flammes – nous ne nous en sommes jamais rendu compte. La nation était plus riche en 1965 qu'en 1960.

"Mais gagner de l'argent est une ambition idiote. Pensez simplement au nombre de doubles qui réussissent à gagner leur vie. Tout le monde peut le faire. Ce n'est pas original. Cherchez autour de vous un travail intéressant. Quelque chose qui vaut la peine d'être fait en dehors du salaire. Allez-y doucement. Si vous commencez à vous inquiéter, vous décrocherez le premier emploi qui vous sera proposé et penserez que vous avez de la chance. Venez au règlement, le conseil est de sept par semaine. Vous pouvez vivre trois mois avec la moitié de votre argent. Pendant ce temps , vous verrez une douzaine de postes vacants. Vous pourrez faire votre choix au lieu de décrocher le premier emploi que vous verrez.

Cette conversation était typique de Benson. Il commençait presque toujours par un discours généralisé, mais juste au moment où vous commenciez à penser qu'il vous avait oublié vous et le problème, il finissait par une proposition précise. J'ai accepté son conseil et j'ai déménagé à la « Maison des Enfants ».

Ainsi, ma cécité temporaire m'a mis en contact avec deux grandes réalités de la vie que j'avais jusqu'ici ignorées, les femmes et le besoin : la beauté du sexe et l'horreur de la misère. Et ces deux choses occupaient tout mon esprit.

Un par un, j'ai sélectionné mes souvenirs d'Ann et j'y ai réfléchi dans toutes leurs implications. J'ai essayé de les disposer comme des perles sur un fil, dans un design unifié et ordonné. Jour après jour, elle est devenue une personnalité plus réelle et plus concise.

L'effet de ma rencontre avec Ann, je n'aurais alors pu trouver aucun mot pour le décrire. Mais un terme très moderne expliquerait à certains ce que je veux dire. Elle a ouvert mon esprit aux « tons » de la vie. L'année dernière, j'ai entendu « Pelléas et Mélisande ». Je suis resté assis toute la première demi-heure sans bouger. Il y avait beaucoup d'attrait sensuel pour les yeux, mais la musique ne semblait pas satisfaisante. Soudain, l'appréciation est venue. Soudain, j'ai compris précipitamment ce qu'il voulait dire. Toute cette harmonie mystique, toute cette merveille non écrite et inscriptible m'a submergé. Et maintenant, Debussy me paraît le plus grand de tous. "L'Après-midi du Faune" m'émeut plus profondément que n'importe quelle autre musique. En fait, je pense qu'il faut inventer un nom plus nouveau que « musique », pour désigner ce parfum sonore plus subtil.

De la même manière, Ann m'a montré les « tons dominants » de la vie. Une signification plus profonde, des significations mystiques, j'ai trouvé dans beaucoup de choses que j'avais à peine remarquées auparavant. Les couchers de soleil étaient d'une plus grande richesse de couleurs. J'avais connu Chaucer et ses prédécesseurs intimement, un peu moins profondément, de toute la grande poésie du monde. Cela ne m'avait pas seulement intéressé en tant qu'étude de philologie comparée, non seulement en tant que jeu délicat de prosodie – de rythme, de rime et de refrain. Cela m'avait apporté un charme plus profond que ces éléments mécaniques, aussi fascinants soient-ils. Mais d'une manière ou d'une autre, tout cela est devenu nouveau pour moi. J'ai découvert dans les vieilles lignes familières des choses dont, seul dans mon bureau, je n'avais jamais rêvé. J'ai commencé à voir dans toute poésie – dans tout art – un effort pour exprimer ces « connotations ».

En revanche, ma vie active s'est déroulée dans l'effroyable misère des bidonvilles, chose également nouvelle pour moi. A cette époque, la majorité de nos voisins étaient irlandais et allemands. Décennie après décennie, la nationalité de Stanton Street a changé. D'abord les Allemands ont disparu, puis les Juifs russes et hongrois ont chassé les Irlandais, maintenant on entend autant l'italien que le yiddish. La pauvreté déchirante, l'avilissement de la saleté et l'ivresse ne sont pas une question de race. Vague après vague, l'immigration trouve ses coutumes et sa moralité indigènes insuffisantes pour la protéger de la contagion des bidonvilles. Et il en sera ainsi jusqu'à ce que nous ayons la sagesse d'éradiquer le crime de congestion et de donner une chance décente à nos nouveaux arrivants.

J'essaie de ramener mon esprit à l'attitude qu'il avait au cours de ces premières semaines à la « Maison des Enfants » et j'essaie de m'expliquer comment je suis devenu membre du « Mouvement de colonisation ». J'ai raté. Je pense que très peu de choses vraiment importantes dans la vie sont susceptibles d'une explication logique.

J'ai rencontré des gens qui, par leurs seuls livres, ont été impressionnés par les injustices de notre organisation sociale et ont quitté la retraite de leurs études pour consacrer leur vie à la campagne active pour la justice. De tels processus mentaux sont, je pense, rares. Certes, les choses se sont passées différemment dans mon cas.

Lorsque Benson m'a proposé de venir vivre dans la colonie, je n'ai ressenti aucun « appel » au service social. J'étais seul, sans travail, complètement à la dérive. Le souvenir de la soirée que j'avais passée avec lui à la Maison des Enfants et des personnes intéressantes que j'avais rencontrées était très agréable. Je ne soupçonnais pas que j'allais y rester. Cela me convenait comme une sorte de maison de convalescence, où je pouvais me reposer jusqu'à ce que je sois capable de sortir et de faire face à la vie ordinaire du monde.

Au début, le petit cercle des ouvriers semblait incohérent. Il y avait là une demi-douzaine d'hommes et de femmes très instruits, dont la plupart avaient quitté des foyers agréables et vivaient dans le quartier le plus abject de la ville. Pourquoi? À quoi faisaient-ils de bien ? Autour de nous rugissait le grand feu de la pauvreté. Ici et là, ils arrachaient une marque, bien sûr. Mais l'incendie était hors de leur contrôle. Ils ne pensaient même pas pouvoir l'arrêter.

Je me souviens d'un soir, lors d'un dîner, nous avions pour invité un professeur d'économie d'une des grandes universités. Il était fier de son point de vue scientifique froid, il considérait le mouvement de colonisation comme sentimental, presque hystérique, et il avait la mauvaise éducation d'oublier que ce dont il se moquait était une chose désespérément sérieuse pour ses hôtes.

"Ce mouvement de colonisation me rappelle une histoire", a-t-il déclaré. « Il était une fois un vieux monsieur au bon cœur qui marchait dans la rue et trouva un homme ivre dans le caniveau. Il essaya en vain de tirer le malheureux sur le trottoir, puis, perdant courage, il dit : « Mon pauvre homme. , je ne peux pas t'aider, mais je vais descendre dans le caniveau à côté de toi."'

Il rit de bon cœur, mais personne d'autre ne le fit. L'histoire est décidément tombée à plat. Il fallut plusieurs minutes avant que quiconque ne relève le défi. Finalement, le révérend M. Dawn, le chef du personnel, toussa légèrement et répondit. Il était devenu tout rouge et j'ai vu que la plaisanterie l'avait piqué.

"C'est une histoire très ancienne", dit-il, "elle était courante à Jérusalem il y a plusieurs siècles. Elle a été racontée avec beaucoup d'*éclat* par un scribe et un pharisien qui 'passaient de l'autre côté'".

"Oh, viens, maintenant !" Notre invité a protesté. "Ce n'est pas une comparaison juste. Le Samaritain, nous dit-on, a vraiment fait du bien au pauvre diable. Et d'ailleurs, la victime dans cette affaire n'était pas un ivrogne, mais une personne qui était "tombée parmi les voleurs"."

"Voleurs?" » demanda Benson, avec une note de colère dans la voix. « Pensez-vous qu'il n'y a pas d'autres voleurs que des voleurs de grands chemins ? » Et puis, se rendant compte apparemment de l'inutilité de discuter avec un tel homme, il sourit doucement et continua d'un ton plus doux. "D'ailleurs, certains d'entre nous sont assez fous pour imaginer que nous pouvons aussi faire du bien. Ne discutons pas de cela, nous préférons garder nos illusions. Ne nous direz-vous pas ce que vous enseignez dans vos cours sur la théorie de la plus-value de Marx ? Bien sûr , je sais que cette expression est taboue. Mais quels termes utilisez-vous pour décrire les produits du vol industriel ? »

Je n'arrivais pas à décider si le professeur se rendait compte que Benson essayait de l'insulter ou s'il avait peur d'aborder la question. Quoi qu'il en soit, il se tourna vers Mme Dawn et changea de conversation.

Cette petite inclinaison m'a donné matière à réflexion. Je n'aimais pas l'attitude du professeur envers la vie. Mais après tout, à quoi servaient ces travailleurs des colonies ? Cette question exigeait sans cesse une réponse. Parfois, je sortais avec M. Dawn pour aider à enterrer les morts. Je ne voyais aucun lien adéquat entre ses paroles aimables envers les personnes endeuillées et le hideux dragon de la tuberculose qui rôdait dans le quartier bondé. À quoi ont servi les soins de Dawn ? Parfois, je sortais avec Miss Bronson, la maternelle, et je l'écoutais parler à des mères incompréhensibles de leurs devoirs envers leurs enfants. Que pouvait accomplir Miss Bronson en jouant quelques heures par jour avec les jeunes qui devaient aller dans des maisons sales ? Ils ont reçu un déjeuner équilibré dans la colonie. Mais les deux autres repas par jour, ils doivent manger des aliments mal cuits et frelatés. Parfois, je sortais avec Miss Cole, l'infirmière, pour visiter ses cas. Il m'était difficile d'imaginer quelque chose de plus futile que sa lutte à elle seule contre des immeubles et des magasins insalubres.

Je me souviens surtout d'une visite que j'ai faite avec elle. C'était la crise pour moi. Il s'agissait d'un accouchement. Il y avait six autres enfants, tous dans une pièce non ventilée, dont l'unique fenêtre donnait sur un puits d'aération sombre et obstrué, et le père était un ivrogne. Je me souviens d'être assis là, après le départ du médecin, tenant le prochain plus jeune bébé sur mes genoux, pendant que Miss Cole donnait le bain au petit nouveau venu.

"Tu ne peux pas l'empêcher de pleurer pendant une minute ?" » Demanda nerveusement Miss Cole.

"Non," dis-je avec une soudaine rage. "Je ne peux pas. Je ne le ferais pas si je le pouvais. Pourquoi ne devrait-il pas pleurer ? Pourquoi les autres petits imbéciles ne pleurent-ils pas ! Veux-tu qu'ils rient ?"

Elle a arrêté de travailler avec le bébé et m'a offert un flacon de cognac sorti de son sac. Mais le cognac n'était pas ce que je voulais. Bien sûr , je savais que les hommes sombraient jusqu'à la lie. Mais je n'avais jamais réalisé que certains y étaient nés.

Lorsqu'elle eut fait tout ce qu'elle pouvait pour la mère et l'enfant, Miss Cole remit ses affaires dans le sac et nous rentrâmes à la maison. Il était minuit passé, mais les rues étaient toujours vivantes.

"A quoi ça sert ?" » ai-je demandé avec véhémence. "Oh, je sais - vous et le médecin avez sauvé la vie de la mère - vous en avez mis une nouvelle au monde et tout ça. Mais à quoi ça sert ? L'enfant va mourir - c'était une fille - mettons-nous à genoux, tout de suite. ici et priez les dieux pour qu'il meure bientôt – et ne grandisse pas dans le besoin, la peur – et la honte. Puis j'ai ri. "Non, ça ne sert à rien de prier. Elle mourra bien ! Ils commenceront à lui donner de la bière en canette avant qu'elle ne soit sevrée. Non. Pas ça. Je ne crois pas que la mère sera capable de l'allaiter. Elle " Elle mourra à cause du lait écrémé. Et si cela ne suffit pas, elle aura la tuberculose et plusieurs autres maladies à attraper. Oh, elle mourra très bien. Et l'année prochaine, il y en aura une autre. Pour l'amour de Dieu, qu'est-ce que c'est ? " L'utilisation ? A quoi ça sert ? " Brusquement, je me mis à jurer.

"Vous ne devez pas parler comme ça", dit Miss Cole d'une voix tendue.

"Pourquoi ne devrais-je pas maudire ?" Dis-je férocement, me tournant vers elle d'un air de défi, essayant de penser à un plus grand blasphème à lancer contre le désordre de la vie. Mais la vue de son visage livide de lassitude, ses lèvres se tordant spasmodiquement à cause de l'épuisement nerveux, m'ont montré une raison de ne pas le faire. Réaliser que j'avais été si brutal envers elle m'a horriblement choqué.

"Oh, je vous demande pardon", m'écriai-je.

Elle trébucha légèrement. Je pensais qu'elle allait s'évanouir et j'ai mis mon bras autour d'elle pour la stabiliser. Elle était presque assez vieille pour être ma mère, mais elle a posé sa tête sur mon épaule et a pleuré comme une petite enfant. Nous étions là, sur le trottoir, à la lueur d'un saloon bruyant et répugnant, comme deux enfants effrayés. Je ne pense pas qu'aucun de nous n'ait vu de raison d'aller quelque part. Mais nous avons fini par nous sécher les yeux et, par simple habitude, nous sommes retournés aveuglément à la maison des enfants. Sur les marches, elle rompit le long silence.

"Je sais ce que tu ressens - tout le monde est comme ça au début, mais tu t'y habitueras. Je ne peux pas dire 'pourquoi'. Je ne vois pas que cela fasse grand-chose. Mais il faut le faire. Il ne faut pas y penser. Il y a des choses à faire, aujourd'hui, demain, tout le temps. Des choses qu'il faut faire. C'est ainsi que nous vivons Il y a tellement de choses à faire qu'on ne peut pas penser. Cela vous tuerait si vous aviez le temps de réfléchir. Il faut travailler, travailler.

"Tu resteras aussi. Je sais. Tu ne pourras pas partir. Tu es ici depuis trop longtemps. Tu ne sauras jamais 'pourquoi'. Vous arrêterez de demander si cela sert à quelque chose. Et je vous dis que si vous arrêtez d'y penser, cela vous tuera. Vous devez travailler.

Elle est allée dans sa chambre et moi à travers la cour déserte et jusqu'à la mienne. Mais on ne dormait pas. C'est cette nuit-là que j'ai réalisé pour la première fois que je le devais aussi. J'avais vu tellement de choses que je ne pourrais jamais oublier. C'était quelque chose auquel il n'y avait pas d'échappatoire. Aussi glorieux que soient les champs ouverts, il y aurait toujours la puanteur des immeubles dans mes narines. La vision d'un pauvre aux joues enfoncées et atteint de tuberculose s'élèverait toujours entre moi et la beauté du coucher de soleil. Une foule de fantômes pressés – les fantômes des bébés massacrés – me suivaient partout en criant « Lâche » si je m'enfuyais. Les bidonvilles m'avaient fait prisonnier.

Alors que j'étais assis là seul avec ma pipe, les gémissements du sommeil inquiet du quartier dans mes oreilles, j'ai réalisé plus fortement que je ne peux l'écrire maintenant l'épouvantable unité de la vie. J'ai senti la myriade de filaments complexes qui nous lient en un tout indivisible. J'ai vu les loyers sanglants des immeubles circuler dans toutes les affaires, les entacher, aller même dans les assiettes de collecte de nos églises. J'ai vu la paie perçue par le poète lyrique, remonter du compte bancaire de la rédaction jusqu'aux poches de divers abonnés qui spéculaient sur les nécessités de la vie, qui s'engraissaient de la faim de la multitude. Mes propres vêtements étaient confectionnés dans des ateliers clandestins.

Je n'ai pas pu éteindre le grand feu de l'injustice. Je pourrais au moins panser les plaies de certains de mes frères tombés, qui ont eu moins de chance que moi. Mon ancienne préparation. l'éthique scolaire m'est revenue. "Je veux vivre de manière à ce qu'à ma mort, le plus grand nombre de personnes soient heureux d'avoir vécu." D'une certaine manière, peu importait que je puisse accomplir un bien durable. Je dois faire ce que je peux. Un tel effort me semblait le seul moyen d'échapper à l'horrible honte de la complaisance .

En errant dans la vie des gens de notre quartier, j'ai cherché un champ d'activité. Il y avait tellement de choses à faire. J'ai cherché l'endroit où le besoin était le plus grand. Il ne m'a pas fallu longtemps pour décider – conclusion à laquelle je n'ai pas changé – que les pires maux de notre civilisation atteignent leur paroxysme dans « Les Tombeaux ».

Le nom officiel de cet amas de pierres et de briques est « le bâtiment du tribunal pénal ». Mais les gens persistent à l'appeler « Les Tombeaux ». La prison datait du milieu du siècle et un fouillis d'architecture officielle avait été ajouté, décennie après décennie, car les dirigeants politiques avaient besoin d'argent. Il abritait le bureau du procureur, le « tribunal de police », des « séances spéciales » pour les délits et des « séances générales » pour les criminels. On pourrait étudier toute notre pratique pénale dans ce bâtiment.

J'ai d'abord été conduit dans son ombre sinistre par une femme venue dans la colonie. Son fils, un garçon de seize ans, avait été arrêté deux mois auparavant et attendait son procès dans une cellule non ventilée, initialement conçue pour un seul occupant, avec deux autres personnes. Ses compagnons de cellule avaient changé une douzaine de fois. Je me souviens que l'un d'entre eux était un vieux faussaire qui attendait un appel, un autre était le gardien d'une maison en désordre et un troisième était un vicaire de grande église qui avait détourné le fonds de la mission étrangère pour acheter des fleurs à une choriste. Le garçon était manifestement innocent. Et c'est précisément pour cette raison qu'il a été détenu si longtemps. Le procureur de la République tenait à établir un bilan élevé de condamnations. Son mandat venait tout juste d'expirer et il ne faisait pas comparaître en justice les hommes qu'il croyait innocents, ces affaires « techniquement » mauvaises qu'il imposait à son successeur. Finalement, avec l'aide d'un avocat charitable, nommé Maynard, dont j'écrirai plus tard, nous avons inscrit l'affaire au calendrier et le garçon a été rapidement acquitté.

En discutant de cette affaire avec Benson, j'ai découvert qu'il s'intéressait déjà aux problèmes de criminologie. Il était l'un des administrateurs de la « Société d'aide aux prisonniers ». L'interview dans le journal, qu'Ann m'avait lue à l'hôpital, était un effort de sa part pour attirer l'attention sur le sujet et insuffler un peu de vie dans la société.

"Il s'agit d'un tas de fossiles", a-t-il déclaré. "Je pense qu'ils sont une ' *société savante* . Ils lisaient des livres de pénologues étrangers et ne pouvaient distinguer un escroc d'un balayeur de tapis. Nous avons besoin de quelqu'un pour étudier la criminalité américaine. Pas un dilettante, quelqu'un qui veut s'y lancer à fond."

Je lui ai dit que j'y avais beaucoup réfléchi et que j'étais prêt à m'attaquer au travail si les voies et moyens pouvaient être mis en place.

"J'imagine que je pourrais convaincre la société de vous verser un salaire décent. Mais ils sont morts. Si vous faisiez quelque chose qui n'était pas prévu dans les livres, cela leur ferait peur. J'y réfléchirai."

Environ une semaine plus tard, j'ai reçu une lettre du procureur récemment élu, mais pas encore en poste, me demandant de faire appel à lui. Son nom était Brace, sa lettre était le résultat de la réflexion de Benson. Je l'ai trouvé comme un jeune homme politique réformateur typique. Homme de bonne famille, il était plein d'enthousiasme et espérait avec confiance mettre le feu à plusieurs rivières. Il y aurait une justice absolue et abstraite sous son régime. Benson lui avait raconté comment le véritable procureur lui rejetait les « mauvaises affaires » et il était à juste titre indigné. Il voulait quelqu'un en qui il puisse avoir confiance en la fidélité, qui garderait un œil du côté prison des Tombeaux. Il était sûr qu'il y avait là de nombreux abus à mettre fin, et il était l'homme qu'il fallait pour le faire. Le seul poste qu'il pouvait m'offrir en vertu de la loi était celui de détective spécial du comté. Le salaire serait de mille huit cents par an.

"Ce n'est pas exactement une position digne", a-t-il déclaré. "Les détectives du comté sont d'une classe inférieure, mais bien sûr, vous n'aurez pas à vous associer à eux."

J'étais plus que prêt à prendre la place. Avec le reste de la nouvelle administration , j'ai prêté serment et j'ai ainsi commencé l'œuvre de ma vie. C'était bien loin de mon ambition antérieure de devenir Fellow à Oxford.

LIVRE IV

je

« L'unité littéraire » ne peut être assurée dans une autobiographie qu'aux dépens de tout sens de la réalité. Le plus simple d'entre nous est une personnalité multiple, qui ne peut être décrite que partiellement d'un seul point de vue. Le manuel de physiologie que j'ai étudié à l'école contenait trois illustrations. L'un d'eux représentait l'être humain comme une structure osseuse, un squelette ; un autre montrait l'homme comme un système de veines et d'artères ; le troisième comme une masse de muscles entrelacés. Aucun d'eux ne ressemblait à aucun homme que j'ai jamais vu. Il en va de même pour la plupart des autobiographies : les écrivains, afin de concentrer l'attention sur une phase de leurs activités, ont supprimé tout ce qui donnerait à leurs histoires une apparence réaliste.

"Les Mémoires" de Cassanova nous donnent l'image d'un amoureux. Mais il devait être autre chose qu'un *roué* . "Les souvenirs personnels" du général Grant dépeint la carrière d'un soldat. Mais après tout, il était avant tout un homme, c'est un peu par hasard qu'il est devenu une machine à victoire. Comme le tableau de sa vie que nous donne Benvenuto Cellini est fragmentaire !

Je pourrais accepter ces modèles classiques et raconter directement l'histoire de mon travail dans les Tombeaux. Je pourrais limiter mon récit à cette partie de moi-même qui était impliquée dans l'amitié avec Norman Benson. Ou encore, je pourrais supprimer tout le reste, ignorer la chair, les os et les vaisseaux sanguins, et écrire sur moi-même comme un « système émotionnel ». C'est d'une de ces manières que je pourrais me rapprocher davantage d'une production littéraire. Mais ce serait certainement au détriment de la vraisemblance. Peut-être viendra-t-il quelque grand écrivain qui unira la forme artistique à une impression d'actualité. Mais jusqu'à ce que le génie nous ait enseigné la méthode , nous devons choisir entre les deux idéaux. Mon choix se porte sur la réalité plutôt que sur l'art.

Et la vie, comme il me l'a semblé, est de forme épisodique , unifiée seulement dans les apogées continuelles du moment présent. C'est une suite d'incidents liés à la respiration ininterrompue d'une même personne. Les faits de toute vie ne sont relatés que *de post facto* , dans le sens où ils influencent le cours futur de l'individu auquel ils se produisent. Plus nous cherchons à remonter loin dans le temps pour remonter à ces influences qui nous ont formés, plus nous découvrons une complexité accrue. Ce ne sont pas seulement nos corps qui possèdent des « arbres généalogiques », qui montrent le nombre de nos ancêtres, génération après génération, augmentant avec une rapidité vertigineuse. Il en va de même pour nos pensées et nos goûts. D'une luminosité immensément diffuse, la lentille de la vie a focalisé les rayons de lumière concentrés qui sont vous et moi.

Ainsi, en racontant ma vie telle que je la vois, mon récit doit se diviser en fragments. Aussi peu artistique qu'une telle forme puisse être, elle me semble la seule possible pour l'autobiographie. Il faut citer des incidents qui, même s'ils semblent sans rapport, me semblent avoir été captés par le grand objectif et avoir fait partie intégrante du point focal qui se trouve ici et tente de se décrire.

II

Depuis quelques années, j'écris continuellement sur le thème de la criminologie. Je ne pourrais pas donner, ici dans ce récit, un tableau complet des Tombeaux et de ses habitants, ni montrer dans un ordre ordonné comment un incident après l'autre m'a forcé à adopter une attitude définie à l'égard de notre système pénal, sans répéter ce que j'ai publié ailleurs. Mais l'atmosphère dans laquelle j'ai passé ma vie professionnelle m'a si définitivement influencé, a été une force si importante dans mon expérience en éthique, que je dois lui accorder un peu d'espace. Je dois au moins essayer de donner quelques exemples éclairants du genre de choses qui m'ont influencé et un bref exposé de l'attitude qui a résulté de mon travail, car sans ce contexte, le reste de mon histoire n'aurait aucun sens.

Au début , je me suis trouvé l'objet d'une hostilité universelle. Les Tombeaux étaient un domaine féodal de Tammany Hall. J'étais considéré comme un ennemi.

Le « système des dépouilles » avait cédé la place aux méfaits de la fonction publique. Les employés municipaux ne pouvaient pas être licenciés à moins que des « accusations » portées contre eux n'aient été prouvées. Les habitants des Tombeaux ne se souciaient pas beaucoup de la réforme administrative. Ils considéraient cela comme une interruption dans l'équilibre de leurs voies, qui, heureusement, ne durerait pas longtemps. Ils étaient habitués à de tels spasmes moraux de la part de l'électorat et savaient à quel point ils ne valaient pas grand-chose. Certains fonctionnaires « réformistes » essayèrent sérieusement de nettoyer leurs ministères. Leurs efforts ont été vaincus par des subordonnés indisciplinés, des hommes formés et fidèles à la machine.

La manière dont les choses se déroulaient dans les Tombeaux était typique. Brace a eu une conférence avec le nouveau commissaire de la correction et en conséquence, des « Instructions pour guider les gardiens de prison » ont été collées sur les murs. Mais les procureurs changent à chaque élection, tandis que le directeur – protégé par la fonction publique – reste indéfiniment. La vente de « drogue » aux prisonniers, interdite par les «

instructions » en majuscules, n'a pas été interrompue d'un seul jour. En une semaine, les vis avaient oublié de faire des blagues à ce sujet.

Ayant été nommé par le réformateur Brace, j'étais naturellement censé être son espion personnel. J'ai été sauvé d'une erreur si fatale grâce à un vieux missionnaire de prison étrange appelé « Général Jerry ». Il avait perdu un bras à Three Oaks, à l'hôpital d'Andersonville il avait trouvé la « religion ». Et comme le Seigneur lui avait rendu visite en prison, il avait consacré ce qui restait de sa vie à une œuvre similaire. Je pense qu'il n'avait aucun revenu au-delà de sa pension – il était toujours minable. Il avait très peu de connaissances, mais une immense quantité de sagesse simple. Si jamais un homme a gagné le droit à une couronne étoilée , c'est bien Jerry. Lui et le Père – chacun à sa manière – étaient les chrétiens les plus intègres que j'aie jamais rencontrés. Une dignité si noble brillait dans les yeux de cet humble vieillard que je ressentais toujours comme un privilège de m'asseoir à ses pieds et d'apprendre de lui.

Tout d'abord, en l'observant, j'ai découvert qu'un homme sincère et honnête pouvait gagner le respect des Tombeaux, malgré de tels handicaps. Nous sommes rapidement devenus amis et il m'a donné de nombreux conseils avisés.

"Je viens ici pour sauver des âmes", a-t-il déclaré. "C'est tout ce que je viens pour. Je ne laisse rien d'autre m'intéresser. Je ne suis pas un procureur. Bien sûr, je vois de la corruption. Je n'y peux rien. Chaque année, une fois , je parle à chacun des des vis sur son âme. "Big Jim", dis -je , "tu n'as pas raison avec Dieu. Je ne suis pas le seul à avoir pris de l'argent à la mère de ce dago qui a été pendu. Je ne suis pas le seul Je t'ai entendu mentir à cette femme juive, lui disant comment tu aiderais son mari. Je ne suis pas le seul à connaître l'hôtel où tu l'as emmenée. Dieu voit ! Dieu entend ! Il sait ! Tu ferais mieux mettez-le au carré avec lui ! » C'est tout ce que je dis . Ils savent que je ne le raconte pas partout . Et ils m'aident dans mon travail. Hier encore, Big Jim est venu me voir. "Général", dit-il, "il y a un gars au 431 qui pleure." Je suppose que tu ferais mieux de lui donner un peu d'Évangile.

"Pourquoi venez-vous ici aux Tombeaux ? Pour aider les pauvres gars à comprendre ce qu'ils ont de mal. Eh bien. Ne faites rien d'autre. Ces connards pensent tous que vous faites du déchet pour Brace. " Jerry, me disent -ils , qui est le nouveau ? Pourquoi fouine -t-il ici ? "Je ne sais pas", dis-je . "Mieux vaut garder un œil sur lui, comme je le fais ", dis- je . "Après un moment, nous le saurons."

Je sentais leurs yeux sur moi tout le temps. Quelques mois plus tard, je me suis assis à côté de Jerry dans la cour ; il avait une Bible sur les genoux et un sandwich au fromage à la main.

"Je ne suis pas doué pour dire 'Grace'", expliqua-t-il, "donc je lis toujours un Psaume quand je mange." Vous. Les vis ne vous ont pas encore bien mesuré, mais la plupart d'entre eux sont d'accord que vous n'êtes pas un foutu imbécile. Maintenant, je veux juste vous dire quelque chose. Prenez ça ici Les tombes tous ensemble — gardien, vis, flics et les avocats, les procureurs et les juges - vous ne pouvez jamais être amis avec eux tous . Il y a trop de personnes qui se détestent . Alors vous devez choisir. Vous dites que vous allez rester dans ce travail. Eh bien, Tu ferais mieux de déterminer qui va rester avec toi. Les juges restent et les vis restent. Mais les procureurs de district ne restent jamais plus de deux ans. Déterminez-le. C'est ce que le bon livre veut dire par " Soyez vous-même ". sage comme des serpents .'"

Les conseils de Jerry étaient bons. J'avais déjà « compris » que la faveur des juges était plus importante pour moi que celle du procureur. Je devais choisir qui je servirais, et il était très évident qu'il était opportun – si je voulais accomplir quelque chose – de me lier d'amitié avec les richesses de l'injustice politique. Les réformateurs étaient non seulement pitoyablement faibles, mais peu d'entre eux inspiraient confiance. Ils n'étaient pas au pouvoir depuis six semaines avant qu'il devienne évident que leur réélection était impossible. Les meilleurs d'entre eux étaient de véritables amateurs dans les affaires politiques et gouvernementales. Une grande partie de leur désastre était sans aucun doute due à une ignorance bien intentionnée . Mais très peu d'entre eux sont restés fidèles au navire lorsque celui-ci a commencé à couler. Ce serait un sombre amusement que de publier le chiffre du nombre de réformateurs bruyants qui sont revenus au pouvoir deux ans plus tard – sous la bannière de la machine.

Brace, mon chef, dès qu'il a découvert que les murs de Tammany ne s'effondreraient pas au son des trompettes des journaux, a perdu courage. Il n'avait d'autre intérêt que de se maintenir sous les feux de la rampe. Comme tous ses prédécesseurs, il négligea le travail courant de son bureau et accorda toute son attention à des procès sensationnels qui ajoutèrent à sa notoriété journalistique.

L'un des grands scandales de l'administration précédente, qui avait surtout suscité l'indignation du public contre la politique du ring, concernait un homme nommé Bateson. Il se qualifiait d'« entrepreneur » et s'occupait de l'essentiel du travail de nivellement des rues de la ville. Il existait des preuves concluantes démontrant que presque tout le travail qu'il effectuait se faisait le long des tracés des lignes de tramway. Le scandale avait été découvert et développé par l'un des journaux de la manière la plus exhaustive. Les faits étaient clairs. L'ingénieur de la compagnie de tramway rapportait à ses supérieurs que telle ou telle rue était trop raide pour l'exploitation rentable de leurs voitures. L'un des réalisateurs appellerait Bateson. Bateson aborderait l'affaire avec les mystérieux pouvoirs de la Quatorzième Rue, les échevins voteraient un crédit pour niveler la rue ; Bateson obtiendrait le contrat et, après avoir été bien payé par la ville, recevrait une expression tangible d'appréciation de la part de la société de tramway. Les journaux avaient déjà rassemblé les preuves. La fraude était manifeste. Tout le monde s'attendait à ce que Brace convoque Bateson en justice immédiatement. Et il semblait inévitable qu'à partir des preuves fournies dans cette affaire, des actes d'accusation puissent être tirés à la fois contre le « vieil homme » de la Quatorzième Rue et contre les dirigeants corrompus de la compagnie de tramway.

Brace commença cette affaire avec un grand retentissement de trompettes. Mais les ajournements ont été accordés les uns après les autres par les juges Tammany. Cela a duré des mois. Et quand enfin l'affaire fut appelée, le fond du procès s'était, d'une manière mystérieuse, retiré des poursuites. Bateson a été acquitté. Quelques mois plus tard, Brace démissionna et devint conseiller juridique de la fameuse réorganisation de Traction. Certains articles récents de magazines ont exposé le type de réforme qu'il défendait.

La « politique » m'a toujours semblé une affaire bien désolante. J'ai trouvé beaucoup de misère non partisane pour occuper tout mon temps. Petit à petit, je me suis intégré à la vie des Tombeaux et je suis devenu un incontournable. Lorsque les nouvelles élections ont ramené Tammany au pouvoir, le « service civil » m'a protégé des malfaiteurs, tout comme il les avait protégés de leurs ennemis. Et c'est ainsi que j'ai passé ma vie dans cet endroit nauséabond.

Pour celui qui n'est pas familier avec notre mastodonte de la justice, il est surprenant de constater toute la quantité de travail qu'une personne dans ma situation peut accomplir, combien de victimes peuvent être arrachées sous les roues impitoyables. Il y a d'abord les pauvres, qui n'ont pas d'argent pour engager un avocat compétent, ni les moyens d'obtenir la preuve de leur innocence. Ensuite, il y a les immigrés « nouveaux » qui ne connaissent pas la langue et les lois de ce nouveau pays, qui n'en savent pas assez pour en informer leurs consuls. Les plus tristes de tous – et les plus faciles à aider – sont les jeunes. Nous n'avions pas de tribunal pour enfants à cette époque. Mais je crois que j'ai consacré la majeure partie de mon temps à essayer d'alléger le sort des épouses et des enfants innocents des prisonniers. Que l'homme soit coupable ou non, c'est toujours la famille qui souffre le plus. Et si rien de tout cela n'avait eu lieu, j'aurais eu les bras chargés d'essayer d'aider les hommes qui ont été acquittés. Consultez le rapport du tribunal pénal de votre comté et voyez quelle est la durée moyenne de l'emprisonnement en *attendant le procès* . Cela varie d'un endroit à l'autre. C'est rarement moins de trois semaines. Et trois semaines, c'est une affaire sérieuse pour le mécanicien ordinaire. Environ un tiers de toutes les personnes arrêtées sont acquittées.

Ils ne reçoivent aucune compensation pour leur emprisonnement sans pieds. Outre la perte de salaire, cela signifie généralement la perte d'un emploi.

Deux histoires, qui ont été racontées ailleurs, méritent d'être racontées, comme exemples du travail varié que j'ai eu à accomplir.

C'est au cours de l'été de ma première année aux Tombeaux que je me suis intéressé au cas d'un garçon italien aux cheveux roux nommé Pietro Sippio . Il n'avait que quatorze ans et avait été mis en examen pour meurtre avec préméditation.

L'accusation a été confiée au jeune avocat le plus brillant du cabinet du procureur. La famille Sippio était trop pauvre pour employer un avocat et le juge Ryan, devant lequel l'affaire était jugée, avait assigné à la défense un célèbre avocat pénaliste. Le procès devint aussitôt un tournoi d'esprit entre ces deux hommes. Le petit Pietro et son sort n'étaient qu'une petite affaire dans le duel pour la publicité dans les journaux.

Le principal témoin à charge était Mme Casey, la mère du petit garçon qui avait été tué. C'était une veuve, une Irlandaise simple et sans instruction, qui gagnait sa vie en faisant la lessive. Elle a raconté son histoire avec toutes les apparences de véracité. Le matin du jour tragique, elle s'était disputée avec Pietro dans l'arrière-cour de l'immeuble où vivaient les deux familles. Pietro avait jeté de la terre sur son linge et elle l'avait giflé. Au lieu de pleurer comme elle pensait qu'un garçon ordinaire l'aurait fait, il avait dit qu'il « se vengerait » d'elle.

Lorsqu'elle avait entendu les coups de sifflet de midi dans les usines voisines, elle était sortie sur le trottoir pour aller chercher son bébé à dîner. La jeune fille était assise sur le trottoir et alors qu'elle se tenait sur le seuil de la porte pour l'appeler, une brique, venant du toit de l'immeuble, a frappé le bébé à la tête, le tuant sur le coup. Elle se précipita dehors et - elle jura très solennellement - leva les yeux et vit "la tête rouge du petit diable , aussi simple que je vois ". votre honneur."

L'avocat de la défense n'a pas pu ébranler son témoignage.

D'autres témoins ont juré qu'en entendant l'appel à l'aide de Mme Casey, ils s'étaient précipités sur le toit et avaient rencontré Mme Sippio descendant par la lucarne avec ses deux plus jeunes enfants, Felicia, une fille de huit ans, et Angelo, qui en avait cinq. Lorsqu'on lui demanda où était Pietro , elle répondit qu'elle ne l'avait pas vu. Mais ces témoins étaient irlandais et se sont rangés du côté de Mme Casey. Ils ont témoigné qu'il était facile de passer d'un toit à l'autre. Et c'était évidemment leur théorie selon laquelle Pietro s'était échappé de cette manière.

Quelques minutes après le drame, Pietro était arrivé dans la rue en sifflotant et s'était retrouvé dans les bras des policiers qui commençaient tout juste à le rechercher.

Pour sa propre défense, Pietro a déclaré qu'après s'être disputé avec Mme Casey, il avait joué dans la rue pendant un certain temps, puis était descendu à la rivière avec une foule de garçons pour se baigner. Ils n'avaient pas quitté l'eau jusqu'à ce que les sifflets de midi les avertissent de l'heure du dîner. Ils s'étaient tous dépêchés d'enfiler leurs vêtements et étaient rentrés chez eux. Il a juré formellement qu'il n'avait pas été sur le toit dans la matinée. Il ne se rendait évidemment pas compte de la gravité de sa position et était plutôt fier d'être au centre de tant d'attention.

Deux ou trois autres garçons ont témoigné que Pietro avait nagé avec eux et n'avait quitté l'eau qu'après le coup de sifflet. C'était un point important puisque le bébé avait été tué quelques minutes après midi. Mais le procureur, au cours d'un contre-interrogatoire brutal et intimidant, a réussi à ébranler l'un des garçons – un jeune de onze ans – jusqu'à ce qu'il ne distingue plus sa main droite de sa gauche. Il s'est complètement effondré et a admis en sanglotant que peut-être Pietro était parti avant que les coups de sifflet ne retentissent.

Mme Sippio a témoigné qu'elle n'avait pas vu Pietro après le petit-déjeuner. Elle était montée sur le toit vers onze heures et demie pour arracher des tapis. Elle avait emmené avec elle les deux plus jeunes enfants. Mais Pietro n'était pas sur le toit. C'était une femme très timide, si effrayée qu'elle en oubliait la majeure partie de son anglais, peu répandu. Mais elle semblait dire la vérité.

Après le témoignage, l'avocat de la défense a présenté un plaidoyer éloquent, quoique plutôt grandiloquent. Il se tournait plus souvent vers le pupitre des journalistes que vers le jury. Personne, a-t-il dit, n'avait donné de témoignage impliquant, même de loin, Pietro, à l'exception de Mme Casey, affligée et enragée. Il fit une péroraison sur les traits vengeurs des Irlandais. Il pleurait presque à la perspective d'une damnation éternelle qui attendait l'âme de Mme Casey à cause de son parjure. Aucun homme raisonnable, conclut-il, ne condamnerait une mouche sur la base d'un témoignage aussi peu fiable.

Le procureur a commencé son résumé en évoquant sa position d'avocat du peuple de l'État de New York. Il a déclaré que son adversaire compétent était techniquement appelé « l'avocat de la défense », mais qu'en réalité, il méritait davantage ce titre. Il n'était pas engagé dans la défense d'un délinquant individuel, mais dans celle de l'ensemble de la communauté des citoyens respectueux des lois . Et dans l'exercice de cette fonction des plus sérieuses , il ne pouvait permettre que sa pitié personnelle pour le jeune meurtrier le détourne de son devoir public.

Il a ensuite donné un récit pittoresque et à glacer le sang de la Vendetta et de la Mafia. Il a attiré l'attention du jury sur les traditions bien connues de vengeance et de meurtre parmi les Italiens.

Quant au témoignage de Mme Sippio , malgré sa haute estime pour le caractère sacré d'un serment, il n'a pas trouvé dans son cœur la force de blâmer cette mère qui, par parjure, mettait en danger son âme pour sauver son fils. Il s'est montré plus sévère à l'égard du témoignage des garçons. Leur seule excuse pour se parjurer était leur jeunesse. Ils étaient membres d'une bande désespérée dont Pietro était le chef. Ils étaient corrompus par les fausses normes de loyauté envers leur chef, si courantes parmi les garçons de la rue.

Le seul témoignage qui méritait l'attention sérieuse du jury était celui de Mme Casey, la femme estimable, qui avait vu son bébé assassiné sous ses yeux. Son identification de Pietro avait été absolue.

« Je suis désolé, » termina-t-il, « pour ce garçon qui, par un crime si odieux, a gâché sa vie dès le début. Mais vous et moi, messieurs les jurés, sommes tenus par serment de ne considérer que le froid. faits. Le juge peut, s'il le juge sage, faire preuve de miséricorde en imposant la sentence. Mais votre seule fonction est de découvrir la vérité. Voici un garçon au tempérament fougueux et à la race vengeresse. Il a juré de se venger. Quelqu'un a dû jeter la brique. Personne d'autre n'en avait le mobile. Soit l'accusé est coupable comme l'accuse l'acte d'accusation, soit la brique est tombée du ciel. »

La loi stipule explicitement qu'une personne accusée d'un crime doit bénéficier de tout « doute raisonnable ». Face aux témoignages manifestement contradictoires, je pense que tout le monde au tribunal a été surpris lorsque le jury a rendu un verdict de « coupable ».

Je n'étais pas alors assez longtemps dans les Tombeaux pour m'y habituer. Je ne m'étais pas endurci. La tragédie de cette affaire m'a étonné. Un petit garçon de quatorze ans condamné pour meurtre volontaire ! Mais ce qui m'a le plus impressionné, c'est la façon dont les avocats présents dans la salle d'audience se sont précipités pour féliciter le procureur d'avoir gagné un procès aussi douteux. Il me serait déjà assez révoltant qu'on me félicite d'avoir envoyé un adulte à la potence. Mais ce petit garçon de quatorze ans...

J'ai traversé le Pont des Soupirs et j'ai parlé à Pietro dans sa cellule. Si jamais un garçon m'a impressionné en racontant une histoire simple, il l'a fait. J'étais convaincu qu'il se trouvait au bord de la rivière lorsque le bébé Casey a été tué.

Après le déjeuner, je me suis rendu sur les lieux de la tragédie et ma foi en l'innocence de Pietro a été considérablement ébranlée, bien que non renversée par ma conversation avec Mme Casey. Elle était en colère, bien sûr, mais elle ne semblait ni malveillante ni vindicative. Alors que je discutais avec elle dans sa pièce sordide au sous-sol, pleine de vapeur provenant des bacs de vêtements souillés, je ne pouvais douter de sa sincérité. Elle croyait vraiment que Pietro avait tué son enfant. Essuyant la mousse de ses bras puissants, elle m'a fait sortir sur le trottoir et m'a montré l'endroit où le bébé était assis et m'a indiqué l'endroit où elle avait vu la tête rouge diabolique au-dessus de la margelle.

L'idée m'est venue à l'esprit qu'il faudrait qu'un garçon soit étonnamment intelligent pour lancer une brique de cette hauteur et frapper un bébé. Avec Mme Casey qui me suivait, je suis monté sur le toit. Les cheminées étaient dans un état de délabrement et de nombreuses briques détachées jonchaient le sol. J'étais un assez bon joueur de baseball à l'université, mais lorsque j'ai essayé de heurter un bouchon d'eau sur la bordure, six étages plus bas, j'ai dépassé le tir d'au moins huit pieds. J'ai demandé à Mme Casey d'essayer d'allumer sa brique au milieu de la rue. J'ai appelé quelques-uns des garçons qui surveillaient mes opérations depuis la rue et je leur ai proposé une pièce de 25 cents s'ils parvenaient à toucher le bouchon d'eau. Leurs tentatives n'étaient pas meilleures que les miennes.

Un peu plus loin, le long du couronnement bas, des briques étaient empilées là où des enfants avaient visiblement construit des maisons avec elles. J'ai demandé à Mme Casey de pousser l'un d'eux, facilement, comme par accident. Il est tombé un peu loin du mur et s'est écrasé sur le trottoir.

"Mme Casey," dis-je, "je ne pense pas que Pietro ait lancé cette brique. Il n'aurait pas pu frapper le bébé s'il avait essayé. Quelqu'un l'a fait tomber par accident."

Elle resta quelques secondes à regarder par-dessus le mur, secouant la tête avec incertitude.

"Ma foi, et je penserais que vous aviez raison, monsieur," dit-elle enfin, "Si je n'avais pas vu sa tête rousse, monsieur, plaisantez aussi clairement que je vois la vôtre."

Et pendant que nous descendions les escaliers, elle n'arrêtait pas de répéter "J'ai bien vu sa tête rousse". Elle en était visiblement convaincue.

Je suis allé voir Mme Sippio . Elle avait déménagé dans un autre immeuble en raison de l'hostilité des voisins irlandais. J'ai trouvé M. Sippio à la maison en train de prendre soin de sa femme, elle était à moitié hystérique à cause de la honte et de son chagrin face au sort de Pietro. Mais elle m'a raconté son histoire de manière aussi simple et convaincante que Mme Casey. Pietro n'était pas sur le toit. Il n'y avait eu que Felicia et Angelo. J'étais sur le point de partir, découragé. Apparemment, l'une des femmes mentait. Je ne pouvais pas deviner lequel. Je n'avais acquis que la conviction que la brique ne pouvait pas avoir été lancée dans l'intention de tuer. Et ce serait un argument très faible contre le verdict d'un jury. Au moment où je me levais, il y eut un crépitement de pas dans le couloir. Le visage de Mme Sippio s'éclaira. "Ce sont les enfants", dit-elle. Alors qu'ils se précipitaient bruyamment dans la pièce, tout le mystère fut éclairci. Il ne m'était pas venu à l'esprit, ni à personne, qu'il pouvait y avoir deux garçons roux dans la même famille italienne. Mais les cheveux d'Angelo étaient encore plus flamboyants que ceux de Pietro.

Je l'ai pris sur mes genoux et je l'ai amusé jusqu'à ce que j'aie gagné sa confiance. Et alors qu'il pensait à autre chose, je lui ai soudainement demandé.

"Angelo, quand cette brique est tombée du toit l'autre jour, pourquoi ne l'as-tu pas dit à ta mère ?"

Pendant un instant, il fut confus, puis se mit à gémir. Il avait eu peur d'être fouetté. J'ai poussé un cri et, rassurant la famille, je me suis précipité en ville et j'ai attrapé le juge Ryan, juste au moment où il quittait son cabinet. Il m'écoutait avec attention, car il était l'homme le plus tendre que j'aie jamais connu et il avait été profondément horrifié à l'idée de devoir condamner un si jeune pour meurtre avec préméditation.

Les avocats furent convoqués au cabinet du juge et — je suppose que les rédacteurs « pathétiques » des journaux en furent informés. Le lendemain matin, ils se présentèrent en grand nombre au tribunal. Le procureur a prononcé un discours touchant. Il était grandiloquent et heureux d'annoncer que de nouvelles preuves avaient été découvertes qui dissolvaient l'accusé de tout soupçon. Le juge a annulé le verdict du jury. Le procureur a déclaré que Mme Casey avait si manifestement confondu Angelo avec son frère aîné qu'il était inutile d'avoir un nouveau procès et Pietro a été libéré. En faisant quelques remarques sur l'affaire, le juge Ryan a mentionné mon nom et m'a remercié personnellement pour mon rôle dans cette affaire. De plus en plus fréquemment , il a commencé à faire appel à moi pour obtenir de l'aide dans d'autres affaires et, avec le temps, les autres juges ont remarqué mon existence. J'ai trouvé mes mains plus que pleines.

Très souvent, j'ai pu, de la même manière, découvrir des preuves que les accusés étaient trop pauvres et ignorants ou que les avocats étaient trop paresseux pour obtenir.

Mais c'est dans une autre classe d'affaires que je me suis montré le plus utile aux juges. Une grande partie des prisonniers plaident coupables, sans exiger de procès. Si l'ensemble de l'affaire est débattu devant un jury, le juge du procès entend tous les témoignages et se fait ainsi une idée des mobiles du crime, de la personnalité et de l'environnement de l'accusé. Mais lorsqu'un prisonnier plaide coupable, pratiquement aucun détail n'est révélé au tribunal et, à moins que le juge ne fasse procéder à une enquête spéciale , il doit prononcer la sentence au hasard. Ryan m'a presque toujours demandé d'examiner de tels cas. Les autres juges – à l'exception d'O'Neil – le faisaient fréquemment. Je rendais visite au prisonnier dans sa cellule et obtenais son histoire, écoutais ce que la police avait à dire, puis menais une enquête personnelle pour régler les points controversés.

Au fil du temps, Ryan en est venu à se fier de plus en plus à mon jugement. Il sentait, je pense, que j'étais honnête ; que je ne pouvais pas être soudoyé et que j'étais plus susceptible de pécher par excès de miséricorde que autrement. Sa gentillesse décontractée en était satisfaite et il n'était que trop heureux de laisser ses responsabilités glisser sur mes épaules. Au cours des dernières années qui ont précédé son accession à la Cour suprême, il m'a pratiquement laissé condamner la plupart de ses hommes. Sauf dans les cas où des influences politiques intervenaient, mes rapports écrits déterminaient le sort du prisonnier.

Bien sûr, j'ai dû gérer ses susceptibilités. Si j'avais osé suggérer avec précision quelle peine il devrait imposer, il aurait été offensé. Il était très sensible à sa dignité. Mais j'ai élaboré une phraséologie formelle qui n'a pas ébranlé sa fierté et qui a accompli ce que j'avais prévu. Après avoir exposé les faits de l' affaire , je me retrouverais avec une sorte de phrase codée. Si je voulais que le juge donne une nouvelle chance à cet homme sous peine de sursis, je dirais : "Dans ces circonstances, je crois que l'accusé mérite la plus grande indulgence. Je suis convaincu que l'arrestation et l'emprisonnement qu'il a déjà subis lui avons donné une leçon salutaire qu'il n'oubliera jamais. De là, si les circonstances le justifiaient, je pourrais aller à l'autre extrême : "Au cours de mon enquête sur cette affaire, qui a été sérieusement limitée faute de temps, j'ai pu trouver très peu de choses en faveur de cet homme."

Chaque fois que je devais présenter un rapport comme celui-ci , je me sentais vaincu. Cela signifiait que le prisonnier était un vieux délinquant, endurci par une vie de délinquance professionnelle. Et que je ne voyais aucun espoir de réforme. Mais si je n'avais pas accepté de telles défaites, quand les circonstances l'y imposaient, les juges auraient très vite perdu confiance dans mes demandes de grâce.

J'étais précieux pour les juges parce que je les soulageais de leurs soucis. Chaque fois qu'on les abordait au nom d'un prisonnier, ils haussaient les épaules et me renvoyaient le suppliant. De nos jours, nous avons une loi sur la probation et le travail que j'ai décrit est légalisé. Mais au début, alors que je n'avais aucune sanction officielle , je trouvais ma position très embarrassante. Sans avoir été élu d'aucune manière, j'exerçais en réalité un pouvoir qui est censé être un don des électeurs. Cependant – comme tant de choses dans notre gouvernement aléatoire – ma position, aussi extra-légale soit-elle, est née de la pure nécessité de l'affaire. La théorie est que nos juges doivent être des juristes. Et la connaissance du droit ne permet pas d'assumer la responsabilité de décider comment nous traiterons nos criminels. Autrefois, lorsque la loi punissait franchement les contrevenants, c'était une question simple et peut-être pas trop demander aux juges. Mais aujourd'hui, alors que nous commençons à tenter de réformer les individus qui mettent la société en danger, l'imposition d'une peine exige moins une connaissance du droit qu'une familiarité avec la psychologie, la médecine et la sociologie. Bien que n'étant expert dans aucun de ces domaines, j'ai été accepté comme un pis-aller. La loi ne prévoit pas l'emploi d'hommes spécialement formés pour assister les juges. J'ai été officieusement autorisé à négliger complètement le travail ordinaire d'un détective du comté et à consacrer tout mon temps aux tribunaux.

Le danger de ces arrangements insouciants est celui de la corruption. J'aurais pu doubler ou quadrupler mon salaire en toute impunité. Les avocats « escrocs » qui infestent les Tombeaux ont tenté pendant plusieurs années d'acheter mon intercession pour leurs clients. Je devais être constamment sur mes gardes pour les empêcher de me tromper. Et lorsqu'ils ont constaté qu'ils ne pouvaient pas m'atteindre de cette manière, ils ont essayé avec zèle de me discréditer, de me piéger dans des conditions suspectes afin de pouvoir m'intimider. Plus d'une fois, ils ont mis des femmes sur ma piste.

Les politiciens ont également essayé de m'utiliser. Je reçus un jour une lettre du « Vieil Homme » me demandant d'intercéder pour un de ses amis. J'ai répondu que j'enquêterais attentivement. Quelques jours plus tard, j'ai envoyé une autre lettre contenant le dossier du prisonnier, il avait été deux fois en prison d'État et arrêté à plusieurs reprises. "Dans ces circonstances", ai-je écrit, "je ne peux pas recommander la pitié dans cette affaire".

Le lendemain, un des lieutenants du « Vieil Homme » m'a rencontré dans le couloir et m'a conduit dans un coin et m'a dit que j'étais un imbécile. Lorsque ce qu'il appelait la « raison » n'a pas réussi à m'ébranler, il est devenu violent et a menacé de me faire « virer ». J'ai porté toute l'affaire devant Ryan. Il m'a dit de ne pas m'inquiéter, qu'il en parlerait avec le « Vieil Homme ». Je ne sais pas ce qui s'est passé entre eux. Mais après cela, je n'ai plus eu de problèmes depuis la Quatorzième Rue. Chaque fois que je voyais le « Vieil Homme », il me faisait un signe de tête cordial. Fréquemment, ses coureurs me remettaient une de ses cartes avec une note au crayon : « Voyez ce que vous pouvez faire pour cet de mes amis et obligez-le. » Mais à une ou deux exceptions près, « l'ami » s'est avéré méritant. Un jour, il m'a fait savoir qu'il aimerait me voir personnellement. Je lui ai rendu visite à Tammany Hall. Il m'a remercié d'avoir "dépanné " un de ses amis et m'a dit que la ville, dans certains de ses départements, ou certains de ses "amis contractuels" prenaient toujours de nouvelles mains et qu'il essaierait de trouver une place à tout mec, je l'ai envoyé. Cela m'a été d'une immense aide dans mon travail et un cadeau du ciel pour de nombreux hommes qui avaient perdu leur emploi à cause d'une arrestation sans fondement.

donc progressivement trouvé une place d'utilité dans la vie des Tombeaux.

Un autre cas typique s'est produit des années plus tard. Je n'aurais pas su comment gérer ça au début. L'accusée était une Norvégienne nommée Nora Lund. Elle avait environ dix-sept ans et c'était la jeune fille la plus douce et la plus belle que j'aie jamais vue dans les Tombeaux. Elle travaillait dans l'un des magasins les plus chics du centre-ville. Elle avait une réputation bien établie en tant que maison de produits secs. Le fondateur était décédé quelques années auparavant, une société par actions l'avait repris et en faisait un grand magasin moderne. Outre les anciennes lignes de marchandises , ils transportaient de l'argenterie, de la papeterie, des meubles, etc. Leurs clients étaient pour la plupart des classes très aisées.

Juste à l'intérieur de l'entrée principale se trouvait une vitrine spéciale où étaient exposées diverses spécialités. Nora présidait cette exposition et c'était son rôle de diriger les clients vers les comptoirs qu'ils cherchaient et de répondre à toutes sortes de questions. Elle avait été choisie pour ce poste en raison de sa beauté et de ses manières douces et féminines. Si vous lui demandiez où étaient vendus les rubans, vous emportiez avec vous un agréable souvenir de ses grands yeux bleus et de son sourire empressé.

Elle était payée six dollars par semaine. Son père, qui était imprimeur, était mort. Sa mère travaillait dans une fabrique de bonbons. Une sœur de quatorze ans essayait d'apprendre la comptabilité à la maison tout en s'occupant des deux plus jeunes enfants.

Le salaire de Nora, ainsi que celui de la mère, suffisait à les maintenir dans la propreté, sinon dans le confort, et à consacrer chaque semaine une bagatelle à l'éducation du garçon que les femmes rêvaient tendrement d'envoyer à l'école. Mais la mère est tombée malade. Petit à petit, le petit tas d'épargne fut englouti. Mme Lund avait besoin de médicaments coûteux. Et six dollars par semaine, c'est très peu pour une famille de cinq personnes, surtout quand l'un d'entre eux est malade et qu'un autre doit toujours avoir des cols et des poignets en lin propre et frais. Au magasin, ils ont insisté pour que les filles soient toujours « soignées et présentables ». La sœur de quatorze ans allait travailler pour s'occuper du bébé d'un voisin, mais elle ne recevait que deux dollars par semaine et deux repas.

Une fois les économies épuisées, Nora confia ses ennuis au surintendant. Elle ne voulait pas avoir l'air de demander la charité, elle implorait qu'on lui donne un travail plus dur pour pouvoir gagner plus. Cela a été refusé. Ce mercredi-là, il n'y avait rien à manger dans la maison. Le pharmacien et les commerçants refusèrent tout crédit supplémentaire et le loyer était dû. Nora se rendit de nouveau chez le surintendant et demanda qu'on lui verse à l'avance son salaire ou au moins les trois dollars qu'elle avait déjà gagnés. Le surintendant était en colère contre son importunité.

Lorsque Nora quitta le magasin ce soir-là , elle emportait avec elle une boîte contenant une douzaine de cuillères en argent. Malheureusement , elle ne connaissait aucun des « receleurs de biens volés » réguliers et fiables, elle a donc dû tenter sa chance auprès du premier prêteur sur gages où elle est venue. L'homme l'a soupçonnée, lui a demandé d'attendre un moment et a téléphoné à la police. Il l'a gardée au comptoir avec ses baratinements jusqu'à l'arrivée de l'officier. Nora ne savait rien du mensonge et s'est effondrée à la première question.

Si elle avait été un homme , je l'aurais rencontrée plus tôt, mais j'entrais très rarement dans la prison pour femmes. Cela fait partie du fardeau de leur sexe, je suppose, mais les femmes qu'on trouve généralement en prison sont le spectacle le plus triste du monde. Ayant perdu le respect d'eux-mêmes, ils sombrent à un niveau infiniment inférieur à celui des hommes. Avec le premier enthousiasme de mes premiers jours, j'osais souvent l'horreur de cet endroit. Mais j'ai vite reconnu ma défaite devant son désespoir et je l'ai laissé de côté. Je n'ai donc pas entendu parler de Nora lorsqu'elle est arrivéc aux Tombeaux. Il a fallu deux semaines avant que son cas soit appelé. C'est arrivé avant Ryan. Je n'étais pas au tribunal lorsqu'elle a été interpellée, mais le lendemain matin, j'ai trouvé dans ma boîte une note du juge.

"S'il vous plaît, examinez le cas de Nora Lund, grand vol au deuxième degré. Elle a plaidé coupable hier mais elle ne ressemble pas à une voleuse. J'ai renvoyé l'affaire jusqu'à mercredi pour vous donner suffisamment de temps."

Avant mercredi, j'avais les faits que j'ai déjà relatés. C'était pitoyable de voir Mme Lund. La honte et la disgrâce du nom de famille la blessaient bien plus que la famine qui menaçait la maison. Elle était très malade, mais elle descendait tous les matins pour pleurer avec sa fille. Ils étaient en mauvaise posture à la maison, car le salaire de Nora avait cessé depuis son arrestation. Je les ai préparés avec de la nourriture, j'ai mis le propriétaire au carré et j'ai fait ce que je pouvais pour les remonter le moral. Ryan avait déjà montré sa sympathie et je me suis permis de faire, ce que je me suis donné pour règle de ne jamais faire. J'ai pratiquement promis à la mère que Nora serait libérée.

J'ai préparé mon rapport avec un soin particulier. C'était une affaire exceptionnellement bonne. Toutes les marchandises avaient été restaurées. L'entreprise n'avait perdu aucun argent. J'avais rarement eu l'occasion d'exprimer avec autant de fermeté ma conviction que le délinquant pouvait être libéré en toute sécurité. J'ai recommandé la « plus grande indulgence » avec un cœur léger.

Lorsque l'affaire a été appelée, j'ai remis mon rapport au juge. Il le lut rapidement comme s'il avait déjà décidé de la laisser partir.

"Tu es sûr que c'est la première infraction ?" » demanda-t-il superficiellement.

Je lui ai assuré que c'était le cas.

"Très bien", a-t-il dit, "je suppose que c'est une peine avec sursis..."

Le greffier s'est approché et a donné une carte au juge.

"Votre Honneur," dit-il, "un gentleman aimerait vous parler de cette affaire, avant que vous ne prononciez votre sentence."

L'homme a été appelé et s'est présenté comme l'avocat attitré des plaignants. Il était membre d'un des grands cabinets d'avocats du centre-ville. Il avait l'assurance des manières d'un homme professionnel très accompli. Ses clients, dit-il, lui avaient demandé de déposer certaines informations devant le tribunal. Au cours des dernières années , ils avaient perdu plusieurs milliers de dollars à cause de ces petits larcins. Le montant de cette perte augmentait régulièrement. La plupart des vols n'ont pas été découverts car les employés se protégeaient mutuellement. Ils semblaient avoir perdu toute la loyauté d'antan envers l'entreprise. L'attention des directeurs avait été désagréablement attirée sur ce débouché très considérable et ils avaient décidé de le porter respectueusement à l'attention des tribunaux. Si deux ou trois délinquants étaient sévèrement punis, cela aurait un effet salutaire sur le moral de l'ensemble de leurs forces.

Mon cœur se serra. Je savais comment le juge le prendrait. Il a toujours été impressionné par les personnes manifestement riches. Je suis sûr qu'il considérait Dieu comme un multimillionnaire. Il a remis mon rapport à l'avocat. Il l'a lu à moitié et l'a rendu. Selon lui, cela ne pourrait pas affecter l'attitude des plaignants. Ils ne s'intéressaient pas à la vie de famille de Nora Lund, mais à l'honnêteté de l'employée n° 21 334. Leur point de vue était totalement impersonnel. "Même si mes clients voulaient être indulgents, ils ne le pourraient pas, en justice envers les actionnaires. C'est une proposition purement commerciale. Les pertes ont été très lourdes."

"Demandez-vous à son honneur, lui dis-je, de punir cette fille pour les vols des autres que vous n'avez pas attrapés ?"

Il a ignoré ma question et a continué en disant au juge que si rien n'était fait, ce genre de choses augmenterait jusqu'à ce que les affaires deviennent impossibles.

"L'ensemble de nos forces", a-t-il déclaré, "est au courant de ce crime et en surveille le résultat. Si aucune punition ne suit, il y aura certainement une forte augmentation des vols. Mais si elle est envoyée dans une prison d'État, cela réduira considérablement ce type de vol. perte."

" Votre Honneur, " interrompis-je, complètement en colère, " C'est tout à fait injuste. Il se plaint parce que les employés ne sont pas loyaux. Quel montant de fidélité s'attendent-ils à acheter à six dollars par semaine ? Ils se rendent compte à quel point ils peuvent payer peu. leur peuple et les préserver de la nécessité de voler. Cette fois, ils ont été trop bas et essaient de rejeter tout le blâme sur la jeune fille. S'ils payaient un salaire honnête , ils auraient peut-être le droit de se présenter au tribunal. Mais quand ils ont laissé leur les commis meurent de faim, ils ne devraient pas mettre l'argent à leur charge. C'est... "

"Attendez, officier", l'interrompit Ryan. "Il y a beaucoup de choses dans leur point de vue. Tout notre système pénal est construit sur l'idée de dissuasion. L'État n'inflige pas de sanctions pour réparer le tort qui lui a été causé par un acte criminel, mais pour dissuader les autres de commettre des crimes similaires. Tant que les plaignants adoptent ce point de vue sur l' affaire , je ne peux pas la laisser partir sans une certaine punition.

"Châtiment?" Je suis de nouveau entré par effraction. "J'espère que nous ne serons jamais punis aussi sévèrement. La honte de son arrestation et de son emprisonnement dépasse déjà de loin ses mauvaises actions. L'entreprise n'a pas perdu un centime et ils veulent qu'elle soit envoyée dans une prison d'État."

"Je n'enverrai pas une si jeune fille dans une prison d'État", a déclaré le juge, "mais je ne peux pas la laisser libre. Je l'enverrai dans l'une des institutions disciplinaires religieuses".

J'ai demandé un ajournement de quelques jours afin de pouvoir présenter personnellement l'affaire aux membres du cabinet.

"Le retard serait inutile", a ajouté l'avocat. "Mes clients n'ont aucun sentiment personnel à ce sujet. Il s'agit simplement d'une politique commerciale soigneusement réfléchie."

J'ai insisté sur le fait que j'aimerais essayer. Le juge frappa avec son marteau.

"En détention provisoire jusqu'à demain matin."

Alors que nous sortions de la salle d'audience, l'avocat m'a conseillé avec condescendance de ne pas perdre beaucoup de temps sur cette affaire. " C'est inutile", dit-il. Mais je ne voulais pas abandonner sans combattre.

Lorsque j'ai essayé de voir les membres de la firme, j'ai constaté que mon adversaire m'avait devancé en téléphonant pour les avertir de ma mission. Leurs secrétaires de bureau m'ont dit qu'ils étaient très occupés, qu'ils connaissaient déjà mon métier et qu'ils ne voulaient pas aborder ce sujet avec moi.

Je connaissais le rédacteur municipal d'un des grands journaux du matin et j'avais découvert que les juges étaient très sensibles aux critiques des journaux. Plus d'une fois, une histoire bien placée leur faisait voir une affaire sous un nouveau jour. J'ai trouvé un bureau libre dans la salle des journalistes et j'ai rédigé Nora dans le style le plus livide que j'ai pu utiliser : « société sans âme », « esclaves sous-payés » et ce genre d'expressions.

"C'est une bonne histoire", a déclaré le rédacteur en chef de la ville. "Dommage qu'il n'y ait pas de journal socialiste pour la publier. Mais nous ne pouvons pas y toucher. Ce sont nos plus gros annonceurs. Je suis désolé. C'est certainement un cas triste. J'aimerais que vous donniez ceci à la mère.

Il m'a tendu un billet de banque. Mais je lui ai dit d'aller voir le père du journalisme jaune. Ce n'était pas de l'argent que je voulais. Je suis sorti de son bureau, en colère et découragé. Mais ma promesse à Mme Lund de faire sortir Nora m'a empêché d'abandonner. J'ai marché dans la rue en me creusant la tête pour un plan. Soudain, une inspiration est venue. Ils ne m'écouteraient pas. Peut-être que je pourrais faire parler d'argent.

Mes petits dépôts étaient dans une banque du centre-ville. Elle n'avait pas une grande activité commerciale, mais était spécialisée dans les comptes privés et domestiques. Le caissier était un de mes camarades de fraternité. Avec un peu d'insistance, j'ai obtenu de lui une liste de déposants qui avaient des comptes importants dans le magasin où Nora avait travaillé. J'ai choisi les noms des femmes que je connaissais et qui s'intéressaient à diverses œuvres caritatives et j'ai emprunté un téléphone.

Il est difficile d'être éloquent au téléphone. Le petit embout en caoutchouc noir est une chose décourageante à invoquer, mais je m'y suis tenu tout l'après-midi. Dès que j'ai eu contact avec un client du magasin, je lui ai parlé du sort de Nora : la plupart d'entre eux se souvenaient de son visage. J'ai essayé de leur faire comprendre à quel point six dollars par semaine, c'est désespérément peu. J'ai raconté l'histoire de sa dure lutte pour faire fonctionner la maison, comment l'entreprise avait refusé de lui donner une augmentation et essayait maintenant de l'envoyer dans une prison d'État. J'ai parlé avec autant de force que possible de la responsabilité personnelle. L'entreprise payait de bas salaires pour que ses clients puissent acheter des bas de soie à quelques centimes de moins la paire. Et les bas salaires avaient poussé Nora au crime. J'ai insisté autant que j'osais et leur ai demandé d'appeler le directeur et les membres de l'entreprise — pour les avoir personnellement – et de protester contre leur sévérité envers Nora. Je les ai exhortés à diffuser l'histoire auprès de leurs amis et à inciter le plus grand nombre d'entre eux à menacer de retirer leur commerce.

J'ai commencé cette campagne vers trois heures de l'après-midi et je l'ai poursuivie jusqu'après les heures de bureau. Cela a porté ses fruits. Certaines femmes, je l'ai découvert par la suite, sont allées plus loin que je ne l'avais suggéré et ont fait appel aux épouses de l'entreprise. J'imagine que les hommes, qui avaient refusé de me voir, n'ont pas passé un après-midi et une soirée paisibles ou agréables.

Dans la matinée, lorsque le cas de Nora a été appelé, l'avocat a prononcé un discours touchant sur la qualité de la miséricorde et sur le fait que l'erreur est humaine et que le pardon est divin. Il a déclaré que l'entreprise qu'il représentait n'avait pas le courage de poursuivre cette demoiselle en détresse et que si le tribunal était miséricordieux et lui donnait une autre chance , il la reprendrait dans son emploi. Le juge Ryan a été surpris, mais très heureux de la libérer. Cependant, j'ai pu lui trouver un bien meilleur endroit où travailler.

Son histoire est un triste commentaire sur notre système de justice. Le tribunal n'a pas voulu offenser un groupe d'hommes riches. La presse n'a pas osé. La seule manière d'obtenir justice pour cette jeune fille était de faire appel au plus haut tribunal : le pouvoir de l'argent.

Il m'est toujours difficile d'écrire sur notre méthode de lutte contre la criminalité dans un langage retenu et modéré : le système dans son ensemble est trop vicieux. Je n'avais pas passé plusieurs semaines dans les Tombeaux avant d'être coupable d'outrage au tribunal.

Quatre des cinq juges des séances générales étaient des hommes-machines. Il était rare que leurs jugements soient influencés par leurs affiliations politiques ; dans la grande majorité des cas , ils étaient libres de rendre ce qui leur paraissait être une justice. Il est plus simple pour l'organisation de « arranger » les choses dans les tribunaux de police où il n'y a pas de jury. Mais de temps en temps, un homme s'approchait de nous et « avait un ami ». Le « Vieil Homme » de la Quatorzième Rue enverrait ses ordres et l'un de ces quatre juges réglerait l'affaire. Ce qui était impressionnant, c'était la franchise cynique. Tout le monde savait ce qui se passait.

Le cinquième juge, O'Neil, était un Écossais. On disait qu'il était – et je crois qu'il était – incorruptible. Il avait été porté au pouvoir lors d'une précédente vague de réformes et n'avait eu aucun contact avec la machine. Mais il était totalement inapte à siéger sur le banc. Quelques semaines après avoir prêté serment, j'ai vu une phase de son caractère qui était pire qu'une « greffe ».

Un homme a été amené devant lui pour « agression », un simple échange de coups de poing. En général , de tels cas sont traités comme une plaisanterie.

Deux hommes se disputent, puis ils se précipitent vers le commissariat de police. Celui qui arrive en premier est le plaignant, celui qui est le plus lent est le défendeur. Chacun amène une nuée de témoins au tribunal pour jurer que l'autre était l'agresseur. Il est inutile d'essayer de rejeter la faute. Le code pénal fixe une peine maximale d'un an et une amende de cinq cents dollars, mais, à moins qu'une malveillance particulière n'ait été démontrée, les juges libèrent généralement le prisonnier avec un sermon superficiel ou, tout au plus, lui accordent dix jours.

Cet homme avait un dossier particulièrement bon. Il avait travaillé de manière satisfaisante pendant plusieurs années au même endroit, sa femme et ses trois jeunes enfants dépendaient entièrement de ses revenus. O'Neil parcourait ses recommandations avec indifférence, jusqu'à ce que son œil croise une phrase qui révélait la nature de l'emploi de l'homme. Il se raidit d'un coup sec.

"Es-tu un concierge ?" tonna-t-il.

"Oui, votre honneur."

"Eh bien, je vous le dis, monsieur, les concierges doivent apprendre leur place ! Il n'y a plus de classe d'hommes impudents et offensants dans cette ville. Ce matin, monsieur, il n'y avait pas de chauffage dans mon appartement, et quand ma femme s'est plainte, le concierge a été insolent avec elle ! L'a insultée ! Ma femme ! Quand je suis descendu , il m'a insulté, monsieur ! Le concierge m'a insulté, dis-je ! Il a même menacé de me frapper alors que vous avez agressé sans motif ce citoyen réputé ici, le plaignant. C'est " À cette époque, le public était protégé des concierges. Je regrette que la loi limite la punition que je peux vous infliger. Le tribunal vous condamne, monsieur, au maximum. Un an et cinq cents dollars ! "

L'explosion fut si soudaine, si manifestement une affaire de petite méchanceté, qu'il y eut un silence dans toute la cour.

"Quel est le problème?" son honneur s'est brisé. "Appelez le prochain cas."

Bien entendu, cette condamnation aurait été annulée par n'importe quel tribunal supérieur, mais l'homme n'avait pas d'argent. De telles choses ne se produisaient pas très souvent, mais suffisamment souvent pour nous rappeler leur possibilité imminente.

J'ai soixante gros cahiers qui consignent mon travail dans les Tombeaux. Presque tous les éléments pourraient être cités ici pour montrer combien peu à peu l'outrage au tribunal s'est développé dans mon esprit. Elle s'est cristallisée moins à cause des cas relativement rares où des innocents ont été envoyés en prison, qu'à cause de la farce banale et continuelle de cette situation.

Très tôt, j'ai appris — comme tous les avocats le savaient — que les considérations de justice abstraite étaient étrangères aux Tombeaux. Chaque juge avait sa faiblesse. Il était plus important de les connaître que la loi. Les juges McIvor et Bell étaient des hommes de la Grande Armée. Bell a toujours été indulgent avec les anciens combattants. Il avait un discours classique : « Je suis désolé de voir un homme qui s'est battu pour son pays dans votre état pénible. Je serai aussi indulgent que la loi le permet. » McIvor, s'il voyait un bouton GAR sur un homme devant lui, crierait : « Je suis peiné et attristé de voir un homme déshonorer à ce point son vieil uniforme » et lui donnerait le maximum.

Ryan, le plus vénal , le plus servile des cinq, éprouvait un amour magnifique et intense pour sa mère. Enfant du bidonville, il soutenait sa mère depuis l'âge de quatorze ans, grimpait du caniveau jusqu'au banc. Et l'amour filial, comme le sien, l'emportait chez lui sur toute turpitude morale. Lorsque j'ai trouvé dans les Tombeaux un homme qui me semblait innocent, je n'ai pas préparé de mémoire sur cet aspect de l'affaire. J'ai recherché sa mère et j'ai persuadé le greffier de mettre l'affaire sur le calendrier de Ryan. Si je parvenais à habiller la vieille femme d'une robe de soie noire et d'un bonnet poke, si je parvenais à faire pendre deux boucles d'amour à l'ancienne devant ses oreilles, le tour était tourné. Tout ce qu'elle avait à faire était de pleurer un peu et de dire : « Il a été un bon fils pour sa vieille mère, votre honneur.

Les affaires étaient censées être réparties entre les juges selon une stricte rotation. C'était en fait un délit de la part du greffier de jongler avec le calendrier. Mais la plus grande partie de la valeur d'un avocat dépendait de sa capacité à persuader le greffier de présenter son client devant un juge qui se montrerait indulgent envers son délit.

O'Neil pensait qu'une dame devait être au-dessus de tout soupçon. Ainsi , lorsqu'une femme était accusée d'un crime, elle n'était certainement pas une dame, et probablement coupable. C'était pour le bien de la communauté de l'enfermer. Bien sûr, chaque fois qu'un avocat avait une cliente, son premier acte était de "réparer" le greffier afin que l'affaire ne soit pas portée devant O'Neil.

Pourtant, je serais éminemment injuste envers les habitants des Tombeaux si je parlais uniquement de leur mauvais côté. Bien sûr , c'est le côté que j'ai vu pour la première fois. Mais au bout d'un an , je m'étais établi. Une fois qu'ils eurent perdu la peur que je cherchais à interférer avec leurs moyens de subsistance – peur partagée par les juges comme par les vis – l'hostilité fit place à la tolérance et, dans certains cas, au respect et à une certaine mesure d'amitié. J'ai commencé à les considérer, comme ils le faisaient eux-mêmes, comme une double personnalité. Il y avait un symbolisme sinistre dans le port de la robe noire par les juges. Les hommes en uniforme, en dehors des heures d'ouverture, étaient des êtres très différents des hommes en service.

C'est un lieu commun que les politiciens-machines aient un grand cœur. Ils écoutaient toutes les histoires que je pouvais raconter sur une injustice touchante et mettaient souvent la main dans leurs poches pour aider la victime. Je n'ai jamais rencontré d'hommes plus sentimentaux. Tout ce qu'il fallait pour les démarrer, c'était un peu « d'intérêt cardiaque ». Souvent, Big Jim, le gardien du portail, récoltait dix ou quinze dollars auprès des autres vis pour aider l'un de mes hommes.

Le juge Ryan m'a rencontré un jour dans la rue et m'a invité dans un saloon. C'est alors qu'a commencé une véritable amitié. En dehors du banc, c'était un homme des plus expansifs ; il avait un merveilleux pouvoir d'anecdote personnelle. Dans le récit de sa lutte pour sortir du caniveau, sa mère sur les épaules, il a fait preuve de naïveté en racontant des incidents qui, pour un homme de ma formation, semblaient criminels. Il devait sa première opportunité, le début de son avancement ultérieur, à Tweed. Et il lui était aussi fidèle qu'à sa mère. L'âme du bidonville était dans son histoire. C'était une interprétation de l'éthique qui se développe là où la lutte pour l'existence est âpre. Une éthique infecte par la puanteur des immeubles fétides, desséchée par la faim, déformée par la peur.

L'attitude des gens des Tombeaux à l'égard de leur double vie, l'insistance avec laquelle ils maintenaient la séparation entre vie professionnelle et vie personnelle, se manifestèrent clairement lorsqu'un jeune procureur adjoint viola la convention. Il a amené sa femme au tribunal ! C'était un jeune, c'était sa première grande affaire, il voulait qu'elle entende son éloquence. L'indignation était générale. Je parlais par hasard à Big Jim, le gardien du portail, quand l'un des vis m'a annoncé la nouvelle.

"Quoi?" Jim a explosé. "Il a amené sa femme ici ? Le fils d'un... ! Dites ... Si ma vieille femme arrivait à moins de dix pâtés de maisons de l'endroit - ou l'un des enfants - je ferais tomber leurs pâtés de maisons. Continuez. Vous vous moquez de moi."

Lorsqu'ils ont insisté sur le fait que c'était vrai, il s'est gratté la tête avec dégoût et n'a cessé de réitérer sa croyance en l'ascendance canine de cet homme. Deux heures plus tard, alors que je sortais des Tombeaux, il m'a arrêté. C'était toujours dans son esprit.

« Dis, dit-il, que penses -tu de ce fils de... ? »

III

Il ne m'a pas fallu bien longtemps pour comprendre que les problèmes de nos tribunaux criminels sont plus profonds que la corruption ou la mauvaise humeur des juges. Jour après jour, je me suis rendu compte que le système lui-même était fondamentalement mauvais.

Un homme peut commettre des actes vicieux de temps à autre sans se désintégrer moralement complètement. C'est la répétition constante de l'acte qui fait de lui un homme vicieux. Brown peut de temps en temps s'emporter et frapper sa femme, tout en restant, dans l'ensemble, un homme estimable. Mais s'il prend régulièrement l'habitude de lui faire un œil au beurre noir tous les samedis soirs, nous le tiendrons suspect dans toutes les relations. Nous ne remettrions pas seulement en question son aptitude à élever des enfants, nous douterions de sa véracité, nous nous méfierions de lui en matière d'argent.

Plus j'ai comparu devant les tribunaux, plus la conviction qu'il y a quelque chose de foncièrement vicieux à prononcer un jugement pénal contre nos semblables se renforce. Un charpentier qui vivait en Palestine il y a deux mille ans pensait comme moi à cette question. Sa doctrine sur le jet de pierres est explicite. S'il avait raison de dire « Ne jugez pas », nous ne pouvons pas nous attendre à une haute moralité de la part de nos juges. La répétition constante du mal dégrade inévitablement.

À moins que nous puissions attendre de nos juges qu'ils soient omniscients — et aucun d'entre eux n'est assez stupide pour se croire infaillible — nous leur demandons de jouer avec la justice, de jouer aux dés avec les âmes des hommes. Nous leur donnons tout le pouvoir de l'État pour faire respecter leurs hypothèses. Les jetons avec lesquels ils jouent sont des êtres humains – non seulement des délinquants individuels, mais des familles entières, des femmes et des enfants innocents. Une telle occupation – en tant qu'emploi stable – les dégradera nécessairement. Cela changerait le Christ lui-même... Mais il a dit très clairement qu'il ne le ferait pas.

Cependant, mon travail dans les Tombeaux ne fait pas de moi un pessimiste. La science a vaincu la vieille coutume consistant à fouetter les fous. L'augmentation des connaissances doit inévitablement en finir avec nos codes pénaux barbares, avec confinement cellulaire et électrocution. Une communauté éclairée se rendra compte que toute l'idée médiévale de se punir les uns les autres n'est pas seulement un péché – selon le Christ – mais une erreur, une extravagance économique grossière, aussi inutile que coûteuse. Nous apprendrons à nous protéger des pertes et des contagions morales du crime comme nous le faisons contre les maladies infectieuses. Nous abandonnerons nos prisons pour des hôpitaux, nos juges deviendront médecins, nos « vis » nous transformerons en infirmières qualifiées.

Le système actuel est épileptique. Cela se traduit par une cruauté indescriptible envers ceux qui sont soupçonnés de crime – et leurs familles – , cela entraîne la ruine morale de ceux que nous employons pour nous protéger, et c'est un échec. Les sommes d'argent que la société dépense dans sa guerre contre le crime sont prodigieuses – et la criminalité augmente. Toutes les statistiques de tous les pays civilisés....

Mais ce récit personnel n'est pas le lieu pour moi d'exposer en détail mes convictions en matière de criminologie.

IV

L'influence des Tombeaux sur ma façon de penser a été lente et cumulative, un peu ici et un peu là. J'ai eu un aperçu plus soudain de certaines des façons de faire du monde, de certaines de ses stupidités et de ses faux-semblants, grâce aux circonstances particulières dans lesquelles Benson et moi avons été expulsés de la colonie. J'étais là-bas depuis presque deux ans lorsque l'accident est survenu. Dans cette affaire, je n'étais guère plus que la queue de son cerf-volant. C'est le fait que je souhaite souligner. Benson était, je pense, sans aucun doute, le « résident » le plus précieux de la Maison des Enfants. Ce n'est pas seulement qu'il a donné beaucoup d'argent au trésor général et qu'il a donné bien plus à des entreprises filiales telles que son Arbeiter. Studenten Verein, tout cela conférait un prestige supplémentaire à la colonie, mais sa personnalité était également un grand atout. Grâce à ses relations professionnelles et sociales, il recrutait continuellement de nouveaux partisans. Et certainement pour les gens du quartier, il était le plus populaire de nous tous. Et pourtant, pour préserver certaines idées stupides de respectabilité, Benson a été sacrifié.

La population juive – réfugiés sans le sou des massacres russes – avait augmenté rapidement dans notre région. Ils avaient presque entièrement chassé les Allemands et les Irlandais. Et du fait de leur extrême pauvreté, la prostitution devenait effrayante. Il y avait des feux rouges tout autour de nous. Pour les Juifs réfléchis, c'était devenu la seule question politique. La machine était cyniquement franche dans sa tolérance envers le vice. Deux ans auparavant, un homme nommé Root avait été élu membre du Congrès sur la liste des réformateurs. Il était de notoriété publique qu'il avait utilisé son mandat pour faire la paix avec la machine. Et même s'il parlait encore de réforme, il était si amical avec l'ennemi qu'ils avaient nommé une figure de proue nommée O'Brien. Mais ce candidat démocrate n'était qu'une apparence, on savait tous que Root allait être réélu et que de nombreuses voix lui étaient promises.

Benson partageait ma haine de l'hypocrisie. Nous avons souvent discuté de cet enchevêtrement politique.

"J'aimerais obtenir des preuves contre lui", a déclaré Norman un soir. "Rien que j'aimerais mieux que de percer quelques trous dans ses projets à double face."

J'ai rassemblé beaucoup d'informations qui, même si elles n'étaient pas des preuves juridiques, étaient certainement convaincantes. Les Tombeaux étaient un lieu privilégié pour les potins politiques. J'étais presque la seule personne présente à cette époque à ne pas être un homme Tammany. Et comme au cours de mes deux années de travail je ne m'étais pas intéressé à la politique, j'étais considéré comme inoffensif. Grâce à des bribes de conversation , j'ai appris qu'il y avait eu une rencontre entre Root et le Vieil Homme et qu'un traité avait été conclu entre eux. Je pourrais deviner les termes. L'organisation devait rassembler suffisamment de voix pour élire Root, et il devait rester trop occupé à Washington pour s'immiscer dans les affaires locales. Mais je n'ai pas osé poser de questions et je n'avais aucune idée du moment et du lieu où l'accord avait été conclu. Au moindre hasard, j'ai pu renseigner ces informations :

En remontant le Bowery tard dans la nuit, je suis tombé sur une foule qui avait fait un cercle autour de deux filles qui se battaient. Juste au moment où j'arrivais sur les lieux, une des filles a crié :

"Charley, donne-moi un couteau."

Son cadet lui en tendit un avec une lame très laide. J'ai rarement utilisé mon droit de détective du comté pour procéder à des arrestations. Mais comme cela semblait menacer de graves effusions de sang, j'ai interrompu le combat et j'ai arrêté le cadet. Il s'est avéré être un homme d'une certaine importance politique, un candidat du « Vieil Homme ». Il avait été arrêté deux ou trois fois, mais son attrait l'avait toujours fait sortir.

Il était à moitié ivre et très en colère à cause de l'accusation sérieuse que j'avais annoncée contre lui. Alors que je le poussais vers le commissariat, il m'a menacé de conséquences désastreuses si je l'y renversais — il m'a dit qu'il était un ami du vieil homme. J'ai fait semblant de ne pas le croire et, dans ses efforts pour me convaincre qu'il était réellement protégé, il a laissé le chat sortir du sac. Il avait été le messager du « Vieil Homme » à Root et avait organisé leur rencontre. Cela s'était produit dans la soirée du 3 septembre, dans l'arrière-salle du saloon de Billy Bryan. Il ne savait pas ce qui s'était passé lors de la réunion, la seule personne présente à côté des deux directeurs était un « talonneur » de Root, nommé « Piggy » Breen. Il ne servait à rien d'arrêter un homme avec son « pull », alors je l'ai relâché.

Je me suis dépêché de retourner au campement et j'ai téléphoné à Benson à son club. Il a amené Maynard pour nous donner des conseils juridiques. Maynard était un millionnaire erratique. Il jouait un tiers de l'année au polo, un tiers à engager son sloop de 75 pieds dans diverses régates de club, et le reste du temps, il vivait en ville, dirigeant des cotillons la nuit et gérant un cabinet d'avocats caritatif dans la ville. jour. Il était également administrateur de la colonie. Il était extrêmement indigné par l'histoire de la trahison de Root.

"Nous pouvons vaincre Root, très facilement", a déclaré Benson. "C'est un jeu d'enfant. La publicité n'a jamais été essayée en politique" (à ma connaissance, Benson a inventé ce terme de "publicité", maintenant si communément appliqué à la publicité organisée) - "C'est un jeu d'enfant. En moins de vingt-quatre heures, tout le monde dans le district saura que c'est un escroc.

« Quel homme réformateur pouvons-nous présenter à sa place ? » » demanda Maynard.

"Enfer!" » dit Benson. "Nous n'avons pas le temps de nommer qui que ce soit, les élections n'ont lieu que dans une semaine. Peu importe qui est élu, nous avons donc mis Root en faillite."

"Eh bien, mais", protesta Maynard, "nous ne voulons pas faire jouer l'influence de la colonie en faveur de Tammany Hall."

"Nous n'en avons pas besoin. Il doit y avoir d'autres candidats - socialistes ou prohibitionnistes - juste pour qu'il ne soit pas un voleur de feux rouges."

"Il n'y a pas de ticket d'interdiction", dis-je. "Le candidat socialiste s'appelle Lipsky."

"Très bien", a déclaré Benson, "nous élirons Lipsky."

Maynard s'est envolé dans les airs. Aidez à élire un socialiste ! Il ne croyait pas aux assassinats politiques.

"Oh, diable!" » claqua Benson. " Préféreriez-vous voir un de ces cadets politiques au pouvoir plutôt qu'un honnête travailleur ? Je ne sais pas qui est cet homme Lipsky, comme si ce n'était pas un imbécile qui a des visions. Mais les socialistes ne nomment jamais d'escrocs. Ce que nous voulons, c'est un honnête homme."

Maynard, cependant, ne croyait pas à la communauté des épouses et jugeait nécessaire de protéger le caractère sacré du foyer, même au prix de la prostitution. Et c'est ainsi qu'il nous a quitté.

J'aurais aimé pouvoir me souvenir de la moitié des choses que Benson a dites à propos de Maynard après qu'il nous ait abandonnés. J'ai rarement vu quelque chose de plus revigorant que Benson fou. Mais il n'a pas laissé son indignation gêner les affaires. Le matin était déjà loin, mais il se mit aussitôt au travail. Il a écrit à Lipsky en lui promettant de le soutenir, puis a commencé à dessiner des dessins animés et des affiches.

L'une était une photo de Root vendant une fille en « vêtements de salon » au « Vieil Homme ». Une autre lecture :

"VOTEZ POUR LIPSKY

    si tu as une fille !

Si vous votez démocrate, vous

    Votez pour les FEUX ROUGES !

Si vous votez républicain, vous

    Votez pour les CADETS !

VOTEZ POUR LE BILLET SOCIALISTE, et vous

    VOTEZ POUR LA DÉCENCE!"

Mais le meilleur était une série :

" DEMANDER À RACINE

    où était-il le soir du 3 septembre ? »

" DEMANDER À RACINE

    quelles affaires avait-il avec le Vieil Homme ? »

" DEMANDER À RACINE

    combien il a eu ? »

Après avoir posté la lettre à Lipsky et envoyé la copie à l'imprimeur, nous sommes arrivés juste au lever du soleil.

Nous avons été réveillés quelques heures plus tard par l'arrivée d'un comité socialiste. Il y avait Dowd, un charpentier écossais ; Kaufmann, chauffeur de brasserie, et Lipsky, candidat. C'était un juif russe et il avait été professeur dans son vieux pays. Il parlait très peu anglais, mais il avait purgé une longue période d'exil dans les mines-prison sibériennes.

Les socialistes n'avaient aucune idée de gagner les élections. La campagne n'était pour eux qu'une démonstration, quelques mois au cours desquels ils avaient un public plus large lors de leurs réunions de boîte à savon. Ils se méfiaient de nous.

Cette consultation est l'un des plus ridicules de mes souvenirs. Benson, assis dans un fauteuil, en pyjama de soie bleue, fumant des cigarettes, a exposé le plan avec sa manière fervente, profane et pyrotechnique, dont une grande partie dépassait leur compréhension. Kaufmann a dû le traduire en allemand pour Lipsky. Et quand nous parlions allemand, Dowd ne comprenait pas.

"Mais", dit M. Lipsky lorsque les affiches lui furent traduites, "il n'y a rien là sur nos principes. Il n'y a aucun mot sur la plus-value. Ce n'est pas la lanterne rouge que nous combattons, mais le Kapitalismus ."

"Le peuple", s'est enragé Benson, "les gens qui ont des votes ne connaissent pas la plus-value du théorème binominal. Peut-être qu'ils voteront pour leurs filles - ils peuvent les voir. Mais ils ne seront pas enthousiasmés par leur arrière-grand- petits enfants."

Il y eut une querelle entre les membres du comité. L'Écossais était trop malin pour prendre parti ; il voulait renvoyer l'affaire à la section locale, qui ne devait se réunir que deux jours avant les élections.

"Aber", dit le brasseur, " Nous avons besoin d'etwas gongrete ."

Lipsky l'a accusé d'être un « réformateur ».

Après une heure de dispute, il fut décidé qu'ils ne pourraient pas nous empêcher d'attaquer Root. Mais nous devions brandir les affiches demandant des votes pour Lipsky. Il ne permettrait pas que son nom soit utilisé sans le consentement de la section locale.

Tandis qu'ils descendaient, j'entendis Kaufmann protester : « Aber, Genossen — ich bin eine vraiment révolutionnaire !"

donc mené la campagne sans aide. L'effet de ses affiches était électrique. Le lendemain, il en sortit d' autres :

"DEMANDER AU VIEUX HOMME."

Bien sûr, ils ont tous deux nié. Mais comme les affiches ne contenaient aucune allégation spécifique, ils ne savaient pas quoi nier. Leurs résultats étaient contradictoires. Au cours de l'après-midi, Benson a encore attisé les choses avec une série :

"SI ROOT NE LE DIT PAS, DEMANDEZ À 'PIGGY' BREEN."

Breen a été secoué et a déclaré que tout cela était un mensonge, que l' affaire des feux rouges n'avait pas été discutée lors de la réunion dans le salon de Billy Bryan. Root et le Vieil Homme avaient nié la rencontre. Alors Benson les a mis en fuite. Plus ils expliquaient, plus ils embrouillaient les choses. Le cadet à qui j'avais forcé nos informations, craignant la colère du Vieil Homme, se taisait bien entendu. Nous ne l'avons pas trahi. Ils ne pouvaient donc pas deviner la source des connaissances de Benson et auraient donné n'importe quoi pour savoir exactement ce qu'il savait.

La section locale socialiste a failli se disloquer à cause de cette affaire. Un certain nombre d'entre eux étaient absolument opposés à l'idée d'accepter l'aide d'un « philanthrope bourgeois » comme Benson. Lipsky se trouvait dans une position extrêmement embarrassante. Il y avait soudain de bonnes chances pour son élection. Les habitants du quartier étaient visiblement enthousiasmés par cette question. Ils étaient prêts à voter pour quiconque promettrait une guerre efficace contre les cadets. Cela a dû être pour lui une tentation effrayante. Mais il est resté fidèle à ses principes. Il ne voulait pas être élu sur une question de réforme fortuite. Si les gens du quartier défendaient l'économie marxiste, il serait heureux de les représenter. Mais il n'aurait rien à voir avec la démagogie.

D'un autre côté, un jeune avocat juif nommé Klein était le candidat socialiste au poste d'échevin et il voyait une chance d'être élu au cri de « A bas le feu rouge ». Il était prêt à mettre en pièces les hésitants. Il sentait que la révolution sociale et la fraternité universelle n'attendaient que son installation au pouvoir.

Finalement , il fut convenu qu'une réunion de masse serait convoquée au Palace Lyceum sur Grand Street et que Klein et Benson parleraient de la question des feux rouges et Lipsky de l'économie. Nous avons sorti l'affiche « Votez pour le ticket socialiste ».

Benson était au sommet de la profession publicitaire et il s'est certainement lancé à corps perdu dans ce métier.

"J'ai persuadé environ quatorze millions de personnes d'acheter des bretelles aristocratiques prince de Galles", a-t-il déclaré. "Je ne vois pas pourquoi je n'arrive pas à persuader quelques milliers de personnes de voter correctement une fois dans leur vie."

Il a certainement fait des merveilles.

La veille des élections, le Palace Lyceum était plein à craquer. Et cela malgré les efforts organisés des hommes forts de la machine. Mais la réunion fut un échec lamentable. Benson était impuissant entre ces deux intervenants.

Le discours de Klein consistait à dire ce qu'il ferait s'il était élu : entre autres choses, je me souviens, il allait nationaliser les chemins de fer et abolir la guerre.

Benson n'était pas vraiment un orateur public. Pour autant que je sache, c'était sa seule tentative. Mais son succès dans le domaine de la publicité reposait sur sa connaissance des gens et de leur façon de penser. Ils n'étaient pas intéressés par Klein ni par la nationalisation des chemins de fer. Ce qui les a émus, c'est la vente de leurs filles. Benson est allé droit au but, le leur a rappelé en quelques mots, puis a raconté l'histoire de la trahison de Root, rassemblant nos faits et nos suppositions. "Ce n'est pas une preuve légale", a-t-il déclaré, "vous pouvez la prendre pour ce qu'elle vaut. C'est à vous de décider, demain aux isoloirs."

"Au diable Root !" » quelqu'un a crié.

"Il n'y a qu'un seul candidat meilleur que Root", a répondu Benson , "Lipsky!"

Lorsqu'ils eurent fini d'applaudir, il leur donna les paroles d'une chanson qu'il avait écrite pour "Marching through Georgia". Il avait formé le Männer Chœur de l' Arbeiter Studenten Verein pour le chanter. Cela s'est propagé comme une traînée de poudre. Je suis sûr que si la réunion avait été interrompue à ce moment-là et qu'ils avaient pu défiler en chantant cette chanson, Lipsky aurait été élu à une écrasante majorité. Mais Lipsky parla.

"Le Socialisme ruht auf einer fixer économiquement grognement ..."

Pendant vingt minutes, dans des phrases allemandes meurtrières , il a donné une conférence sur l'interprétation économique de l'histoire. Puis, pendant vingt minutes, il a analysé le capitalisme. Puis il but un verre d'eau et prit un nouveau départ. Il se référa au discours de Klein et souligna que l'élection d'un ou d'une centaine de fonctionnaires ne pouvait pas amener le socialisme ; le seul espoir résidait dans une organisation patiente, généralisée et universelle de la classe ouvrière. Puis il a discuté en détail de la différence entre réforme et révolution, du fait que ce business clandestin n'était qu'un sous-produit de la grande injustice de l'exploitation par la plus-value.

Après avoir parlé un peu plus d'une heure, il a dit "Enfin". Il a commencé par retracer l'histoire du Parti Socialiste International depuis ses modestes débuts dans la Ligue Communiste de Marx jusqu'à ses proportions gigantesques actuelles.

Il parlait encore et encore d' une voix traînante. Beaucoup se sont levés et sont partis – il ne s'en est pas rendu compte. Quelqu'un dans la galerie a crié :

"Du fromage ! Arrêtez-le ! Nous voulons Benson !"

Il traversa le tumulte et découragea enfin les perturbateurs. Le récent Congrès Socialiste International a discuté des neuf problèmes suivants : (1) La question agraire, (2) Les relations entre le parti politique et les syndicats.... C'était sans espoir. Le public a fondu. Et ils n'ont pas chanté en partant.

Enfin , il avait fini. Je me souviens de la transformation soudaine. L'expression figée et obstinée quitta son visage alors qu'il levait les yeux de ses notes. Son dos se redressa, ses yeux brillèrent – une lumière leur vint qui expliquait en quelque sorte comment ce professeur d'économie sec comme poussière avait soudainement quitté sa salle de classe et avait jeté son faible gant au tsar de toutes les Russies . C'était l'espoir qui l'avait soutenu pendant toutes ces années éprouvantes en Sibérie arctique.

« Travailleurs de tous les pays : unissez-vous ! il l'a crié à la maison presque vide, les bras écartés dans son seul geste : « Vous n'avez rien à perdre à part vos chaînes ! Vous avez tout un monde à gagner !

Il y eut une courageuse tentative d'acclamation de la part des quelques socialistes dévoués qui restaient. L'exultation le quitta aussi soudainement qu'elle était venue, et il s'assit, un vieil homme fatigué et épuisé. Klein se précipita vers lui, les larmes aux yeux. "Tu as tout gâché !" il a pleuré. Le vieil homme se redressa une fois de plus.

"J'ai fait mon devoir", dit-il solennellement.

Lorsque les résultats sont arrivés la nuit suivante, le vote socialiste était passé de 250 à 1 800. Root n'en avait que 1 000. O'Brien, le candidat machine, a gagné avec 2 500. Au dernier moment, le Vieil Homme, voyant que Root était désespérément battu, était revenu sur son marché et avait envoyé un message pour élire O'Brien.

« Ce qui est drôle avec les socialistes, m'a dit Benson, c'est qu'ils ont tout à fait raison. Prenez Lipsky. gouvernés par des philosophes - ce n'est pas une mauvaise idée - mais c'est impraticable. Ils ont raison de nous soupçonner de réformateurs. Neuf membres du groupe des colons sur dix sont comme Maynard - des lâcheurs quand il s'agit de cette question. Ils aimeraient élever le niveau des travailleurs . classe, mais ils ne veulent pas être pris pour cux. Et après tout, cette affaire de feux rouges n'est qu'un symptôme. Vous, moi et Lipsky pouvons nous permettre d'être philosophiques à ce sujet – nous n'avons pas de filles. Mais les pères qui " Nous vivons dans ce quartier sale - ils demandent du pain - pas de la pierre philosophale. Quoi qu'il en soit, nous avons réparé Root, et c'est ce que nous avons décidé de faire. "

"Cela m'a coûté beaucoup d'argent", a-t-il déclaré plus tard. "Et je ne voulais pas faire faillite pour l'instant. Il y a une bande d'escrocs à Chicago avec un faux cirage qu'ils veulent que je commercialise. Cela ruinera une chaussure en deux mois. Ils m'offrent toutes sortes d'argent. Je déteste y aller, mais je suppose que je vais devoir le faire."

Il s'assit à son bureau et commença à étudier ses factures et son livret bancaire.

"Comment 'shin-ide' ferait-il l'affaire pour un cirage à chaussures ?" dit-il en levant soudain les yeux. "'Shin-ide. Cela met des auréoles sur vos chaussures.'"

Notre soudaine irruption dans la politique, du moins celle de Benson – mon petit rôle dans cette affaire n'a jamais été connu – a attiré beaucoup d'attention dans les journaux. Root a certainement réalisé où ses ennuis avaient commencé, et il s'est efforcé de nous mettre mal à l'aise.

Quelques matins après l'élection, le révérend M. Dawn, le chef du personnel, est venu dans notre chambre, les mains pleines de journaux et de lettres – le « corps du délit ».

J'aimerais pouvoir donner plus d'espace à Dawn. C'était un homme vraiment bon. Et même si nous l'avions jugé durement à l'époque, je pense que c'est un homme admirable. Au moins, je sens que je devrais penser ainsi à son sujet, mais une partie du vieux mépris reste encore accrochée à sa mémoire.

Son âme entière était engagée dans le mouvement de colonisation. Le socialisme lui répugnait parce qu'il insistait sur l'existence de lignes de classe. Il était venu d'Angleterre en Amérique parce que les distinctions de classe, si étroitement établies là-bas, lui répugnaient. Il espérait que notre jeune République connaîtrait une évolution en sens inverse. Son espoir l'a aveuglé.

Et malgré sa démocratie hautement déclarée, il était essentiellement aristocratique dans ses idées sur le service social. Il espérait trouver la solution de nos maux manifestes dans les bonnes intentions des « mieux élevés ». Leur bonté devait apporter joie et réconfort aux humbles. Sa foi dans le mouvement de colonisation était réelle et grande, ce qui le rendait bien sûr très conservateur face à toute question mettant en jeu sa bonne réputation.

"Vous semblez avoir sérieusement offensé M. Root", commença-t-il.

"Tu ne le dis pas!" Benson a répondu. Il se rasait.

Dawn ne comprenait pas le genre d'humour de Benson.

"J'en ai bien peur", dit-il.

Benson s'est coupé.

"Je ne me souviens pas de l'avoir traité de pire qu'un cadet", dit-il gentiment.

"Oh, je vois que tu plaisantes."

"Non. Je l'ai appelé comme ça."

"Je suis désolé de vous entendre dire cela. Désolé de vous avoir fait vérifier le rapport selon lequel vous avez utilisé un langage intempérant. Je n'ai jamais rencontré M. Root. Mais il a de nombreux amis parmi…"

"Les meilleurs gens?" Benson l'interrompit.

"J'allais dire parmi nos partisans. Il est très regrettable que votre attaque peu judicieuse contre lui puisse aliéner beaucoup d'entre eux. Il semble également que vous ayez traîné le nom de la colonie dans la boue du socialisme. Je dois avouer que Je ne sais pas vraiment, mais en fait, je suis perdu... »

"Ne vous inquiétez pas. Whitman et moi partirons. Tout ce que vous avez à faire est de lever les yeux au ciel si on nous mentionne et de dire : 'Oui. C'était très regrettable', mais bien sûr, ils ont quitté la colonie immédiatement. !' Invitez Root à dîner plusieurs fois. Parcourez Stanton Street avec lui, bras dessus bras dessous. Cela va exploser, tout sera réglé avec « les meilleures personnes » !"

"Je suis désolée de vous entendre parler avec autant d'amertume", dit Dawn, "Mais franchement, je pense qu'il est plus sage que vous rompiez tout lien avec nous. Quand le bien-être de l'ensemble du mouvement d'implantation est en jeu, je ne peux pas laisser mes sentiments personnels pour aveugler mon..."

"Oh, ne t'excuse pas. Il n'y a aucun ressentiment personnel."

Et c'est ainsi que nous avons quitté la colonie.

LIVRE V

je

Benson et moi avons installé le ménage au dernier étage d'un vieux manoir d'Eldridge Street. Autrefois, elle se vantait d'avoir une belle pelouse devant elle, et des vergers et des jardins de tous côtés. Mais il avait été englouti dans les bidonvilles. Vous avez franchi la porte d'entrée sur le trottoir très fréquenté, et des immeubles en forme de cloche qui surgissaient tout autour l'avaient privé de toute sa splendeur d'antan. Nous avons réuni deux chambres mansardées à l'avant pour former un grand bureau. Nous avons installé une cheminée à foyer ouvert, intégré des canapés dans les murs et devant les fenêtres. Il y avait des bibliothèques tout autour, de superbes chaises et une table ronde pour écrire et prendre les repas. Parmi les pièces à l' arrière , nous en avons aménagé deux pour dormir, en avons transformé une en cuisine et une quatrième en une salle de bain spacieuse. Avec son amour habituel pour l'incongru, Norman a surnommé l'établissement « le tipi ».

Dans mon travail aux Tombeaux, j'avais pu une fois démontrer clairement l'innocence d'un vieux garibaldien accusé de meurtre. Il sentit qu'il me devait la vie et devint ainsi mon esclave dévoué. Il s'appelait Guiseppe et avait combattu pour la Liberté sur deux continents. Il était difficile de dire lequel était le plus pittoresque, de sa crinière hirsute de cheveux blancs ou de son langage – un goulasch de mots ramassés dans de nombreux pays. Dans son corps déçu et vaincu, il nourrissait encore la flamme ardente de l'idéalisme. L'esprit de la « Jeune Italie » de Mazzini, le rêve de la « République universelle » perdurent malgré toutes les désillusions que lui ont procurées la vieillesse, la pauvreté et l'exil.

Pendant la guerre franco-prussienne, alors qu'il faisait campagne dans les Vosges, il avait cuisiné pour le Grand Libérateur. Nous l'avons installé dans la cuisine du Tipi. Sa fierté particulière était un ragoût de poivre et d'ail dont Garibaldi avait fait l'éloge. Ce plat menaçait de nous tuer. C'était l'atout qu'il avait toujours en tête en cas de doute.

II

Pendant les années où j'étais dans la colonie, je recevais régulièrement deux lettres par mois d'Ann. Ils n'ont jamais été sentimentaux. Ils traitaient de questions de fait. L'oncle et la tante de Norman s'étaient intéressés à son ambition et lui avaient accordé beaucoup de temps pour étudier. Au début, son travail dans le laboratoire de Pasteur consistait à préparer du bouillon pour la culture de bactéries. Cela ne me paraissait pas très intéressant, mais cela la fascinait. Elle m'a même envoyé le reçu et des instructions détaillées sur son utilisation. Après un certain temps , elle avait été promue au poste de microscope et de recherche originale. Elle attire bientôt l'attention de Pasteur qui lui propose un poste d'assistante personnelle. Ses employeurs étaient extrêmement fiers de sa réussite et, ayant trouvé une autre infirmière, l'ont libérée. Elle était enthousiasmée par ce changement. Elle pouvait en apprendre davantage, écrivait-elle, en observant le maître que par n'importe quelle quantité d'œuvres originales.

Cela faisait partie de son caractère que ses lettres ne me donnaient aucune image de Paris. Elle n'avait aucun intérêt pour les choses inanimées, aucun « sens géographique ». Je connaissais les noms et les particularités de la plupart des laborantines, elle ne me donnait aucune idée des Invalides, près desquelles elle habitait. Il y avait beaucoup de choses sur la conscience intérieure d'une jeune Allemande avec qui elle partageait une chambre, mais je ne savais pas si le laboratoire se trouvait dans un quartier commercial ou résidentiel de la ville. Elle a écrit un jour sur un voyage sur la rivière jusqu'à Saint-Cloud, et tout ce qu'elle pensait digne d'être enregistré était la conversation amusante et idiote d'un couple américain en lune de miel, assis en face d'elle et ne soupçonnait pas qu'elle comprenait l'anglais.

Même si elle a beaucoup écrit sur les gens, les personnages qu'elle décrit ne m'ont jamais semblé humains. Elle ne comprenait pas le pouvoir interprétatif d'un arrière-plan. Sa vision était extrêmement individualiste. Auguste Compte a écrit quelque part qu'il y a en nous bien plus de passé mort que de génération présente. J'irais plus loin et je dirais qu'il y a bien plus de la génération actuelle en nous que de nous-mêmes. Si nous supprimions l'influence de notre foyer, de nos amis, des livres contemporains que nous lisons, de nos mille et une obligations sociales, il ne resterait plus grand-chose de nous. Ann a poussé ce dépouillement si loin que même Pasteur, pour qui elle avait la plus vive admiration, me semblait un mécanisme mort.

Elle n'a jamais évoqué nos relations personnelles, ni parlé de retourner en Amérique. Et j'ai évité ces sujets dans mes réponses. J'avais peur d'eux.

Je pensais à elle fréquemment et presque toujours avec passion. J'ai rêvé d'elle. Quelque part dans mon cerveau se trouvait le sentiment très précis que de telles émotions ne devraient pas exister en dehors de l'amour. Je n'étais pas amoureux d'Ann. Ses lettres m'intéressaient rarement. C'était une tâche que d'y répondre. Nos contacts avec la vie étaient complètement différents.

Je m'en suis tenu aux « formes » de chasteté. Il y a ceux qui croient qu'il y a une certaine vertu à préserver les formes. Je n'ai jamais ressenti cela. Il ne fallait pas beaucoup d'efforts pour s'en tenir à ce mode de vie. J'observais constamment la prostitution du point de vue des Tombeaux. Et pour quiconque voyait ces femmes, comme moi, dans leur ultime misère et dégradation, elles ne pouvaient exciter que pitié. Il n'y a aucun aspect du problème de la criminalité qui soit aussi absolument nauséabond. Même si je me retenais de ce qu'on appelle le « vice », l'état de mon esprit à cette époque n'était pas agréable et je pense qu'il n'était pas sain. Ce n'était pas pour moi un réconfort particulier d'apprendre que d'autres hommes, vivant comme moi dans une pureté extérieure, étaient également tourmentés par des rêves érotiques.

Peu de temps après que nous ayons emménagé dans le tipi, une lettre est arrivée d'Ann qui était plus volumineuse que d'habitude. Les premières pages étaient un énoncé de nouveaux projets. Un médecin américain, qui avait travaillé avec Pasteur, revenait créer un laboratoire de bactériologie dans ce pays. Il lui avait proposé un bon salaire pour l'accompagner en tant qu'assistante principale. Le laboratoire devait être construit à Cromley , une banlieue de Jersey, à trente minutes de la ville. Dès que c'était prêt, elle arrivait. Ce serait un travail intéressant, responsable et elle pourrait créer un foyer pour sa mère qui devenait infirme.

Le reste, des pages et des pages, était une lettre d'amour. Chaque nuit, ces années de séparation – écrivait-elle – avaient été remplies de rêves sur moi. Comme toujours , elle place son travail avant son amour. La bactériologie était la grande réalité de sa vie. Elle considérait comme une trahison de la réalité lorsque, comme cela arrive si souvent, les gens perdent le sens des proportions et laissent l'amour usurper la place des choses plus graves. Mais maintenant que son travail l'amenait vers son amour, elle espérait une vie plus remplie, une vie ornée.

La lettre provoqua de grands troubles. Son appel passionné à mon égard a certainement trouvé un écho. J'ai perdu beaucoup de sommeil, tourmenté, enivré par les images évoquées par ses paroles. Des années auparavant, une immense solitude m'avait poussé dans le confort de ses bras. Ce n'était plus le cas. Ma vie était bien remplie, presque trop pleine de travail et d'amis. Mais l'attirance vers elle semblait encore plus irrésistible qu'auparavant.

Le mariage me semblait la seule solution valable. Mais plus clairement encore qu'à l'époque où j'étais à l'hôpital, je savais que je ne voulais pas l'épouser. C'était, je suppose, avant tout parce que je ne l'aimais pas. C'était en partie parce que j'aimais ma liberté de célibataire, les allées et venues sans référence à personne. C'était en partie mon profond attachement à Norman. Je sentais qu'il ne se soucierait pas d'Ann. De toute façon , cela briserait notre foyer dans le tipi.

Enfin une lettre arriva, fixant la date de son arrivée . Cela coïncidait avec un engagement de longue date que j'avais pris pour donner une conférence de criminologie dans une université occidentale. J'ai éprouvé un lâche sentiment de soulagement en réalisant que la réunion et l'ajustement avaient été reportés. Mais je ne pensais à rien d'autre. De retour de mes cours, du long voyage à travers la moitié du continent, sachant qu'Ann m'attendait dans la ville et que je ne pouvais plus reporter les choses, j'ai pris une décision. Je la verrais le plus tôt possible — il me semblait plus simple de la voir que d'écrire — et je lui dirais que je ne souhaitais pas recommencer notre intimité. Je ne serai peut-être pas en mesure d'expliquer pourquoi je voulais rompre avec elle, mais je pourrais au moins lui dire clairement que je l'ai fait.

A mon retour, j'ai trouvé une lettre qui m'attendait dans le tipi. Il contenait son numéro de téléphone et une question quant à savoir quand je pourrais sortir dîner. Je l'ai appelée immédiatement. Je viendrais le jour même. Le train pour Cromley semblait perversement lent. J'étais impatient d'en finir, de reprendre tranquillement mon travail. Il n'y avait qu'une courte distance à pied entre la gare et sa maison. La rangée de maisons en pain d'épice le long de sa rue est l'un des éléments de mes souvenirs.

Ann m'a ouvert la porte. Elle m'a tenu à bout de bras une minute.

"Trame!" elle a dit : "Tu as vieilli." Puis elle m'a donné un baiser soudain. "Viens. Tu dois rencontrer Mère."

Dans le petit salon, Mme Barton m'a accueilli cordialement. C'était une grande femme anguleuse de la Nouvelle-Angleterre, au corps desséché, mais ses yeux étaient encore jeunes. J'ai vu beaucoup de femmes comme elle à Cape Cod. Mais sa présence me plongeait dans autant de confusion que si elle avait été une sorte d'ogresse menaçante. Je ne pouvais pas discuter de cette affaire avec Ann devant sa mère. Et un certain instinct m'avertit que je devais me plonger immédiatement dans mon sujet, si je voulais le faire.

"Le dîner est prêt", dit Ann au milieu de mon embarras.

"Voici mon petit-fils, William", a déclaré Mme Barton à propos d'un jeune de trois ans, aux cheveux blonds, qui s'est accroché à sa jupe.

Ann est venue le chercher.

"Tu ne peux pas serrer la main comme un gentleman, Billy Boy ?" elle a demandé. "Non ? Eh bien, tu n'es pas obligé."

Elle l'a balancé sur une chaise haute en face de la mienne. Je n'ai jamais été aussi gêné de ma vie. Tout cela était tellement différent de ce que j'avais prévu. Je suppose que je m'attendais à des actes héroïques. C'était tout à fait banal. Il était difficile de garder à l'esprit qu'un grave problème moral était en jeu. Mme Barton prenait évidemment ma mesure. Et "Billy Boy" m'a regardé de l'autre côté de la table avec ses grands yeux bleus stupides.

C'est Ann qui a parlé, nous parlant des merveilles de son nouveau laboratoire et de la personnalité de son chef. Elle avait l'air plus jeune que lorsqu'elle était partie. Elle s'était considérablement agrandie et son visage avait perdu l'aspect vieillot et étroit dont je me souvenais. Elle avait cette sûreté de geste et de ton qui n'appartient qu'à ceux qui ont trouvé l'ouvrage pour lequel ils sont faits. Par-dessus tout, elle semblait heureuse, contente et joyeuse. Chaque regard que je lui jetais me disait qu'il serait plus difficile que je ne l'avais pensé de tenir ma résolution. Il était impossible de regarder « Billy Boy », il aurait regardé le Sphinx d'un air décontenancé. J'ai donc accordé l'essentiel de mon attention à Mme Barton.

Une fois le dîner terminé, nous nous sommes installés dans le salon pour prendre un café. Quelques minutes plus tard, Mme Barton mit le jeune au lit. La porte s'était à peine refermée derrière eux que les bras d'Ann m'entouraient. Il y eut un flot de mots interrompu. Je ne me souviens pas de ce qu'elle a dit. Mais d'une manière ou d'une autre, il me semblait que je le disais moi-même, tant ses paroles exprimaient à merveille mes propres désirs. Un grand bonheur m'était tombé dessus. Peut-être que cette passion n'était pas bonne, peut-être qu'elle n'était ni morale ni sage, mais elle faisait massivement partie de moi. Le nier aurait été une totale répudiation.

Le matin, j'ai de nouveau demandé à Ann de m'épouser. C'était ma dernière chance.

"Non," dit-elle, "ma chérie, ne parle pas de mariage. Pourquoi ? Pourquoi veux-tu emmener notre amour dans un palais de justice ? Une fois pour toutes, combattons-en et finissons-en."

Tout était très clair pour elle. Les promesses d'amour étaient vaines. Elle avait aimé une fois auparavant, elle avait pensé que cela durerait pour toujours. Elle était heureuse qu'il n'y ait eu aucune promesse.

"Je suis plus âgé maintenant – je ne suis pas susceptible de changer – mais pourquoi intenter une action en justice à ce sujet ? Pourquoi veux-tu m'épouser ? N'est-ce pas en partie parce que certaines personnes – peut-être ta propre famille – seraient choquées par un amour libre. union ? Eh bien, n'ai-je pas le droit de penser à mon peuple ? Ma sœur, qui est morte, la mère de Billy – elle ne pensait pas qu'il était nécessaire d'avoir une alliance et tout ça. Mon peuple serait attristé si j'avais marié. Ils penseraient que je me suis conformé à mes principes. Cela briserait le cœur de ma mère. Cela ressemblerait à un rejet de son mode de vie. Et elle est la meilleure mère que l'on ait jamais eue. Même si je ne l'avais pas fait. crois en l'amour libre, je ne me marierai jamais à cause d'elle."

Malgré ce qu'Ann m'a dit, j'étais décidément gêné de rencontrer sa mère au petit-déjeuner. Mais quand nous sommes apparus, Mme Barton m'a embrassé. Ses mains sur mes épaules, elle scrutait mon visage des yeux.

"Ann t'aime beaucoup, mon garçon", dit-elle. "Soyez gentil avec elle."

Le petit-déjeuner était un repas bien plus agréable que le dîner. Même le regard de Billy Boy n'était pas aussi hostile.

Pourtant, alors que je prenais le premier train pour arriver en ville, mes scrupules sont revenus. Certes, j'avais très peu de respect pour le « caractère sacré » du mariage formel. J'en avais trop vu dans les Tombeaux. Il est certain qu'aucune cérémonie légale ou religieuse n'est une garantie de bonheur ou même de décence commune. Les échecs mineurs du mariage sont traités devant les tribunaux civils de divorce. Les difficultés domestiques qui sont débattues devant les tribunaux criminels montrent très clairement qu'il n'y a pas de magie dans les rituels religieux pour transformer une brute en un bon mari. Dix alliances ne transformeront pas une femme alcoolique en une bonne mère. Et puis j'étais toujours témoin de mariages « forcés ». Telle était la solution facile et bon marché dans les cas de séduction et de viol au deuxième degré. Nos législateurs ont décrété dix-huit ans comme âge de consentement. La séduction d'une fille en dessous de cet âge arbitraire est un viol. La plupart de nos grands-mères se sont mariées plus tôt. Mais la loi est trop majestueuse pour considérer de tels détails. Il traite des principes généraux. S'il a été bafoué, justice doit être rendue même si le ciel tombe. Cependant, envoyer un homme en prison coûte cher. On lui propose donc l'alternative d'épouser la fille. La justice ne se soucie ni de la moralité ni du bonheur des deux jeunes en difficulté et ne se soucie pas du tout de la génération suivante. Envoyez le couple coupable à l'autel. Leurs péchés leur sont pardonnés. Les conventions ont été justifiées. Le mastodonte est apaisé. Non, j'ai été très peu impressionné par les vertus du mariage « légal ».

Mais j'avais un idéal fort, quoique plutôt indéfini, d'un « vrai » mariage, d'un véritable accouplement, d'un partenariat étroit , d'une communauté d'intérêts et d'une croissance fraternelle, sanctifiée par une passion mutuelle. Je ne voyais aucune chance que cela se produise dans ma relation avec Ann.

Ce jour-là, aux Tombeaux, j'ai essayé, et j'ai dans une large mesure réussi, d'oublier le problème. Mais de retour au Tipi, au dîner avec Norman, ça m'a repris. Même Guiseppe remarqua ma préoccupation et marcha sur la pointe des pieds.

"Qu'est-ce qui te mange ?" » a demandé Norman pendant que nous buvions notre café. "Est-ce que je peux donner un coup de main ?"

"Une femme", dis-je.

"Cela me laisse sortir." Et au bout d'un moment, il marmonna « L'enfer ».

"Que pensez-vous", ai-je demandé - soudain résolu à obtenir une opinion extérieure - "du droit d'avoir des relations intimes avec une femme, en dehors du mariage ?"

"Je n'y pense pas du tout", a-t-il lancé. "Pas aujourd'hui. Il fut un temps où je ne pensais pas à grand-chose d'autre. Cela ne me servait à rien. Les temps sont pourris, désarticulés. Tout ce que nous faisons est déréglé, inévitablement. Quatre-vingt-dix pour cent d'entre nous veulent faire ce qui est bien et comme c'est le cas de quatre-vingt-dix-neuf pour cent d'entre nous. Je ne pense pas beaucoup au mariage. Je l'ai essayé une fois - en divorçant.

Ce fut nouvelles pour moi.

"Je n'aime pas en parler. Cela ne sert à rien maintenant. C'était une affaire misérable. J'ai essayé d'être décent – j'ai fait tout ce que je pouvais pour arranger les choses. Mais je suppose que la fille a souffert plus que moi – ce qui est " C'est l'une des raisons pour lesquelles je déteste Dieu. Certaines personnes tombent dans le bonheur - mais cela me semble de la chance - de la pure chance. "

Je ne me souviens pas en détail du discours de ce soir-là. Norman était particulièrement réticent. Ce n'était que par des questions que je pouvais le faire sortir.

"Que penses-tu de l'amour libre ?" J'ai demandé.

"C'est une contradiction dans les termes. Il n'y a rien de gratuit dans l'amour. C'est s'attacher dans le nœud le plus serré. Un homme ne se contentera pas de travailler ses doigts pour la femme qu'il aime, il se fera couper les cheveux comme elle. " aime. Une personne amoureuse ne veut pas être libre. Le pire, c'est quand l'esclavage continue après la mort de l'amour. N'essayez pas de libérer l'amour, ce qu'il faut, c'est l'émancipation de ceux qui n'ont pas d'amour. "

Nous restâmes silencieux un moment, très affligés de ne pouvoir trouver aucun ancrage solide. J'étais sur le point de poser une autre question lorsqu'il reprit sa propre ligne de pensée.

"Abolir le mariage ne suffira pas. Ces anarchistes sont naïfs. Ils veulent rendre les choses simples - ils disent que l'amour libre simplifierait les choses. Mais tout progrès - toute évolution - se dirige vers des formes plus complexes. Nos cerveaux sont meilleurs que les cerveaux de singes parce que ils sont plus complexes. Ce discours sur la « vie simple » est une réaction grossière. Je ne veux pas voir les lois abolies, mais mises à jour. La civilisation signifie une complexité toujours croissante dans les formes de vie. Et nous essayons de la gouverner par Le droit romain, plus un méli- mélo de common law médiévale . Pas moins de lois, mais des lois modernes.

Pendant un moment, son esprit tourna autour de cette idée, puis il mit brusquement fin à la discussion.

"Pourquoi me confier votre problème ? En ce qui concerne la résolution de la question de l'homme et de la femme, ma vie a été un lamentable échec. Peu importe ce que vous faites, que vous abandonniez ou que vous alliez de l'avant - à moins que vous n'ayez de la chance - vous J'aimerais que tu sois eunuque avant d'avoir fini."

J'ai donc reçu peu d'aide de sa part dans cette affaire. Je ne l'ai jamais vraiment réglé. Plus ou moins, cela s'est réglé tout seul. Il y avait des forces à l'œuvre qui étaient plus fortes que mes scrupules. Parfois, cela me semblait horriblement mal et j'ai décidé de ne pas retourner à Cromley . Mais au fil des jours , j'ai commencé à penser de plus en plus à Ann. Tôt ou tard, j'ai téléphoné. Je ne me suis pas rendu sans beaucoup de difficultés. Mais peu à peu, elle est devenue un fait accepté dans ma vie et, au fil des années, un fait de plus en plus valorisé. Je ne suis pas fier des indécisions morales, pas du tout fier de mon contentement avec ce qui semblait loin d'être parfait. Mais c'était ainsi .

Rien dans ma vie ne m'a semblé d'une valeur éthique aussi incertaine. Bien sûr , c'était une violation de notre moralité traditionnelle, mais rares sont ceux qui acceptent aveuglément les conventions comme étant toujours contraignantes. Je ne peux pas le rejeter d'emblée comme simplement juste ou faux ; mon propre jugement en la matière variait d'avant en arrière avec presque la régularité d'un pendule.

Au début, il me semblait injuste de prendre plus que ce que je pouvais donner. Mais après tout, je pense qu'il n'y a pas grand-chose à essayer de traiter l'amour comme une marchandise, en essayant de le mesurer et de le peser. Ann aurait certainement été heureuse si je l'avais aimée plus complètement. Mais elle considérait cela comme une œuvre du destin, qu'aucun souhait – de la part d'aucun de nous – ne pouvait changer. Elle se serait enfuie si notre intimité avait commencé à gêner son travail. Elle s'est lancée dans sa spécialité avec un dévouement que je n'ai jamais vu égalé . Une fois, je lui ai demandé si elle n'avait aucun désir d'enfants.

" Bien sûr que oui, " dit-elle, " mais parfois j'ai voulu que la lune se mette dans mes cheveux. J'aimerais vivre jusqu'à ce que je puisse voir le triomphe de la médecine. J'aimerais être porteuse du cercueil. " aux funérailles du dernier germe malin. Je voudrais un yacht. Je n'ai jamais fait de voile, mais une seule fois, et c'était vraiment merveilleux. Mais je ne veux aucune de ces choses de la même manière que je veux travailler.

Elle n'était pas entièrement satisfaite. Qui est? On lui avait appris à mépriser la respectabilité à bas prix que nous aurions pu obtenir pour une somme modique auprès d'un juge de paix. Je pense qu'elle a tiré autant de bonheur de notre relation que la plupart des femmes de leur vie familiale. Je ne peux pas l'imaginer prendre un plaisir supplémentaire à coudre des boutons sur mes vêtements ou à repriser mes bas. Il y avait sans doute des soirées solitaires où elle aurait souhaité que le destin lui donne une vie plus ordinaire et un mari qui rentrait régulièrement à la maison. Même si elle ne s'était jamais plainte, je savais que cela lui faisait mal si d'autres affaires – pour moi plus importantes – me retenaient en ville alors qu'elle m'attendait. Mais elle aurait été plus malheureuse si elle avait été amoureuse d'un homme qui interférait le moins du monde avec sa liberté. Cela ne me semble pas aussi injuste aujourd'hui qu'au début. Nous n'étions ni l'un ni l'autre obtenant tout ce dont nous pouvions rêver. Mais aucun de nous n'était prêt à renoncer au demi-pain.

Et « demi-pain » semble un terme très inapproprié pour ma part. Je me surprends à essayer de « discuter » à ce sujet – je suis plutôt contrarié par des choses que je ne peux qualifier ni de noires ni de blanches. Mais une grande partie de ces propos étaient totalement indiscutables. Si, comme certains le disent, nous devons juger la vie par le plaisir qu'elle nous apporte, Ann était sans aucun doute la chose la plus grande et la meilleure de ma vie. Je me souviens d'un dimanche de la fin de l'automne, nous étions sur pied aux premières lueurs de l'aube ; toute la journée, nous avons parcouru les montagnes de Jersey. Les couleurs automnales des érablières étaient d'une beauté indescriptible. Juste au coucher du soleil, tout le ciel de l'ouest brillant de rouge et de cent nuances d'orange vif - encore plus brillants que ne l'étaient les feuilles étouffées par le gel - nous avons atteint une petite gare et sommes ainsi revenus à Cromley et au feu de bois rugissant et à la Nouvelle-Angleterre. le souper que Mère Barton nous avait préparé. Je plaindrais quiconque à qui un tel jour ne semblerait pas glorieux. Mais pour moi, vivant six longues journées par semaine dans les bidonvilles bouillonnants, dans l'ombre encore plus sombre des Tombeaux, de telles sorties étaient un renouveau de vie, une renaissance.

Et outre le plaisir évident de ces vacances, Ann m'a apporté une sensation de bien-être mental et physique et de santé que je n'avais jamais connue auparavant. Grâce à elle , ma prise sur la vie était plus sûre, ma vision plus claire, ma réserve d'énergie mieux ajustée et utilisée de manière plus économique. Je crois qu'un homme qui dit qu'il ne peut pas vivre dans le célibat ment. Mais avec la même insistance, je crois que les circonstances qui incitent un homme ou une femme à vivre sa vie seul sont extrêmement rares. Les heures que je passai à Cromley étaient une récréation au sens le plus profond du terme.

Les trajets en ville à bord du premier train restent dans mon esprit comme un souvenir à part de tout le reste de ma vie. J'avais alors l'impression d'être de meilleure humeur que d'habitude. En me dirigeant vers la ville, vers ma sombre tâche dans les Tombeaux, depuis le doux réconfort de sa maison, j'ai trouvé l'inspiration et l'espoir pour mon quotidien. J'ai eu une sensation tout à fait particulière, ressentie à aucun autre moment, lorsque je me suis retrouvé à bord du ferry, penché sur le bastingage, à regarder les gratte-ciel se débattre dans la brume matinale. Peut-être que nous connaissons tous un environnement aussi exaltant, qui nous fait exulter dans la vie, le travail et le but. Debout sur le pont supérieur, les poumons pleins de l'air doux et salin du port, une association insensée rappelle toujours les vers du discours de Guillaume Tell et me donne envie de crier à haute voix : « Vous, rochers et rochers, je suis avec vous. encore une fois."

Aucune des objections évidentes à une relation aussi irrégulière ne me semble avoir beaucoup de poids face au bien réel qu'elle m'a apporté. Et pourtant, je ne peux pas l'accepter sans réserve, pas plus que je ne peux le condamner. J'en suis venu à penser que son caractère insatisfaisant était dû à son caractère fragmentaire. Je ne peux pas être d'accord avec Ann dans sa théorie selon laquelle le travail et l'amour sont séparés. Un homme qui sépare sa religion de son entreprise voit les deux souffrir. Je pense que la même règle s'applique à notre problème. Je ne suis en aucun cas entré dans le travail d'Ann, ni elle dans le mien. Elle m'a donné une nouvelle énergie, m'a reposé de sa lassitude, mais n'en a jamais fait partie.

Je pense que le fait que je puisse, en écrivant ma vie, faire en sorte qu'une section traite d'elle et une autre de mon travail et que je mentionne très rarement les deux dans le même paragraphe, est la critique la plus sévère qui puisse être adressée à notre relation.

III

Benson a persuadé un ami rédacteur de publier sous forme d'articles certaines des conférences sur la criminologie que j'avais données dans l'Ouest. Un juge de la Cour suprême a tenté de répondre à mes critiques à l'égard du système judiciaire et a nié négligemment certains faits manifestes. Les journaux ont fait sensation pendant neuf jours sur notre controverse. L'un des effets de la discussion a été de faire prendre conscience à la Société d'aide aux prisonniers qu'il fallait faire quelque chose. Afin de se décharger de cette responsabilité, ils proposèrent de m'employer comme secrétaire à la place d'un monsieur âgé qui occupait ce poste gratuitement — et somnolemment — depuis une vingtaine d'années. L'offre ne m'a pas séduit au début. Mon travail dans les Tombeaux retenait tout mon intérêt. Jusqu'à l'arrivée de Baldwin, je ne voyais aucune chance de véritablement servir la société.

Il était directeur adjoint de l'école industrielle d'État, sorte de prison intermédiaire pour les délinquants trop jeunes pour les prisons d'État et trop vieux pour la maison de refuge. Il avait commencé comme "fou" à Sing Sing , avait été transféré à l'hôpital public pour criminels aliénés et de là à l'école industrielle, où il avait gravi les échelons jusqu'au poste qu'il occupait alors. Il semblait vraiment aimer les détails de la gestion institutionnelle ; il connaissait des condamnés et était rempli d'un grand enthousiasme quant à la possibilité de réformer les jeunes délinquants.

Il a vu mon nom dans les journaux, comme quelqu'un qui s'intéressait à la criminologie, et il m'a écrit sur son enthousiasme. Après plusieurs lettres échangées, il est venu en ville pour que nous puissions en discuter. Nous l'avons hébergé au Tipi. Il approchait de quarante-cinq ans, mais c'était le plus jeune homme de cet âge que j'aie jamais connu. Benson et moi avons examiné son projet en détail. Pendant trois jours entiers, nous n'avons parlé de rien d'autre. Même si mon travail concernait principalement les accusés en attente de jugement, j'étais toujours confronté aux horreurs de nos prisons. L'innommable stupidité de traiter les jeunes garçons comme on maltraite les vieux délinquants m'a toujours semblé le comble de l'indignation de notre civilisation.

Il est difficile de comprendre aujourd'hui à quoi ressemblait alors le projet révolutionnaire de Baldwin concernant une maison de réforme. Seules les expériences les plus faibles et les plus timides ont été tentées en ces matières. Nous étions encore dans ces âges sombres, où les enfants orphelins et démunis étaient envoyés en prison.

Le point faible de sa proposition – comme c'est le cas de presque toutes les réformes – était le coût. L'État payait environ dix centimes par jour pour l'entretien de ses condamnés, le revenu par habitant pour la maison de correction serait trois ou quatre fois plus élevé. Baldwin avait prévu cette critique et avait rassemblé d'innombrables chiffres pour prouver qu'il ne s'agissait là que d'une extravagance apparente. L'un des éléments les plus importants du coût de la criminalité est celui des « délinquants habituels ». Baldwin connaissait l'histoire d'un homme qui purgeait sa douzième peine dans une prison d'État et il avait compris combien les divers crimes, arrestations, procès et emprisonnements de cet homme avaient coûté à la communauté et combien il aurait été moins cher d'avoir a dépensé assez pour le réformer pendant qu'il était jeune. C'était un document impressionnant. Grâce à un certain nombre de ces tableaux, il a présenté des arguments concluants. La plus grande dépense de la maison de correction serait une véritable économie si elle pouvait sauver un tiers des garçons. Il estime que les deux tiers pourraient être réformés. Avec l'aide d'un constitutionnaliste, il avait cristallisé ses idées dans un projet de loi qu'il espérait présenter au Parlement.

Comme je l'ai dit, Norman et moi avons consacré trois jours d'attention particulière au projet. Baldwin avait une grande expérience pratique dans ce domaine et avait admirablement préparé son dossier. Le projet nous paraissait réalisable – et il l'a d'ailleurs prouvé depuis. Nous étions tous assez simples pour croire qu'un bon plan, une fois expliqué au peuple, serait immédiatement accepté.

Je me suis présenté devant le comité exécutif de la Prisoner's Aid Society et j'ai proposé d'accepter le poste de secrétaire, s'ils s'engageaient à soutenir le projet de loi de Baldwin. Ils n'ont trouvé aucun précédent pour une telle mesure dans leurs livres sur la pénologie européenne et je doute que j'aurais pu les faire s'aligner à eux seuls. Mais Benson faisait partie de leur conseil d'administration et ils comptaient sur lui pour combler leur déficit annuel. Il était capable de faire valoir des arguments plus puissants que moi.

A cette époque , j'étais devenu une sorte d'institution établie dans les Tombeaux. À l'exception d'O'Neil, j'avais gagné la confiance des juges. C'étaient, dans certaines limites, des hommes bien intentionnés et ils n'aimaient pas plus que vous ou moi condamner les jeunes garçons à la contagion de la prison d'État. J'ai obtenu leurs signatures sur une lettre approuvant l'idée de réforme et, par leur intermédiaire, j'ai arrangé avec le procureur les congés dont j'aurais besoin.

Je me retrouve avec très peu d'enthousiasme à l'idée de faire la chronique de cette campagne en faveur d'une maison de correction. C'était si tristement décourageant, si infiniment irritant – cela a duré bien plus longtemps que nous ne l'avions prévu. Mais cela n'est pas seulement important pour ma propre histoire, cela n'a pas seulement influencé ma façon de penser ; elle a également une signification plus large et plus impérieuse. Il n'y avait pratiquement aucun de mes amis, des gens de ma génération qui essayaient de rendre ce monde plus vivable, qui ne fût à un moment ou à un autre impliqué dans un combat similaire. Une chose que nous avions tous vécue en commun : le voyage jusqu'à Albany pour essayer de persuader nos législateurs de faire quelque chose dont aucun homme sensé ne pouvait douter de la valeur et de la sagesse. De nouveaux Actes des Apôtres pourraient être écrits sur la succession interminable de délégations qui se sont rassemblées à la gare Grand Central, en route vers la capitale, animées d'enthousiasme par une réforme - une nouvelle loi sur les immeubles d'habitation, une réglementation décente du travail des enfants, une protection contre les fléaux criants des banques d'immigration frauduleuses ou des agences d'emploi vicieuses, etc. Il faudrait un gros livre pour énumérer toutes les bonnes causes qui ont inspiré de tels pèlerinages. Et l'ardeur avec laquelle les délégations partaient pour Albany n'avait d' égale que le noir découragement qu'elles rapportaient quelques jours plus tard.

Après quelques ennuis, nous trouvâmes un député qui consentit à présenter notre projet de loi. Il a été immédiatement catalogué. Ensuite, nous avons fait de la publicité. J'ai écrit des articles dans des magazines et des journaux. Benson et Baldwin sont sortis et ont largement diffusé un pamphlet. Ils formaient une combinaison solide, entre la connaissance du premier en matière de publicité et la familiarité du second avec le sujet. J'ai pris le moignon.

Je suppose que tous ceux qui ont effectué un travail similaire ont fait la même découverte. Vous ne pouvez pas gagner votre point de vue auprès du public ordinaire en faisant appel à la raison. Au début , j'ai traité mon sujet avec sérieux – avec un effet lamentable. Mais Norman est venu à l'une de mes réunions à New York et m'a carrément insulté en me traitant d'idiot une fois la réunion terminée. J'ai suivi ses conseils et j'ai parcouru tout l'État pour raconter des histoires « intéressantes » ; des histoires sur la mère aux cheveux blancs dont le fils unique a été envoyé à Sing Sing pour une offense insignifiante et a été complètement corrompu par de mauvais associés ; à propos du garçon orphelin qui a volé une miche de pain pour sa sœur affamée. Comment j'en suis arrivé à détester ces deux-là ! Une fois, dans mes rêves, j'ai assassiné cette « mère aux cheveux blancs » avec une joie féroce. Mais je pouvais toujours compter sur eux pour faire pleurer. Si j'essayais de transmettre à mon public notre idéal constructif, ce que nous entendons par le mot « réformateur », je perdais mon emprise sur eux. Ils réclamaient des sensations fortes. Eh bien, je leur ai donné des sensations fortes. C'était le seul moyen, mais cela me donnait l'impression d'être un saltimbanque, un charlatan vendant des pilules bleues.

À la fin de l' année , nous avions suscité suffisamment d'intérêt populaire pour imposer une discussion du projet de loi au Parlement. En première lecture, il a été renvoyé au Comité sénatorial des prisons d'État. Après plusieurs semaines de suspense, la commission a annoncé une date pour une audience publique. Je me souviens qu'à l'époque, nous pensions que cela signifiait la victoire. Nous allions enfin avoir l'occasion de présenter sérieusement notre cause à des hommes sérieux. Baldwin, Benson et moi avons passé la semaine précédente à préparer nos mémoires. Le jour fixé pour l'audience, nous avons rassemblé nos forces dans le hall d'un hôtel d'Albany. Il y avait Allen, le président de la Société d'aide aux prisonniers ; Van Kirk, vice-président de la State Bar Association et nous trois. Il a été convenu que Baldwin et moi parlerions en premier, qu'il s'occuperait de l'aspect financier du projet et moi de ses phases humaines plus larges. Allen et Van Kirk devaient ajouter le soutien des organisations qu'ils représentaient. Je me souviens à quel point notre dossier nous paraissait parfait, à quel point il semblait impossible de ne pas convaincre le comité.

La pièce de l'ancienne maison d'État, où se tenait l'audience, était un endroit sombre. Il y avait là un air de tribunal et avec les assistants. Ce qui nous semblait d'une importance vitale était pour eux une routine lamentable. Quand nous sommes arrivés, le comité écoutait une députation de fous de Sing Sing qui demandaient une révision des règles concernant les vacances.

La vue des trois membres du comité refroidit mon ardeur. Le président, Burton, était un avocat du nord de l'État qui affectait l'apparence d'un agriculteur pour plaire à ses électeurs. Les deux autres, Clark et Reedy, étaient des New-Yorkais, l'un républicain et l'autre démocrate, tous deux gros et somnolents. Enfin les vis achevèrent leur plaidoirie . Burton frappait avec son marteau.

"Quelle est la prochaine affaire ?" » demanda-t-il avec lassitude.

"Audition concernant un projet de loi visant à créer une maison de correction pour jeunes délinquants", a déclaré le greffier d'une voix traînante.

« Le commissaire des prisons d'État approuve-t-il ce projet de loi ? » » demanda Clark.

« Non » : le commissaire se leva aussitôt. La charte de la Prisoner's Aid Society lui donnait le pouvoir d'inspecter les institutions pénales de l'État, de vérifier leurs comptes, etc. C'était une épine dans le pied de tous les commissaires et on pouvait toujours compter sur eux pour s'opposer à toute suggestion de la société .

"Eh bien. A quoi bon entrer dans le sujet, alors ?" » a demandé Reedy. "Ce n'est pas notre habitude de renverser le commissaire."

"Comme c'est sur le calendrier, nous devrons l'écouter", a statué Burton.

« Comment est-ce arrivé sur le calendrier ? Clark grogna.

"J'avais l'impression que le commissaire était d'accord", s'est excusé le greffier.

"Eh bien, je veux savoir d'où vous vient cette impression," insista Clark avec mauvaise humeur.

"Pas de ma part", a déclaré le commissaire.

Burton frappait avec son marteau.

"À l'ordre, messieurs", dit-il. "Nous perdons du temps. Nous entendrons tous ceux qui souhaitent s'exprimer en faveur du projet de loi."

Baldwin se leva et ouvrit ses notes.

"J'ai une affaire importante à laquelle j'aimerais m'occuper", a déclaré Reedy. "Puis-je être excusé ?"

"Attends," protesta Clark, "C'est à mon tour de partir plus tôt."

"Je ne peux pas vous excuser tous les deux", a lancé Burton. "C'est la dernière affaire du calendrier. Cela ne nous retiendra pas longtemps. Continuez. Quel est votre nom ? Baldwin ? Continuez."

Les deux autres sénateurs se renfrognèrent d'un air maussade, comme des enfants gardés à l'école après l'école. Soudain, Reedy commença à sourire. Il s'appuya en arrière sur sa chaise, afin de pouvoir attirer l'attention de Clark derrière les épaules du président qui était en train d'écrire une lettre. Il tendit une pièce de monnaie. "Impair ou pair?" Il murmura. Il fallut un moment à Clark pour comprendre, puis son air renfrogné se détendit. "Même" murmura-t-il en retour. Reedy regarda la pièce et son visage s'assombrit.

"Je n'ai aucune objection à excuser le sénateur Clark", a-t-il déclaré, interrompant Baldwin au milieu d'une phrase.

Burton leva les yeux de sa lettre avec surprise. Clark rit bruyamment en quittant la pièce. Reedy s'affala d'un air maussade sur sa chaise. "Continuez", dit Burton en revenant à sa lettre. Baldwin s'en sort admirablement malgré sa légèreté, mais personne ne l'écoute. Juste au moment où il était sur le point de conclure, Burton l'interrompit de nouveau.

"Vous avez eu quinze minutes. Je vais en donner dix à l'autre côté et ajourner."

Van Kirk a essayé de discuter avec lui, mais Burton a ignoré son existence. "Monsieur le Commissaire", dit-il, et il se tourna une fois de plus vers sa lettre. Ce fut un soulagement pour moi qu'il m'ait interrompu. J'étais trop furieux pour avoir parlé de manière cohérente. Le commissaire, sûr de son succès, a pris l'affaire avec désinvolture.

"Monsieur le Président, Sénateurs. Le Département des Prisons d'État s'oppose à ce projet de loi au motif qu'il s'agit d'une absurdité visionnaire. Toute la discussion sur une maison de correction a été lancée par ce M. Baldwin, un employé de mon département, qui est mécontent parce que nous n'avons pas suffisamment reconnu ses capacités. Je comprends qu'il souhaite être nommé surintendant de l'École industrielle d'État, dans laquelle il est maintenant employé dans un poste subalterne. Il a obtenu le soutien du soutien sans doute sincère, mais visionnaire théoriciens de la Prisoner's Aid Society. Autant que je sache, il n'y a pas d'autres partisans de ce projet de loi. Je ne pourrais pas recommander une appropriation aussi importante de l'argent du peuple pour satisfaire l'ambition de M. Baldwin - ni pour plaire aux messieurs de la Prisoner's Aid Society. Société d'aide!"

Il avait à peine regagné sa place que le marteau de Burton tomba.

"Ajourné."

Baldwin faisait partie de ces inébranlables qui ne connaissent pas le sens du découragement. Et Benson était tellement en colère qu'il se jeta dans le combat avec une ardeur redoublée. A eux deux, ils m'ont emporté.

Nous avons recommencé par le bas, en essayant de faire parvenir une demande efficace aux législateurs auprès des électeurs. Je parcourus encore l'État, mais restai plus longtemps dans chaque endroit, jusqu'à ce que j'eusse formé un comité permanent. Le travail de cette année-là m'a convaincu que j'aurais pu gagner ma vie en tant qu'agent comptable ou en incitant les agriculteurs à acheter des paratonnerres.

Je me souviens particulièrement de New Lemberg, une ville endormie au bord de l'un des plus petits lacs. J'étais l'hôte du clergé épiscopalien et je séjournais au presbytère. Il m'a fallu trois jours pour le débarquer, et il a fini par céder par pur ennui. Il avait bien voulu me laisser venir parler à sa congrégation après la prière du matin, et il avait convoqué une conférence des ministres et des citoyens éminents dans son salon le dimanche après-midi. Mais lorsque je lui ai demandé de présider le comité départemental, il s'est retenu. Sa vie était déjà bien remplie par son travail paroissial, il aimait la campagne et les livres. Son passe-temps était de traduire Horace. Je lui demandais de renoncer à une partie de ces loisirs pour une cause qui ne lui avait jamais été proche. J'étais désolé pour lui, mais j'avais besoin qu'il donne le « ton », le cachet à la mode, au comité. Lundi après-midi, je l'avais harcelé toute la matinée, il m'a proposé de m'apprendre le golf. Une discussion générale de littérature nous conduisit jusqu'au troisième trou et il avait été content. Mais alors qu'il prenait le départ pour le prochain drive, j'ai recommencé à lui parler. Il tira horriblement son coup et s'assit dans un animal de compagnie. Je me souviens de ces liens comme du plus bel endroit de tout l'État. Il y avait des terres agricoles doucement vallonnées, des bois et des champs dans un riche brocart de brun et de vert, et en dessous de nous le lac. Ici et là, une brise intermittente rendait sa surface d'un bleu plus foncé.

"Je suis tellement occupé comme ça", plaida le recteur, "je ne peux pas assumer ça. Vraiment, vous savez, tout mon temps est déjà pris. Je ne sors pas comme ça plus d'une fois par semaine. Il faut bien, c'est vraiment trop m'en demander, je vieillis.

Ce fut son dernier sursaut de résistance. Je me suis accroché désespérément et en quelques minutes il a cédé. C'était une acquisition précieuse, personne n'a travaillé plus dur que lui dans aucun de nos comités. Mais d'une manière ou d'une autre , j'avais honte de ma conquête. Je suis sûr qu'il frémit chaque fois qu'il pense à moi. S'il me rencontrait dans la rue même maintenant, je m'attendrais à ce qu'il s'enfuie.

Après une solide année de travail – je gémis encore quand j'y pense – nous avions des comités dans presque toutes les circonscriptions de l'assemblée. Ils ont fait appel aux différents candidats et obtenu leurs promesses d'appuyer le projet de loi. Nous avons fait circuler d'immenses pétitions et envoyé de formidables listes de signatures aux candidats retenus. Nous avions également incité les clubs de femmes à agir. Les journaux ont fait de nombreux commentaires sur la « Pétition des Cent Mille Mères ». Lorsque la nouvelle législature s'est réunie, nous avions les signatures de plus des deux tiers des membres de l'Assemblée et une bonne majorité des sénateurs qui s'étaient engagés à voter pour la réforme.

Au lieu de cela, ils se sont concentrés sur les tâches routinières de leur métier et, juste avant de lever la séance, ils ont élu une commission mixte, composée de trois membres de chaque chambre, pour examiner la question.

Je suis tout à fait sûr, et après avoir beaucoup voyagé à travers l'État, j'étais en mesure de savoir que si nous avions pu organiser un référendum, quatre-vingts pour cent des voix auraient été en faveur de notre projet de loi. Quinze des vingt pour cent des votes hostiles proviendraient des quartiers les plus ignorants et les plus avilis des grandes villes. Je doute qu'une mesure ait jamais été soumise à la législature de l'État avec l'approbation plus certaine de l'électorat. La démocratie est un très bon sentiment du 4 juillet. Mais à cette époque, cela n'avait rien à voir avec la « politique pratique ».

La nouvelle commission n'a pas commencé ses travaux avant six mois. Comme les membres recevaient dix dollars par jour pour chaque séance, ils siégeaient une heure ou deux par jour pendant plusieurs semaines. Mais nous avons enfin eu l'occasion de présenter notre cause de manière approfondie et sérieuse. L'opposition au projet de loi reposait sur le témoignage d'une demi-douzaine de gardiens qui avaient été convoqués à la barre par le Département des prisons d'État. Ils n'avaient rien d'autre à offrir que des préjugés et de l'ignorance. Van Kirk, son esprit combatif réveillé par le camouflet qu'il avait reçu de la commission sénatoriale, a agi comme notre avocat et l'a fait avec compétence. Benson s'empare de la campagne de presse et les journaux regorgent de commentaires favorables. Je suis sûr que lorsqu'ils ont ajourné après avoir entendu nos arguments, tous les commissaires étaient convaincus de la sagesse de notre projet.

Mais nos adversaires étaient de meilleurs politiciens que nous. Nous laissons notre cause reposer sur des preuves. Je ne sais pas quels fils le Département des prisons d'État a tirés pendant les vacances. Mais lorsque la commission s'est réunie de nouveau, une sous-commission a présenté un projet de loi de remplacement, qui a été accepté sans discussion et recommandé à l'unanimité au corps législatif. C'était une parodie du projet de Baldwin. La limite d'âge a été relevée pour admettre les hommes de trente ans. Au lieu de s'adresser aux primo-délinquants, le nouveau projet de loi s'adresse aux personnes « reconnues coupables pour la première fois d'un crime » – ce qui ouvre la porte à une classe nombreuse devenue presque désespérément endurcie par une vie de petite délinquance. Le confinement cellulaire ordinaire a été remplacé par le plan initial des cottages. Ce n'était pas du tout la raison pour laquelle nous nous battions.

Dès que j'ai lu le nouveau projet de loi, je me suis adressé à la Société d'aide aux prisonniers et je l'ai supplié de le rejeter, de défendre le projet initial ou rien. Mais d'une part ils n'étaient pas suffisamment informés en la matière pour reconnaître la différence entre les deux projets de loi et d'autre part les quatre années d'activité inhabituelle les avaient surmenés. Ils voulaient se reposer. Depuis, ils se sont vantés de leur entreprise pour établir cette maison de correction mutilée.

J'y aurais renoncé par dégoût, sans loyauté personnelle envers Baldwin. Il estimait que la maison de correction, même dans son état émasculé, constituait une ouverture et qu'en tant que surintendant, il pourrait progressivement persuader le législateur de modifier la charte pour revenir à son projet initial. Il méritait certainement ce poste, l'institution n'aurait pas été créée sans ses efforts persistants. Norman et moi avons repris le combat pour faire pression sur le gouverneur afin qu'il nomme Baldwin. Nous n'avons reçu aucune aide de la Société d'aide aux prisonniers ; il s'était désespérément endormi. Quelques-uns de nos comités départementaux reprirent vie et firent circuler des pétitions. Mon recteur à New Lemberg était le plus actif. Je pense qu'il avait peur que je lui rende visite à nouveau. Mais le public en avait assez de cette question. Le gouverneur a nommé un ami politique.

J'ai démissionné de la Société d'Aide aux Prisonniers et j'ai repris mon travail dans les Tombeaux. J'avais l'impression d'avoir perdu quatre ans.

IV

Au début de cette campagne pour la maison de correction, notre vie paisible dans le tipi a été bouleversée par l'arrivée de Nina.

Norman et moi rentrions du bal annuel de l' Arbeiter . Verein des étudiants . Il était près d'une heure dimanche matin lorsque nous sommes entrés dans le Bowery. Au coin de Stanton Street, une fille nous a signalé.

"Bonjour les garçons. Vous n'êtes pas seuls ?"

Un arc de lumière crépitait et fulminait au-dessus de nous. Je n'oublierai jamais son regard dur sur son visage. C'était un visage du nord de l'Italie, qui ressemblait merveilleusement à une Madone Bellini. Mais dessus était peint un regard horrible. Surtout, elle paraissait trop jeune.

"N'as-tu pas peur que la Gerry Society t'attrape ?" » demanda Norman avec bonhomie.

Il y avait une tragédie élémentaire dans les paroles grossières avec lesquelles elle lui répondit. Mais dans un brusque changement d'humeur, aussi inattendu que son apparence, aussi déconcertant que son blasphème, elle lui jeta les bras autour du cou et l'embrassa.

L'expression d'horreur sur le visage de Norman se transforma lentement en une autre expression. Ce n'était pas totalement incompréhensible. Il y avait quelque chose d'exotique – quelque chose d'alarmant pour les nerfs trop civilisés – dans sa méchanceté juvénile. Baudelaire lui aurait trouvé une « *fleur de mal* ». Il lui aurait écrit des vers immortels. Norman était sévère avec lui-même sur de telles questions. Il s'était armé contre les appels habituels du vice. C'était la nouveauté de l'attaque qui traversait son armure. Il lui écarta les mains, la repoussa et la regarda, le visage tiré et rigide. Un véhicule aérien en direction sud est passé devant nous en rugissant. Avec une profonde inspiration, il se tourna vers moi.

"J'ai à moitié envie de la ramener à la maison."

"Ce serait un grand plaisir pour elle", dis-je, "comparé à la façon dont elle passerait la nuit si vous ne le faites pas. Je suppose que c'est vous ou un marin ivre."

"Veux-tu rentrer à la maison avec moi ?" » demanda-t-il avec une résolution soudaine.

"Bien sûr. Tu n'as pas l'air d'un radin."

donc commencé à longer le Bowery, bras dessus bras dessous. Au début , nous étions tous silencieux. Mais, occupée à amuser ses clients, elle releva brusquement les pieds du sol et, pendue à nos coudes, balançait en l'air devant nous ses petites pantoufles rouges souillées.

"Eh bien!" dit-elle, quand nous eûmes retrouvé l'équilibre, " Vous êtes solennels, les gars."

"Tu es conforme aux meilleures traditions de la philosophie, gamin", a admis Norman. "Il n'y a aucune vertu à pécher tristement. Autant en rire."

Le reste de notre progression vers la maison a été une bousculade bruyante. Un cauchemar hideux pour moi – parmi les vagues impressions dont je me souviens très clairement du sourire complaisant du policier sur le terrain ; qui faisait tournoyer son bâton à notre passage.

Guiseppe fut stupéfait de cet ajout à notre numéro. Norman lui dit sèchement de mettre un troisième couvert pour notre souper.

Une fois assise à table, Nina – dont nous avons découvert qu'elle s'appelait – n'a rien laissé gêner les affaires en cours. Norman mangeait peu. Je n'avais pas d'appétit. Elle a donc fait son devoir envers nous tous. Norman a fait quelques remarques à propos du bal, mais il la regardait toujours. Je ne répondais pas et la conversation s'est arrêtée.

Lorsque Nina eut cédé la place à la dernière chose comestible, les vannes s'ouvrirent et elle commença à parler et à jouer. Elle avait une immense vivacité animale, qui tenait non seulement sa langue, mais tout son corps en action. Elle était pleine d'un esprit d'amusement totalement étranger à nous deux. Nous étions des hommes plutôt sérieux et sombres . Son amour des chahuts était une nouveauté.

Il est difficile de caractériser son discours. Une grande partie était totalement impossible à imprimer. Il y avait des mots, des mots, des mots ! Mais d'une manière ou d'une autre , elle semblait innocente de tout cela, totalement ignorante d'une meilleure manière de converser, d'une meilleure forme de vie. Elle a énormément grandi dans mon estime pendant ces quelques minutes. J'ai rarement écouté un langage plus dépravé et pourtant une sorte de vertu intrinsèque – la lumière d' une jeunesse insouvable – transparaissait.

Je les ai quittés le plus tôt possible et je suis allé dans ma chambre. Je croisai Guiseppe dans le hall, il marmonnait d'étranges jurons : « *Dios* » — « *Corpo de Bacco* » — « *Sapristi* » — « *Nom de nom* ». J'ai silencieusement fait écho à ses grossièretés multilingues. Mes passions n'avaient pas été attisées et, en regardant la situation avec sang-froid, je ne pouvais que désapprouver. Norman m'a suivi dans ma chambre. La conversation n'a pas commencé facilement. Mais quand enfin j'ai retiré ma pipe de ma bouche, il m'a coupé la parole.

"Oh, ne le dis pas. A quoi ça sert ? Je le dis moi-même. J'aimerais avoir de longues oreilles pour agiter, pour pouvoir braire. Il n'y a qu'une seule chose à discuter. Ces fouilles sont autant les vôtres que les miennes. Je l'emmènerai dans un hôtel, si tu préfères.

"Ici ou ailleurs. Quelle différence le lieu fait-il ?" J'ai grogné. "Je n'ai aucun intérêt géographique dans cette affaire."

Il enfonça les mains au fond de ses poches, fit les cent pas pendant une minute, puis se retourna avec un brusque « bonne nuit » et sortit. Ce fut une nuit difficile pour moi. La force brutale de l'attraction sexuelle n'avait jamais semblé aussi maligne auparavant. Le fait que j'avais commencé à voir quelque chose d'adorable chez Nina n'avait fait qu'empirer les choses.

Je me suis levé tôt et, bien que nous soyons dimanche et que je n'avais pas de travail à la cour, j'ai déjeuné en toute hâte, espérant sortir avant leur comparution. Mais Norman m'a rattrapé au moment où je partais.

"Viens ici", dit-il, les doigts sur les lèvres.

Il m'a conduit sur la pointe des pieds dans le couloir. Par sa porte ouverte, je pouvais la voir dormir. La touffe de ses cheveux noirs et son bras blanc apparaissaient au-dessus du drap. Il y avait une vilaine ecchymose à moitié cicatrisée près du coude. Le regard peint avait été lavé de son visage. Un sourire allait et venait – vacillait – sur ses lèvres, un merveilleux sourire de bonheur paisible.

"Suis-je complètement fou ?" Norman murmura férocement, "ou est-elle belle ?"

Nous sommes retournés à la bibliothèque sur la pointe des pieds.

"Peux-tu garder un œil sur elle pendant un moment ?" il a dit. — Il a fallu que Guiseppe jette ses vêtements, ils étaient trop sales. Il faut que je lui en procure de nouveaux. Cela ne me prendra pas longtemps.

Mais il s'est arrêté à la porte et est revenu.

"C'est la façon dont elle sourit dans son sommeil, Arnold, qui m'attire." Il hésita un moment, essayant de trouver les mots qui correspondraient à sa pensée. Lui, qui était habituellement si désinvolte, devait chercher maintenant. "Vous savez, on dit que les rêves ne sont qu'un remaniement d'expériences éveillées. Mais... eh bien, ce n'est pas le genre de sourire qu'on attend d'elle. Mon Dieu ! J'aimerais savoir de quoi elle rêve ! " me donne presque l'impression d'être religieux. Cela me rappelle « Intimations of Immortality ! » »

Puis il a renoncé à le dire et s'est précipité dehors pour acheter les vêtements. J'ai disposé mes cahiers et j'ai essayé de travailler. Une demi-heure plus tard, elle apparut sur le seuil, les yeux endormis, vêtue d'un pyjama de Norman.

"Où est-il allé ?" elle bâilla.

"Il a dû sortir quelques minutes." Je ne lui ai pas dit pourquoi, car je pensais qu'il aimerait peut-être la surprendre avec sa nouvelle tenue. "Il va bientôt revenir. Si vous sonnez, Guiseppe vous apportera un petit-déjeuner."

"Où est la cloche ?" » demanda-t-elle en regardant la table.

"C'est sur le mur. Appuyez sur le bouton."

"Oh, c'est une porte, be-eell." Cela s'est terminé par un bâillement.

"Si vous vous lavez le visage, vous pourriez vous réveiller suffisamment pour avoir faim."

"Oh ! Va en enfer."

Elle m'a fait un pied de nez et est partie. Elle avait visiblement complètement oublié le rêve qui avait fait sourire ses lèvres et troublé Norman. Quand

Guiseppe apporta son petit déjeuner, elle revint s'asseoir. Elle ne m'a pas salué et moi, ne pensant à rien d'intéressant à dire, j'ai continué à écrire. Quand il n'y eut plus rien à manger , elle se mit à causer avec Guiseppe en italien rapide. Au bout d'un moment, il s'est tourné vers moi.

"C'est très triste, M. Arnold. Elle vient du même district de Lombardie où je suis né."

Mes nerfs étaient à vif. J'ai grogné en disant que je ne voyais pas en quoi cela rendait les choses plus tristes. Il fut surpris de mon ton et fut, je crois, sur le point de me rappeler que c'était aussi dans le même quartier qu'était né le Grand Libérateur. Mais il se ravisa et partit à la cuisine en colère.

Nina errait dans la pièce, examinant le bric-à-brac avec ce qui me paraissait un intérêt stupide. Son inspection terminée, elle se servit d'une cigarette et s'assit en tailleur sur le divan. Du coin de l'œil, je pouvais voir qu'elle étudiait minutieusement son pyjama. Elle caressait doucement le tissu doux, là où il était serré autour du genou. Les pompons sur le cordon de ceinture retinrent son attention pendant plusieurs minutes.

"Dis," s'écria-t-elle soudainement. "Le vieil homme dit qu'il a brûlé mes vêtements. Est-ce un mensonge ?"

"Non. Ils sont brûlés. Votre ami pensait qu'ils étaient trop sales pour être portés."

"Quel genre de jeu est-ce ?" » demanda-t-elle après avoir soufflé un nuage de fumée. "Ce costume ici est très bien, c'est de la vraie soie, je suppose. Mais... disons... je n'aime pas les vêtements de salon. Vous voyez ? Je ne supporterai pas..."

Je l'interrompis, voyant immédiatement ce qu'elle avait en tête. Les « vêtements de salon » sont un vieux procédé : ils ont sans doute été inventés par un amateur de l'ancienne Ninive. Les propriétaires de « maisons en désordre » maintiennent souvent leurs filles en esclavage en leur privant de tous vêtements décents. Le costume de « salon » est celui dans lequel aucune femme n'oserait sortir dans la rue. Ce sont des moyens plus efficaces que les chaînes pour protéger les esclaves. J'ai essayé de rassurer Nina en lui expliquant pourquoi Norman était sorti.

"Honnête?" elle a demandé. "Il me laissera partir ? Je provoquerais l'enfer - plutôt que d'être dans une maison. C'est mon trottoir - à chaque fois. Il ferait mieux de ne pas essayer de jeux fantaisistes avec moi. Je provoquerais certainement l'enfer !"

"Attendez et voyez", dis-je. "Il est sur la place."

J'ai recommencé à écrire, elle a allumé une autre cigarette et a fumé un moment en silence. Mais bientôt elle s'approcha et s'assit sur la table.

"Dis. Il me donnera de l'argent, en plus des vêtements, n'est-ce pas ?"

"Tu devras arranger ça avec lui."

"Je dois avoir deux dollars avant dix heures."

« Ne préféreriez-vous pas avoir de bons vêtements plutôt que deux dollars ?

"Non. De l'argent réel."

Je me suis penché en arrière sur ma chaise et je l'ai regardée. Enfin, j'osai ce que j'avais en tête.

"Je suppose que les vêtements pour femmes ne conviendraient pas à votre homme. Mais des cravates rouges ne lui plairaient-elles pas aussi bien que de l'argent ?"

"Dis" - ses yeux se plissèrent d'un air menaçant - "Tu es un gars intelligent, n'est-ce pas ? Tu penses que tu sais tout ?"

"Eh bien," dis-je, "j'en connais."

J'ai relevé le rabat de mon manteau et lui ai montré l'insigne d'un détective du comté. Elle siffla de surprise, mais ne parut pas consternée. En fait , elle est devenue soudainement amicale. Tout dans ses expériences récentes, le bain, l'attitude de Norman à son égard, les repas, les chambres, avaient été étranges et déroutants. Mais un policier ! Cela faisait partie du cercle des familiers. Elle en connaissait des dizaines.

"Eh bien ! Je n'aurais jamais pensé que tu étais flic. Un homme en civil ?"

J'ai hoché la tête et je lui ai ensuite demandé.

"Pour qui vous battez-vous?"

Pendant un instant, elle sembla réfléchir à l'opportunité de répondre. Mais à quoi bon essayer de cacher des choses à un « flic » ? Ce que je ne savais pas, je pourrais facilement le découvrir. *Le nom de guerre* de son cadet était « Blackie ». Elle parlait de lui sans enthousiasme, sans répulsion marquée — un peu comme on parle des désagréments inévitables de la vie, comme le mauvais air du métro ou le système de pourboires. En quelques questions, j'ai compris son histoire, très différente de celle qu'elle avait racontée à Norman.

Depuis qu'ils étaient arrivés en Amérique, sa mère gagnait sa vie, pour elle et sa fille, grâce à un petit commerce de fruits et en louant des chambres derrière le magasin à des pensionnaires. L'un de ces hommes avait séduit Nina en lui promettant de l'emmener au spectacle de marionnettes. Cela s'était produit — « Oh, il y a très longtemps » — à une date trop lointaine pour qu'on puisse s'en souvenir avec certitude. Elle parlait de cet homme avec une amertume grossière. Ce n'était pas à cause du mal qu'il lui avait fait, mais parce qu'il ne l'avait pas emmenée au spectacle. "Les hommes nous trompent toujours", dit-elle. " Peu importe à quel point tu es rusé, ils t'ont devancé." Elle n'avait chargé sa mémoire d'aucun récit précis de ses amours d'enfant. Ils n'avaient eu aucun plaisir : pour un cornet de glace, quelques sous, l'occasion d'aller à un spectacle. Elle était une passionnée du drame de Bowery. "From Rags to Riches" était son préféré. "Ça," dit-elle, "c'était quelque chose de grandiose !"

La première personne à avoir failli lui faire l'amour était ce cadet "Blackie". Elle avait quitté sa mère, sans aucun regret, pour vivre avec lui. Cela aussi avait été « quelque chose de grandiose » – au début. D'aussi loin qu'elle se souvienne, il s'est écoulé environ un mois avant qu'il ne la conduise dans la rue pour « se bousculer » pour lui. Était-il gentil avec elle, ai-je demandé. Elle haussa les épaules. N'était-il pas un homme ? Puis elle a montré son premier enthousiasme. Il avait une grande « attirance », il était un ami du « vieil homme de la quatorzième rue ». Elle a rendu à "Blackie" cet hommage sincère, les flics ne l'ont jamais dérangée. Mais il avait du caractère. "C'est vraiment l'enfer quand il est en colère." Elle a retroussé la manche de son pyjama et m'a montré le bleu sur son bras. Cela avait été un coup de pied. Pourquoi? Elle avait oublié.

Puis Benson entra, les bras chargés de paquets. Je ne suppose pas qu'il ait dépensé plus de quinze dollars : les choses sont bon marché dans ce quartier. Mais c'était un assortiment imposant. Je n'aurais pas pu acheter un trousseau aussi complet sans des instructions écrites minutieuses.

Nina oublia ses ennuis en un instant, ils ne la troublèrent jamais longtemps. Elle a mis les paquets en morceaux et a dispersé les vêtements partout. Guiseppe est venu faire une commission, mais un seul aperçu de ces frivolités féminines, éparpillées dans nos célibataires autrefois calmes, l'a achevé. Avec un serment garibaldien sauvage, il se précipita vers sa cuisine.

Ce n'était pas dans la nature de Nina de laisser quoi que ce soit s'interposer entre elle et son désir immédiat. Les choses, une fois vues, devaient être essayées.

"Viens, viens," protesta Norman. "Tu ferais mieux de t'habiller dans l'autre pièce."

Nina parut surprise de ses scrupules, mais, rassemblant les vêtements, elle le suivit docilement dans le couloir. Des cris de joie sont passés par la porte ouverte et ont frappé mes oreilles – de manière pénible. Il me semblait entendre les os d'une horrible *danse maccabre* , cliquetant derrière sa gaieté. Mais comme pour chasser ma tristesse, elle se précipita bientôt dans la pièce, complètement bottée et stimulée. Elle était très jolie. Et comme elle a ri ! Elle ressemblait à une sorte de bacchante insouciante et très jeune, fille de quelque déesse de la gaieté. Elle sauta sur la table et, imitant un artiste de music-hall, dansa un léger mélange de fandango et de cancan. Et tout en dansant, elle chantait – une chanson de bar ridicule. Mais ces mots ne signifiaient rien pour elle, elle cherchait simplement un exutoire à ses sentiments élevés, exprimant sa joie enfantine face à ses nouvelles possessions.

La cloche de notre église voisine commença à sonner l'heure. Nina abaissa le pied qui était en l'air et, dans une attitude tendue, écouta.

"Eh bien!" dit-elle en sautant à terre. "Il est dix heures."

Pendant un moment, elle resta indécise, puis son visage se durcissant, elle se dirigea vers Norman.

" Donne-moi deux dollars."

Cette demande soudaine le frappa comme un coup dur.

"Tu ne restes pas déjeuner avec nous ?" » demanda-t-il boiteusement.

"Non. Je dois y aller, maintenant ! Je veux deux dollars."

Un tel marchandage m'est insupportable, je me suis enfui dans ma chambre. Quelques minutes plus tard, Norman est venu à ma porte.

« Que puis-je faire à ce sujet, Arnold ?

" Oh, payez-lui son salaire et laissez-la partir, " dis-je, " qu'y a-t-il d'autre à faire ? "

"Mon Dieu", jura-t-il et entra dans ma chambre. Son visage était blanc, sa lèvre saignait un peu à l'endroit où il l'avait mordue. " D'une manière ou d'une autre, je ne peux pas ! Quelles créatures pourries nous sommes tous ! Bien sûr, je sais tout cela – mais nous devons y toucher – pour nous en rendre compte... Pourquoi l'ai-je laissée entrer dans ma vie ? " Je ne peux pas la renvoyer là-bas. Elle est vraiment une enfant. Et – Bon Dieu ! – ces maudits marins ivres de Bowery !

"Ecoute, Norman, tu ne fais qu'empirer les choses pour elle. Elle se fera tabasser si elle n'a pas l'argent à donner à son cadet. Il est..."

"Cadet?" Norman m'a interrompu, comme s'il n'avait jamais entendu ce mot auparavant. Il s'est jeté sur mon lit. Je ne l'avais jamais vu aussi ému.

"N'y a-t-il aucun moyen de s'en sortir ?" il gémit.

Je déteste plaider le désespoir absolu, mais je ne voyais aucune issue. J'ai donc essayé de parler raisonnablement.

" Ne le prenez pas si mal. Elle est née pour ça. Ce n'est pas aussi grave pour elle que vous le pensez. C'est tout ce qu'elle sait. Elle ne méprise pas ce petit cadet, elle se bat pour... la façon dont nous C'est son homme, le pivot de son existence. Et je lui ai raconté ce qu'elle avait dit à propos de Blackie. "Il ne la bat pas aussi souvent qu'il le pourrait. Elle se sent plutôt chanceuse, car il n'est pas pire. Il n'y a pas d'issue. On appelle cela le métier le plus ancien. Ses moments difficiles n'ont pas encore commencé, elle est jeune. Elle vit sur la graisse de la seule terre qu'elle ait jamais connue. Ce n'est pas exactement un lit de roses, mais elle n'en a jamais connu de plus doux .

"Tu es un sophiste !" cria-t-il en se levant d'un bond. "Des mensonges. Foutus mensonges ! Elle a connu quelque chose de mieux. Mon Dieu, tu devrais la voir sourire quand elle dort ! Je ne peux pas arrêter la prostitution, mais je peux la garder à l'écart du pire. Elle est trop jeune pour ces tanières de Bowery. . Je ne la laisserai pas retourner chez ce foutu proxénète."

"Allez doucement", dis-je. " Qu'avez-vous à offrir en échange pour ce cadet ? Je vous le dis, il est le facteur important de sa vie. Êtes-vous prêt à prendre le temps et la peine de le remplacer ? L'argent n'y arrivera pas. Elle le peut. " Ne comptez pas plus de cinquante. Comment allez-vous l'amuser ? Elle est habituée à l'agitation, à la vie de la rue, au bourdonnement du Bowery. Vous allez lui offrir une cage dorée, une cellule capitonnée. Ça ne marchera pas. Et Supposons que vous réussissiez à lui donner le goût d'une vie plus belle, et alors ? Une fois que vous en aurez fini, elle ne trouvera que l'ancienne vie plus difficile. Que va-t-elle devenir quand vous serez fatigué ?

"Vous êtes l'avocat du diable", dit-il avec véhémence.

"Peut-être. Mais êtes-vous un Dieu ? Il faudrait tout le temps d'un Dieu pour aider – pour vraiment aider – la dame."

"Nous verrons ce qu'un homme peut faire", dit-il en sortant en trombe vers la bibliothèque. Quelques minutes plus tard, il m'a appelé.

"Cela me dépasse", a-t-il déclaré. "Cela ressemble à de la frayeur. Elle semble m'apprécier, moi et cet endroit. Je pense qu'elle resterait si elle n'avait pas peur de son ancienne bande. Voyez si vous pouvez la rassurer."

"Nina", ai-je demandé, "es-tu amoureuse de Blackie ?"

Elle ne semblait pas être sûre de ce que signifiait ce terme.

"Il n'est pas si mauvais."

"Eh bien, s'il était mort", réessayai-je, "resteriez-vous ici avec M. Benson ?"

"Bien sûr," dit-elle. "Bien sûr!"

"Tu as peur de Blackie ?"

Elle acquiesça.

"Eh bien. Rassure-toi. Il ne peut pas te faire de mal ici."

"Il me ferait pincer", insista-t-elle avec obstination. "Il a de l'influence auprès des flics. Il me ferait certainement envoyer sur l'île si j'essayais de le secouer."

"Regardez ici," - j'ai encore une fois montré mon insigne - "Il est doré. Cela signifie que je suis pareil en tant que capitaine. J'ai dix fois plus d'attrait que Blackie. S'il devient gay, je l'enfermerai. Je vais mettre un pistolet dans sa poche et l'envoyer remonter la rivière chercher des armes dissimulées. Vous n'avez pas besoin d'avoir peur de lui.

"Eh bien," dit-elle, "J'aimerais rester. Mais il m'aurait certainement. C'est un mauvais gars."

"Il sera mort", dis-je. "S'il commence quelque chose avec un de mes amis."

J'ai parlé encore quelques minutes, mais ce n'est que lorsque je lui ai montré une paire de menottes, que je gardais dans ma chambre par curiosité, qu'elle a vraiment cru qu'elle était en sécurité et qu'elle a recommencé à sourire.

Après avoir fondé la famille, j'ai trouvé une excuse pour sortir. Je suis rentré tard dans la nuit et j'ai trouvé Benson assis seul devant le feu.

"Elle dort", dit-il.

"J'ai dû être très excité," répondis-je, "pour avoir sommeil à cette heure."

Après avoir passé toute la journée dehors, à marcher en plein air, mon cerveau s'était un peu éclairci. La chose avait perdu ses proportions déformées, était devenue nette. Je ne comprenais pas pourquoi cette affaire me paraissait si importante. De telles choses, je le savais très bien, se produisaient de toutes parts, à tout moment. J'étais désolé pour Norman. Il prendrait cela au sérieux et cela, à mon avis, signifiait des jours de stress et de tristesse. Mon travail dans les Tombeaux m'avait fait prendre conscience, plus sûrement que lui, des immenses chances qu'il avait de ne pas aider la jeune fille. Que d'efforts vains j'avais fait d'abord pour prêter main-forte à quelques-unes de ces malheureuses ! J'y avais renoncé dans la défaite. Pour elle, même si les puissances des ténèbres la retenaient enfin, cela signifierait au moins une petite oasis de confort et de considération dans la vie aride du désert que les dieux lui avaient tracée.

"Il y a une chose que je dois dire pour le bien de mon âme", a déclaré Norman. "C'est une tâche difficile que d'analyser nos motivations. Je suis sûr que je veux la sauver, si je peux, du statut de prostituée publique. Mais il est également vrai que je la veux pour moi. Je méprise certainement ce cadet, Blackie. - mais il est également vrai que je suis soudainement devenu tout à fait ordinaire, humainement jaloux de lui. Je ne veux pas prétendre que je suis entièrement occupé à essayer de ressembler à Dieu.

"Eh bien, je suppose que je suis cynique", dis-je. "Mais je n'attends aucune réforme merveilleuse – de la part d'aucun de vous. Seulement, ne soyez pas injuste envers elle – n'attendez pas trop d'elle. "

C'est ainsi que Nina est devenue un membre accepté de notre foyer.

V

Norman s'est certainement sérieusement mis au travail pour occuper la place dans la vie de Nina précédemment occupée par Blackie.

Quelques soirs plus tard, je les rejoignis au milieu de la représentation à Koster et Bials . Nina détourna le regard de la scène juste le temps de dire « Bonjour ». Elle était vibrante d'excitation. Norman et moi, assis dans la loge, étions bien plus intéressés par elle que par les banalités de la scène. Nous étions tous deux assez mal à l'aise dans un endroit aussi insensé et léger.

"Cette expérience", a-t-il dit et j'ai cru percevoir un ton d'excuse dans sa voix, "me permet de mieux comprendre la vie des pauvres. Bien sûr, ils n'apprécieraient pas que je dise que Nina m'a aidé à les comprendre. Les pauvres sont les pires de tous les snobs. Nous, les « réformateurs », croyons beaucoup plus à la classe ouvrière qu'à eux-mêmes. Il est difficile de les atteindre, nous ne rencontrons que ceux qui savent parler et la plupart d'entre eux sont muets. Les gars de mon Studenten Verein aspirent à l'éducation. Ils nous envient ceux qui nous l'ont imposée - et, bien sûr, posent devant nous. Vous ne pouvez pas vraiment toucher les gens qui vous envient.

"Mais Nina n'a jamais étudié, lit à peine, je ne veux pas. Ce genre de choses est son *summum bonum* . Je n'ai rien trouvé qui la rende plus heureuse que de mettre des vêtements de soirée et de l'emmener à une soirée flashy- restaurant de la ville. Et elle ne peut s'empêcher de parler. Elle n'a aucune gêne, aucune pose. Ce qu'elle dit est la réalité. C'est la sagesse des immeubles qu'elle babille – la vénérable philosophie des pauvres. J'apprends beaucoup d'elle."

"Tu n'as pas besoin de m'excuser", dis-je.

"Je ne m'excusais pas", a-t-il rétorqué. "Pourquoi devrais-je ?"

"J'ai dit que ce n'était pas nécessaire."

"Mais vous vouliez dire que je devrais le faire - pas auprès de vous, mais auprès de quelqu'un. À qui ? À Dieu ? À Mme Grundy ? Non - pourquoi devrais-je m'excuser ?" - Il rejeta son bras en arrière pour que sa main repose sur mon épaule. , notre grand amour l'un pour l'autre n'a jamais été aussi proche de l'expression d'une caresse : « Je sais que tu n'approuves pas,

Arnold. Mais après tout, à qui est-ce que je fais du mal ? Toi et moi avons mené une sorte de relation assez maussade. une vie...."

"Vous l'avez fait," l'interrompis-je. "Je ne suis pas en position de jeter des pierres à mon propre bien-pensant."

"Oh," dit-il. "C'est ce que tu voulais dire quand tu as dit que je n'avais pas besoin de m'excuser auprès de toi."

"Je suppose."

"Eh bien, à qui alors ? Dis-moi ", a-t-il poursuivi comme je ne répondais pas immédiatement. "Je suis vraiment content d'avoir l'avis d'un spectateur désintéressé. Cela aide toujours. Dites-moi."

"Bon Dieu", ai-je répondu à son défi, "je ne suis pas un oracle, ni une voix omnisciente de la conscience. Mais il me semble que des excuses arrivent à Nina."

« Nina ? » dit-il surpris.

"Oui. Tu ne vois pas ce qui se passe ? Elle tombe amoureuse de toi. La vraie chose. Elle n'a jamais vu quelqu'un comme toi auparavant. Tu es comme le héros blanc et brillant du mélodrame de Bowery, qui sauve l'héroïne en détresse au dernière minute - et *l'épouse* . Bien sûr , vous et moi savons que les jeunes millionnaires aux voix de ténor n'épousent pas les demoiselles en détresse. Mais rappelez-vous du genre de drogue dont son esprit est rempli. La marche nuptiale commence toujours, juste avant le le rideau tombe."

Les comédiens burlesques avaient fini leur tour, les lumières s'allumèrent et pour la première fois je remarquai la robe resplendissante de Nina. C'était vraiment une belle robe. Si ses cheveux avaient été coiffés avec un peu plus d'habileté et si Norman n'avait pas opposé toute son autorité à un excès de poudre et de peinture , elle aurait ressemblé à une dame des quartiers chics, des Holland Houses ou des Rector's, comme celles qui montent dans les rues. La Cinquième Avenue à un bal ou comme ceux qui se rendent à Broadway et se pavanent dans les halls des théâtres pour attirer l'attention d'un gentleman venant de l'extérieur de la ville.

Je l'ai complimentée sur son apparence et, ravie comme une enfant, elle m'a raconté comment ils avaient acheté la robe cet après-midi-là dans une brocante de la Sixième Avenue. L'expérience la plus glorieuse de sa vie, avant sa rencontre avec Norman, fut une brève rencontre avec la femme qui jouait la « méchante dame » chez « Miner's ». Ils habitaient depuis un certain temps déjà des chambres dans la même maison. Et cette tragédienne avait confié à Nina où elle achetait ses vêtements de seconde main. Norman en smoking et Nina en tailleur avaient attiré beaucoup d'attention, il avait donc décidé qu'elle devait avoir une tenue plus adaptée pour une tenue de soirée. Elle avait ouvert la voie. Et elle me raconta avec beaucoup d'animation – et de fréquents grossièretés – les discussions longues et compliquées qui avaient précédé l'achat final. La vendeuse avait demandé 27,50 $ et Nina avait demandé 17,50 $. À un moment donné de la dispute, la femme avait pris Nina à part et l'avait traitée de petite idiote.

"'Il est riche, me dit-elle. Il paiera. Tu n'en sais pas assez pour le coller. Je vais lui faire tomber cinquante cents, tu dis d'accord. Il le paiera. Et demain tu viens tour et je vous donnerai trois dollars. Maintenant, qu'en pensez-vous ? Dites ... Savez-vous ce que j'ai fait ?"

Je ne pouvais pas deviner.

"Je lui ai craché dessus. J'ai dit 'Tu...'" (Parmi les autres épithètes figuraient "les yeux louches" et "le nez crochu".)

"Eh bien, combien as-tu payé au final ?" J'ai demandé.

"Je pense", dit Norman, "elle aurait pu l'avoir pour les dix-sept ans..."

"Bien sûr, je pourrais," l'interrompit Nina. "Mais il était pressé et en a donné vingt au... voleur. Il..."

Les lumières se sont éteintes, le rideau s'est levé et une femme, à qui je n'aurais pas cru qu'elle serait gentille avec ses propres enfants, a amené une troupe de chiens pitoyables. Nina se retourna pour regarder la scène.

" Ainsi vous pensez, " Norman revint au premier sujet, " que je devrais l'épouser ? "

"Bien sûr que non."

"Si vous avez des raisons pour lesquelles je ne devrais pas le faire, qui ne relèvent pas du pur snobisme, j'aimerais les entendre."

"Bon Dieu," dis-je. "Tu n'y penses pas sérieusement, n'est-ce pas ?"

"C'est à peine. Mais l'idée m'est venue. Pourquoi cela vous effraie-t-il autant ?"

C'est étrange quelles créatures illogiques nous sommes ! Jusqu'à ce moment-là, j'avais eu pitié de Nina. Chaque jour, je l'aimais davantage. Et je vis avec un pincement au cœur grandir en elle l'admiration étonnée et hébétée pour son nouveau maître. L'amour est l'une des passions les plus primitives de la race. Il est probable qu'elle soit plus forte – plus grandiose ou plus dévastatrice – chez les peuples primitifs que chez ceux d'entre nous qui ont été civilisés loin du type parental. Je savais que Nina tombait amoureuse de Norman comme aucune femme de notre classe ne le pourrait jamais. Il l'avait emmenée dans un pays de fées et elle ne pouvait s'empêcher, je le sentais, d'attendre le dénouement féerique.

Mais l'allusion à la possibilité qu'il joue réellement le rôle du prince des fées m'a complètement bouleversé. Nina est devenue une quantité négligeable. Je ne m'inquiétais que pour lui. Il est inutile de répéter les arguments contre un tel mariage qui m'ont inondé. Cela viendra à l'esprit de n'importe qui. Mais s'y opposer – je connaissais trop bien Norman –, essayer.

"Peut-être que ce serait la meilleure solution au problème... pour elle."

"Et pour moi?" il a insisté.

"Eh bien. Vous êtes mieux placé que moi pour en décider."

Il rit, se pencha en avant et lui pinça l'oreille. Soudain, elle oublia la scène et, se levant, au mépris de tous les observateurs, elle revint et l'embrassa.

"Nina", ai-je demandé, "si je te pinçais l'oreille, m'embrasserais-tu ?"

"Non," dit-elle d'une manière convaincante. "Je te giflerais."

"Il n'y a qu'une chose que je sais à ce sujet, Arnold," dit-il lorsqu'elle fut retournée à sa place. "Cela me redonne vie. Je ne pense pas avoir vraiment ri depuis des mois. J'avais oublié qu'il existait une chose telle que l'amusement dans le monde. Je n'ai jamais été très fort en jeu. D'une chose , je suis sûr . Cela me donne un nouvel aperçu – un nouveau point de vue – sur beaucoup de choses. Dieu seul sait comment cela va se passer.

VI

Je ne peux que deviner comment cela se serait passé si Nina n'était pas tombée parmi des voleurs. Le mystère le plus insoluble de la vie est la manière dont les valeurs humaines les plus élevées naissent parfois des torts les plus grossiers et les plus brutaux.

Même si j'avais parlé à Nina de Blackie sur un ton désinvolte, je savais qu'il pourrait causer des ennuis. J'en avais parlé sérieusement à Norman, lui conseillant d'éviter autant que possible, et surtout la nuit tombée, les quartiers de la ville où la bande de Blackie risquait d'être rencontrée. Et ensemble, nous avions fait comprendre à Nina et à Guiseppe qu'elle ne devait jamais sortir seule. Mais comme nous étions restés sans nouvelles de lui pendant un certain temps, nous avons tous commencé à nous inquiéter moins.

Nina était avec nous depuis environ trois semaines lorsque la tempête a éclaté. Je suis rentré de mon travail vers cinq heures de l'après-midi et j'ai trouvé le chaos. La tête de Guiseppe était enveloppée d'un bandage sanglant, Nina sanglotait sauvagement sur le divan.

Il m'a fallu quelques minutes avant de pouvoir obtenir une explication pertinente de leur part. Après le déjeuner, ils étaient sortis payer la note du boucher. Nina, venue de « son quartier » avait conquis le cœur de Giuseppe et il lui a permis le plaisir de jouer au foyer. Cela lui plaisait surtout de payer les factures, alors elle transportait l'argent – environ trente dollars. Au coin de la Deuxième Avenue et de la Première Rue, ils avaient été encerclés par la bande de Blackie. Guiseppe s'était battu comme un vrai garibaldien jusqu'à ce qu'on lui ouvre la tête avec un couteau et qu'il soit jeté à terre par les jeunes durs. Aussi vite qu'ils étaient arrivés, ils s'enfuirent. Lorsqu'il se releva, Nina n'était plus visible. Il avait demandé l'aide d'un policier, mais on s'était moqué de lui. Puis il était arrivé au Tipi, ne trouvant ni Benson ni moi, il s'était bandé la tête et, ralliant quelques camarades garibaldiens, s'était mis à la recherche. C'est vers trois heures. Un peu après quatre heures, ils l'avaient trouvée en train de sangloter désespérément derrière un cendrier, dans une ruelle. Il avait eu du mal à la convaincre de revenir. Elle avait peur de la colère de Blackie, mais surtout de la colère de Norman à cause de l'argent.

Son histoire est sortie de manière brisée entre des périodes de pleurs. Lors de la première attaque, Blackie et un autre cadet l'avaient poussée au coin de la rue et monté quelques escaliers jusqu'à une chambre louée. Là, ils lui ont pris l'argent et l'ont battue à loisir. Les trois qui avaient malmené Guiseppe arrivèrent bientôt et lui donnèrent encore des coups de pied. Il n'y avait rien d'inhabituel à cela : c'est la coutume bien établie selon laquelle les cadets maintiennent leurs filles en esclavage. Je doute qu'il se passe un jour dans notre grande métropole sans que la même scène ne se reproduise. Ils l'auraient probablement battue plus encore, si l'aubaine de l'argent ne les avait pas tentés vers d'autres plaisirs. L'un après l'autre, les cinq hommes jurèrent, en soulignant leurs paroles par des coups, que si jamais elle renversait encore Blackie, ils la tueraient. Leur conseil d'adieu était que si elle n'avait pas gagné cinq dollars à dix heures le lendemain matin, elle pouvait s'attendre à une nouvelle raclée.

De telles histoires m'étaient parvenues auparavant, ce sont des lieux communs des tribunaux de police. Mais comme Norman l'avait dit le premier matin, de telles choses doivent arriver à quelqu'un près de nous, avant que nous nous en rendions compte. J'ai retiré les menottes de mon bureau, j'ai mis des cartouches neuves dans mon revolver. Je ne m'étais jamais lancé à la poursuite d'un homme dans un pareil état d'esprit…

Quand je repense au travail de cette soirée, les tombeaux et nos prisons et toute l'horreur amère de notre système pénal ne sont plus inexplicables. Ce n'est qu'une colère cristallisée. La chaise électrique n'est qu'un symbole formel de haine collective. Je ne suis pas du tout fier de cette chasse à l'homme. Un de mes amis avait été blessé. « Un de mes amis » — combien de lois de l'homme et de la nature ont été violées avec cette préface ! Les chefs politiques s'occupent de leurs « amis ». Des lois plus corrompues ont été adoptées à cause de « l'amitié » que pour des pots-de-vin. Bien. Un de mes amis avait été touché. Tout ce par quoi j'aime me reconnaître comme un homme civilisé a disparu. Soudain, je suis devenu un allié de ce contre quoi je me battais. En me précipitant en bas, les menottes dans une poche et un revolver dans l'autre et le meurtre dans le cœur, je ne faisais qu'ajouter ma contribution au maintien d'un système qui me semble – quand je ne suis pas en colère – l'élément le plus méprisable de notre civilisation. .

J'ai laissé un mot à Benson pour qu'il reste chez lui à son retour, afin de pouvoir le joindre par téléphone. Je n'avais aucun plan précis lorsque j'ai quitté le tipi – seulement, d'une manière ou d'une autre , j'allais « attraper » Blackie. Il m'a fallu environ une heure avant de pouvoir le localiser. La première fureur de ma colère était passée, elle avait eu le temps de se refroidir et de se durcir.

Épinglant mon badge à l'extérieur de mon manteau, j'ai ouvert la porte du « Club social et civique Tim O'Healy » et j'ai couvert la foule d'une vingtaine de jeunes durs qui se trouvaient dans la pièce.

"Levez les mains", ordonnai-je. Ils obéirent d'un air maussade.

"Je veux Blackie," dis-je, "et pas de travail amusant de la part du reste d'entre vous."

Pendant un moment, ils restèrent indécis.

"Dis. Tu te ridiculises", protesta l'un d'eux. "Le président de ce club, Blackie, est juste à côté du Vieil Homme. Tu vas être fauché, c'est sûr."

"Tais-toi. C'est le vieil homme qui m'a envoyé", mentis-je. "Blackie est devenu trop volant."

"Enfer!" » lança un autre. "J'ai vu le vieil homme lui serrer la main il y a une heure."

"Arrête ça, gamin," répondis-je. "Tu parles trop. Depuis combien de temps le Vieux a-t-il l'habitude de prévenir les gars sur lesquels il va s'en prendre ?"

Mon mensonge a fonctionné et a évité une effusion de sang. C'était la vieille tragédie du cardinal Wolsey qui se répétait. Aucun membre de la bande n'avait vraiment peur de mon revolver. Un seul coup m'aurait achevé. Mais ils avaient tous peur de la colère du Vieil Homme. Ils s'éloignèrent de Blackie.

"C'est un mensonge", grogna-t-il. "Moi et les amis du Vieil Homme."

"Tu pourras en parler avec lui demain matin. Allez."

Il pâlit soudain, croyant à moitié à mon histoire. C'était un si mauvais visage et des yeux de rat que j'ai regretté qu'ils ne se soient pas précipités – au moins j'aurais pu arrêter sa carrière. Désormais seul, il se soumit d'un air maussade.

« Quelle est l'accusation ? » demanda-t-il en tendant les mains vers les fers.

"Meurtre dans le premier."

D'après la manière dont il s'est flétri, je pense qu'il devait avoir un meurtre sur la conscience.

"Maintenant," dis-je à la bande, "je n'ai pas besoin de votre aide. Vous feriez mieux de continuer votre jeu. Vous pourrez l'appeler plus tard au commissariat et le tirer d'affaire, si vous le souhaitez. je veux avoir des torts avec le Vieil Homme. »

Mais au lieu de l'emmener au commissariat voisin, je l'ai emmené en ville jusqu'aux Tombeaux. Le sergent du bureau ne le connaissait pas, alors je l'ai inscrit sous un faux nom. Une fouille a révélé tout un arsenal sur lui, un revolver à canon court , un couteau et des coups de poing américains. Je l'ai accusé de toutes les accusations auxquelles je pouvais penser : troubles à l'ordre public, dissimulation d'armes, vol au premier degré, agression criminelle. Nina aurait peut-être trop peur pour témoigner du vol, mais Guiseppe jurerait de l'agression.

Dès que je l'ai eu dans une cellule, j'ai téléphoné à Norman pour lui dire que tout allait bien et je me suis précipité en ville jusqu'au domicile du procureur. Le sort jouait en ma faveur, car à cette époque – comme c'est l'habitude entre les élections – il y avait une guerre civile au sein de l'organisation. Le procureur était un homme-machine, mais il était l'un des dirigeants de la faction rebelle. Il a entendu mon histoire avec beaucoup de joie, une accusation criminelle grave contre l'un des lieutenants du Vieil Homme était une bonne idée pour son moulin. Il a promis de défendre l'affaire et de la présenter devant O'Neil, que le vieil homme ne pouvait pas atteindre.

Puis je suis allé chez le « Vieil Homme ». J'ai déjà écrit sur mes rencontres avec lui. En général , j'avais noué des relations amicales avec les politiciens-machines. Certains d'entre eux, notamment les juges, m'aimaient personnellement. L'amitié de Ryan pour moi était, je pense, réelle. Mais quant à la familiarité décontractée du vieil homme , j'en étais moins certain. Je ne pouvais pas compter sur son amitié. Mais il était sûr de découvrir ce que j'avais fait. Et il n'y avait rien à gagner à laisser quelqu'un d' autre le lui dire.

Cette nuit-là, je l'ai trouvé dans l'arrière-boutique du salon de son beau-frère. Il me regarda, ses yeux, habituellement cordiaux, résolument hostiles.

"Dis, jeune homme, tu n'es pas devenu plutôt gay ?"

"Bien sûr," admis-je. "Et je suis venu vous dire ce que j'ai fait et pourquoi je l'ai fait." Je lui ai raconté l'histoire du début à la fin, même mon entretien avec le procureur.

"Eh bien," dit-il, quand j'eus fini, "vous avez joué assez habilement jusqu'à présent. Mais comment allez-vous empêcher ce gang de vous tirer dessus, quand ils découvriront ce que vous leur avez fait passer ?"

"Ce sera un pauvre ami de Blackie", dis-je, "qui s'en prendra à moi. J'ai trop d'amis sur le banc. Et le procureur lui ferait certainement une sale affaire."

Il acquiesça. D'après ses lumières, le Vieil Homme s'est battu équitablement. Il n'avait aucune animosité personnelle. Il m'a tendu un cigare. Je l'ai fumé en silence pendant qu'il réfléchissait.

J'avais placé un couteau dans un endroit vulnérable, j'avais jeté la pomme de discorde là où elle risquait le plus de causer des problèmes. Tammany Hall est un féodalisme des derniers jours. La capacité à protéger ses vassaux est la clé de voûte de l'organisation. Le « ward heeler » est un petit comte, les « chefs de district » sont les grands ducs. Et la royauté de ce royaume n'est pas héréditaire – elle n'est même pas à vie. Je ne pense pas qu'il soit jamais arrivé, et encore moins à mon époque, qu'un patron conserve son poste jusqu'à sa mort. Et il y a eu très peu d'abdications volontaires.

Le Vieil Homme faisait face à une rébellion déterminée. Ne pas pouvoir sauver Blackie serait un coup dur pour son prestige. De nombreux dirigeants de district ont été perdus sur une question de moindre importance. Il savait qu'il ne pourrait obtenir aucune aide du bureau du procureur sans parvenir à une paix humiliante. Je ne voyais qu'une seule issue pour lui : répudier Blackie. Il aurait facilement pu trouver une excuse pour étayer mon mensonge. Je suis sûr que cette pensée était dans son esprit, écrite partout avec le mot « discrétion ». Mais en m'attendant à ce qu'il choisisse cette solution de facilité, je l'ai mal jugé. Il adorait se battre. Ces luttes entre factions étaient ce qui rendait la vie intéressante au sein de l'organisation et attrayante pour les hommes de son type. Il n'avait jamais été vaincu. Il n'aimait pas s'allonger devant moi, qui n'était même pas à ses yeux un simple guerrier, juste une sorte de banditti.

"J'ai envoyé un homme pour le sauver", dit-il brusquement. "Je suppose qu'il va y avoir une bagarre. Vous aurez ma réponse demain matin. Bonne nuit."

J'ai trouvé Norman dans une fureur Berserker. Il était enclin à me reprocher de ne pas avoir tiré à vue sur Blackie. Un médecin avait recousu l'entaille à la tête de Guiseppe . Hormis quelques taches noires et bleues en colère, Nina n'avait subi aucune blessure. Dès qu'elle avait été rassurée sur l'argent perdu, elle avait repris ses esprits.

La réponse du Vieil Homme nous aurait pris au dépourvu – comme il l'avait prévu – si je n'avais pas eu une heureuse inimitié de ma part. Je suppose qu'il y avait beaucoup de gens dans les Tombeaux qui me détestaient, mais personne ne me détestait aussi cordialement que Steger, l'agent de la Société pour la Protection de l'Enfance. Notre querelle était de longue date. C'était un petit homme insignifiant, auquel personne ne prêtait jamais attention. Il a été employé par la société pour porter les accusations contre toute personne accusée de violation des lois sur la protection de l'enfance et pour exiger les sanctions les plus lourdes contre tous ceux qui étaient reconnus coupables. Mon rôle consistait à persuader le tribunal de tempérer la justice avec miséricorde. Inévitablement, nous sommes entrés en conflit. Il exhorterait le juge à imposer la peine maximale et je plaiderais pour la clémence. Ma position personnelle était meilleure que la sienne et je gagnais invariablement dans ces fréquentes inclinaisons. Sa rancune contre moi m'avait toujours fait sourire. Je l'ai rencontré en entrant dans le palais de justice.

"Il a l'air d'être un type sympa, ton colocataire," ricana-t-il.

"Quoi de neuf?"

"Vous le saurez assez vite. Suivez mon conseil et disparaissez. Il vous sera difficile de réfuter la complicité."

C'était suffisant pour me donner le pourboire. En cinq minutes, j'ai eu toute l'histoire d'un de mes collègues « détectives du comté », qui avait vu le mandat. Blackie et le vieil homme avaient demandé à la mère de Nina de déclarer sous serment que sa fille n'avait que dix-sept ans. Steger avait joyeusement émis un mandat d'arrêt contre Benson, l'accusant de viol au deuxième degré – prison d'État, dix ans.

Dans le langage des Tombeaux, ils « avaient les biens sur lui ». Il n'y a aucun moyen d'échapper à cette accusation si la jeune fille a moins de dix-huit ans. La question de savoir si elle a « mené une vie auparavant chaste » n'a aucune incidence dans les affaires de viol.

Il ne m'a pas fallu longtemps pour joindre un téléphone. Benson avait quitté le tipi. Comme le détective arrivait avec le mandat, j'ai dit à Guiseppe d'emmener immédiatement Nina au Boulevard du Café, de ne pas attendre une minute ! Heureusement, j'ai attrapé Norman au club, juste au moment où il appelait pour son courrier. Le fait que j'étais en train de « composer un crime » ne m'est venu à l'esprit que quelques heures plus tard.

J'atteignis le café et transférai Guiseppe et Nina dans une chambre privée, avant l'arrivée de Norman. Il était certainement dans un état d'esprit belliqueux lorsqu'il est venu. Il était accompagné de l'avocat de sa famille, un vieil homme pompeux, aux moustaches grises en côtelette de mouton et tendance à l'apoplexie. Sa dignité a été tristement ébranlée par le fait d'avoir été entraîné dans une affaire criminelle vulgaire.

Norman et moi sommes allés avec lui dans une autre pièce pour un conseil de guerre. Il était bien sûr prêt, nous a-t-il dit, à agir selon les instructions de son client, mais il estimait qu'il était de son devoir de souligner qu'il était un homme plus âgé que nous, avec une certaine connaissance des affaires du monde. Il espérait que, grâce à ma familiarité avec les tribunaux criminels, je pourrais lui indiquer une solution plus satisfaisante que le mariage qu'envisageait son client dans un esprit noblement chimérique. Nous devons permettre à un homme plus âgé et plus expérimenté de dire que le mariage était une affaire sérieuse, voire sacerdotale. C'était un pari dans les meilleures circonstances. Et dans ce cas, socialement si inopportun, financièrement si disproportionné et personnellement – eh bien – si sans précédent, ce serait... Il ourlait et habillait, ébouriffait ses rares cheveux et tapotait son ventre – bref, je ne pouvais pas proposer une suggestion.

"Vas-y et parle," grogna Norman. "Sortez-le de votre système."

"Ils pourraient passer au Canada, temporairement", ai-je dit. "Si nous abandonnons les poursuites contre Blackie, ils annuleront ce mandat."

L'avocat acquiesça.

"Tu as fini ?" » demanda Norman. "Eh bien, écoutez-moi. Je ne vais pas sauter. Je ne vais pas lâcher prise sur cette canaille. Je ne vais pas "arrêter" ! Pas une minute ! Je serais sur mon Je suis déjà allé au bureau matrimonial de l'hôtel de ville, si les vieux livres de droit ne disaient pas que j'avais besoin du consentement de la mère de Nina. Si vous voulez être utile, présentez-vous une belle-mère. Achetez la vieille dame, kidnappez-la, matraquez-la - n'importe quoi - mais produisez-la dans un état d'esprit consentant. Si vous ne voulez pas aider, courez. Je vais faire le tour moi-même. C'est un jeu d'enfant. Nous nous rendrons et nous marierons dans le Tombes."

L'avocat a essayé de dire quelque chose, mais Norman me regardait.

"Très bien," dis-je. "Je vais arranger ça. Ne prenez aucun risque en sortant de cette pièce privée. Dès que j'aurai attrapé la vieille dame, je téléphonerai. La chasse sera peut-être longue, mais restez tranquille."

Ce n'était pas une longue chasse. Le Vieil Homme, n'ayant jamais imaginé qu'un jeune homme riche comme Benson trancherait le nœud gordien en épousant une prostituée, n'avait pas pris la précaution de cacher la mère. Je l'ai trouvée somnolente devant son magasin de fruits. Elle n'avait plus entendu parler de Nina depuis plusieurs mois, jusqu'à la veille, lorsqu'ils lui avaient fait signer l'affidavit concernant son âge. Elle aurait consenti au meurtre de Nina pour cinquante dollars, le mariage était arrangé pour dix.

Lorsqu'elle eut fait sa marque sur un document juridique rédigé par l'avocat, nous renvoyâmes Guiseppe chez elle pour préparer le déjeuner et divertir la police. Il ne devait rien leur dire, sauf que nous serions bientôt de retour. Norman et Nina, l'avocat et moi, sommes descendus à l'hôtel de ville dans une calèche fermée. Cela m'a plutôt surpris, la rapidité avec laquelle ils se sont mariés. De retour au Tipi, nous avons trouvé un détective et un policier. Il y avait un tableau.

"Bonjour, messieurs", dit Norman. "Permettez-moi de vous présenter à Mme Benson."

Il remit le certificat au détective.

"Maintenant," dit-il, quand l'homme l'eut lu, "sortez. Et regardez ici, vous, policier. Dites à votre capitaine que ma femme a été brutalement attaquée dans son commissariat. C'est à lui de la protéger. Dites-lui que si je dois commettre un meurtre, ce sera de sa faute. »

Une demi-heure plus tard, alors que nous mangions, le téléphone sonna. C'était le Vieil Homme.

"Bonjour," dit-il. "Félicitez-les. Dites . Vous m'avez devancé en pleine forme. Dommage que vous ne soyez pas en politique. J'aimerais vous avoir dans mon équipe. Et dites : Blackie a fait un voyage en train pour sa santé. " Maintenant, vous n'allez pas être méchants, n'est-ce pas, et me faire payer cette caution de cinq mille dollars ? Le club a un nouveau président. Il vient juste de me voir, il dit que les garçons sont plus en colère que l'enfer à cause du travail que vous leur avez confié. Je lui ai dit de garder le couvercle. Je lui dis : « Ces deux jeunes messieurs sont mes amis. C'est vrai, n'est-ce pas ? »

"Eh bien," dis-je, "quand j'ai ce que je veux, j'arrête de me battre. J'ai oublié cette affaire. La seule chose qui pourrait me la rappeler, ce serait la vue du visage de Blackie."

"Très bien," répondit-il. "C'est nettoyé. Et dites-leur qu'ils recrutent d'autres hommes dans le département des quais demain, de la place pour n'importe lequel de vos amis. Et n'oubliez pas de présenter mes meilleurs vœux aux mariés. Je comme un gars qui est un vrai sport.

Une heure plus tard, un messager arriva avec un gros bouquet de roses blanches pour la mariée. Sur la carte, le Vieil Homme avait griffonné : « Bonne chance ». La paix fut donc rétablie .

VII

Le lendemain du mariage, Norman m'a trouvé dans la bibliothèque en train de lire ce que les journaux en disaient. "Un millionnaire excentrique épouse Street Walker." "Un éminent leader socialiste, pour éviter la prison d'État, a épousé une petite fille qu'il avait séduite." Lorsque mon ami, le protecteur des enfants, a constaté que nous avions battu le mandat, il avait choisi cette façon de se défouler.

"Je suis content", a déclaré Norman en jetant un coup d'œil aux gros titres, "que Nina ne lise pas les journaux. Cela pourrait la déranger."

Mais il me les a fait lire à haute voix pendant qu'il buvait son café. Et pendant ce temps, son air de contentement amusé s'approfondissait.

"Mon Dieu ! Ça a l'air bien", commenta-t-il. "Je n'ai jamais su exactement comment faire. J'ai passé de nombreuses nuits blanches à essayer de trouver un moyen efficace de dire aux "meilleurs" d'aller en enfer - un moyen de cracher aux yeux des citoyens suffisants - alors Ils ne penseraient pas que c'était une blague. Chaque fois que je me fâche, que je m'ouvre vraiment et que je dis au gang ce que je pense d'eux et que la puanteur de leurs hypocrisies offense mes narines, cela ajoute à ma réputation d'esprit. ça les arrangera ! Vous connaissez ce truc de Heine...."

Il s'est levé d'un bond, a sorti les « Mémoires » de l'étagère et m'a lu le passage où Heine raconte sa rencontre enfantine avec « Red Safchen », la petite fille du bourreau. Même si les bonnes gens du village où il allait à l'école toléraient la fonction de bourreau public, ils n'auraient pas de relations avec l'officier. Sa famille a été impitoyablement ostracisée . Heinrich eut pitié de la fille et, dans une soudaine exaltation, il l'embrassa. Il termine ainsi son récit : « Je l'ai embrassée non seulement à cause de mon tendre sentiment pour elle, mais par mépris de la société et de tous ses sombres préjugés. »

"C'est ça," dit joyeusement Norman. "J'ai toujours souhaité pouvoir trouver la fille d'un bourreau et l'embrasser quelque part en public – montrer à cette bande à la tête vide et au ventre plein à quel point je les méprise. Nina l'a fait pour moi."

Nina avait pris une part très passive à toutes ces démarches. Elle avait fait ce qu'on lui avait dit de faire, dit ce qu'on lui avait dit, sans poser de questions. À quel point ce rôle avait été passif, aucun de nous ne s'en était rendu compte à l'époque. Mais cet après-midi-là, en revenant des Tombeaux, je la trouvai en conversation sérieuse avec Guiseppe .

"Dis," dit-elle après son départ, "je veux te parler."

Mais elle a eu du mal à démarrer.

"Qu'est-ce que c'est?" Je l'ai encouragée.

"Le vieux Guiseppe est un imbécile", lâche-t-elle. "Il dit que ton ami m'a épousé."

"Eh bien. Ce n'est pas stupide. Il t'a épousée."

"Oh bon sang ! Ne me mens pas. Les hommes bien comme lui n'épousent pas les filles qu'ils draguent dans la rue."

"Pas très souvent", admis-je. "Mais Benson t'a certainement épousé."

Elle soupira profondément, comme s'il n'y avait aucun espoir de découvrir la vérité dans un monde d'hommes.

"Vous devez penser que je suis facile", a-t-elle persisté. "Il ne m'épousera jamais. Bien sûr , peu importe à quel point vous êtes pauvre. Parfois, les hommes riches des quartiers chics épousent des filles d'usine, comme dans "From Rags to Riches", mais pas des filles comme moi. Pas des filles qui ont été mauvais."

J'ai essayé de traduire dans le jargon du Bowery la vieille proposition selon laquelle il n'est jamais trop tard pour réparer. Et puis je lui ai demandé : « Tu n'es pas allée avec lui à la mairie ?

"Je ne sais pas ? N'ai-je pas vu des gens se marier ?" rétorqua-t-elle à moitié découragée, à moitié en colère. "Je ne sais pas qu'il faut avoir une robe blanche et un prêtre ? C'est quoi le jeu ?"

J'ai fait de mon mieux pour expliquer qu'en Amérique, nous avons des mariages civils qui sont tout aussi contraignants que ceux célébrés dans une église. Mais tout ce que j'ai pu obtenir d'elle, c'est un aveu réticent qu'il pouvait y avoir deux types de mariage : un mariage à mi-chemin à l'hôtel de ville et un véritable mariage avec un prêtre. Elle a insisté sur le fait que c'était un péché d'avoir des enfants sans robe blanche ni bague.

Quand Norman est entré, je l'ai emmené dans ma chambre et, fermant la porte, je lui en ai parlé. Il s'est roulé sur le lit et a donné un coup de pied en l'air.

"Penses-y!" il a hurlé. "Moi... habillé de fleurs d'oranger ! Moi... je vais chez un prêtre ! Arnold, sors tes gants blancs... polis ton chapeau de soie... tu devras m'aider à en finir avec ça."

Il s'est précipité pour commander la robe de Nina. Mais il ne lui en a rien dit, m'a juré de garder le secret. Ce fut une surprise totale pour elle quand cela arriva.

Je n'ai jamais rien vu de ma vie d'aussi merveilleux que son visage lorsqu'elle ouvrit le paquet – la disparition progressive du doute, l'éveil progressif de la certitude – et puis la façon dont elle se dirigea vers Norman, les yeux si écarquillés de joie. et se jeta dans ses bras en sanglotant. J'ai dû aller dans ma chambre pour cacher mes larmes.

Quelques minutes plus tard, Norman entra – sa voix était également raide et rauque.

« À votre avis, quelle est la dernière en date ? Il a demandé. " Elle est partie avec Guiseppe ... au confessionnal ! Elle dit que ce serait un péché de se marier sans ça. Mon Dieu ! Mon Dieu ! "

J'étais le « témoin » et Guiseppe l'a livrée dans la crypte de l'église des Jésuites. Nous sommes rentrés à la maison, nous sommes habillés tous les quatre et sommes montés dîner chez Delmonico.

Nous avons fait sensation en nous faufilant entre les tables jusqu'à chez nous. Guiseppe , en tenue de soirée, avec toutes ses médailles de campagne, ressemblait au plus noble des nobles. Nina était merveilleuse. D'habitude , elle était d'une gaieté indescriptible lorsqu'on l'emmenait au restaurant, mais ce soir, elle était très solennelle et un peu pâle. Bien sûr, un certain nombre de personnes reconnurent Norman et les ragots commencèrent à circuler avec vigueur. Mais Nina en était inconsciente. Sa solennité allait plus loin que cela. Quand les cocktails furent apportés, elle refusa le sien.

"Pourquoi pas?" » demanda Norman.

Un peu de rougeur commença sur ses joues, se fraya un chemin jusqu'à ses tempes et descendit dans sa gorge.

"Quel est le problème?" Il a demandé.

"Je suis mariée maintenant", balbutia-t-elle. "Les bonnes femmes ne boivent pas de cocktails."

Nous avons tous les deux regardé autour de nous et avons vu que si la déclaration de Nina avait été audible, elle aurait provoqué une protestation :

"Eh bien, il y a Mme Blythe là-bas", a déclaré Norman. "Elle a construit une église. Elle boit un cocktail, elle est terriblement bonne."

"Non, ce n'est pas le cas ", insista Nina avec obstination. "Elle s'est peinte elle-même. C'est une sportive."

Norman avait l'air très solennel. Il fallut plusieurs secondes avant qu'il ne parle.

"Très bien, petite femme. Je ne te demanderai plus jamais de boire de cocktails."

Le problème de savoir que faire de la mère de Nina nous a quelque peu troublés pendant un certain temps, mais il s'est résolu avec une simplicité assez vertigineuse. Elle a dit à Norman qu'avec cinq cents dollars de capital, elle pourrait acheter un plus grand magasin de fruits et vivre confortablement. Il a étudié l'affaire avec soin et, comme cela lui semblait une proposition commerciale solide, il lui a donné l'argent. C'est la dernière fois que nous l'avons vue. Les ragots du quartier racontaient qu'un de ses pensionnaires, attiré par cette magnifique dot, l'avait épousée et qu'ils étaient rentrés en Italie. Je n'ai pas pu découvrir le nom de l'homme. Et nous n'avons plus jamais entendu parler d'elle.

C'était une chose joyeuse de regarder Nina dans les semaines et les mois qui ont suivi son mariage. J'ai toujours eu une sorte d'impatience envers Norman. Il ne me semblait pas qu'il réalisait ce qui se passait en elle, comment son âme, sous les tensions et le stress de son nouvel environnement, était en train de se façonner à la beauté.

On discutait beaucoup dans les cercles scientifiques de l'époque sur la force relative de l'hérédité et de l'environnement dans la formation du caractère. La plupart des experts étaient enclins à croire que l'élément congénital, les capacités et les tendances avec lesquelles nous sommes nés, constituent la plus grande partie de nous. Regarder Nina m'a évité cette erreur. Il se peut qu'elle soit particulièrement plastique et particulièrement adaptable. Mais le changement était incroyable. Ce n'est pas seulement qu'elle a cessé de jurer, qu'elle a appris à manier une fourchette comme nous, qu'elle est venue se laver le visage sans qu'on l'y presse. Cela allait bien plus loin que cela.

Je pensais que Norman rendait compte du changement. Je n'ai pas réalisé que j'étais injuste envers lui pendant de nombreux mois. Mais un jour, je suis allé à la gare pour l'accompagner dans un voyage dans l'ouest. Juste avant le départ du train, il m'a saisi le bras.

"Nous... Nina attend un bébé."

Il est monté à bord du train et m'a fait un signe de la main. La nouvelle signifiait qu'il n'avait pas peur de l'hérédité de Nina. Le fait qu'il ne me l'ait pas dit avant qu'il n'y ait aucune chance d'en discuter m'a donné un soudain pincement de jalousie. Sans que je m'en aperçoive, un nouvel élément était entré dans la vie de mon ami, trop saint pour qu'il puisse en parler avec moi. Cela m'a fait me sentir très seul pendant un moment .

Dans les mois qui lui restaient, Nina se promenait dans le tipi en chantant. L'émerveillement grandit dans ses yeux, tout comme la certitude de sa haute vocation. Pour moi – un étranger – il y avait quelque chose d'inconfortable à la vue de leur bonheur ces dernières semaines avant l'arrivée du bébé. Je me sentais comme un intrus, un profanateur d'un grand mystère. Mais Norman m'a supplié de ne pas partir.

LIVRE VI

je

Bien sûr, Ann était extrêmement intéressée par l'aventure de Nina. Dès le début, elle était sûre que tout se passerait bien. Ignorant la coquille, comme elle le faisait toujours, le fond du problème ne lui semblait pas du tout étrange. Elle est allée beaucoup plus loin que le professeur de "Sartor Resartus ", qui pensait aux gens sans vêtements. Elle les a également dépouillés de leurs vocations. Pour elle, il n'existait pas de catégories telles que « conducteurs de tramway », « actrices », « présidentes de banque », « couturières ». Elle ne voyait que des hommes et des femmes. La façon dont ils gagnaient leur vie était aussi sans importance pour elle que la *façon* dont ils se vêtissaient. Ce qui compte, ce n'est pas ce que les gens font, mais la façon dont ils le font. Un homme qui avait choisi la cuisine comme carrière et qui cuisinait avec passion mettait toute son énergie dans des soupes et *des soufflés* qui valaient mieux à ses yeux qu'un poète apathique et superficiel. Faire avec cœur un travail quel qu'il soit le sanctifierait à ses yeux. Bien sûr, elle savait que le travail dans le commerce des allumettes ou avec la céruse empoisonne, que certains « métiers poussiéreux » détruisent les poumons. Mais il aurait été difficile de lui faire admettre qu'un travail agréable et stimulant peut rendre une personne plus morale ou qu'un travail ignoble peut damner un homme. Le succès de Nina dans son nouveau rôle , semblait à Ann, dépendre entièrement de l'intensité avec laquelle elle y accédait. Peu importe qu'elle ait été auparavant une promeneuse de rue ou une reine. Ce point de vue, tout à fait différent du mien, m'a été très répandu parmi les gens que j'ai rencontrés à Cromley .

Tôt ou tard , j'ai fait la connaissance de la plupart des principaux anarchistes de ce pays et d'un grand nombre de ceux de l'étranger. Ils étaient sûrs d'être accueillis par les Barton , sûrs d'un repas et de tout lit ou canapé de la maison qui serait vacant. Ils constituaient un groupe intéressant et, à bien des égards, attractif. Comme Ann, ils étaient peu intéressés par les accidents extérieurs de la vie d'une personne, mais très intenses par rapport à une vie intérieure plutôt indéfinie. Bien entendu, ils étaient farouchement opposés à la police. Mais j'ai été accepté sans aucun doute. Je me souviens que le vieux Herr Most a dit un jour, son long index maigre tapotant mon insigne.

"Ce n'est pas ça qui fait un policier. Ce n'est pas le symbole qu'on combat mais l'habitude d'esprit."

Les anarchistes commencent à prendre dans notre fiction une place autrefois réservée aux gitans. Une demi-douzaine de romans des dernières années ont eu pour héros de tels types. Il est difficile de résister au charme romantique d'une personne totalement détachée. Le vagabond qui, au pays des habitations conventionnelles, dort à la belle étoile, nous envoûte. Ces anarchistes sont des nomades intellectuels. Afin qu'ils soient libres d'errer selon leur fantaisie dans le domaine de la pensée, de se promener à volonté dans les agréables vallées de la poésie, de grimper parfois sur les grands pics blancs du rêve, afin que, pendant les jours d'hiver, ils puissent voyageant vers le sud pour rencontrer leur ami, le soleil, ils ont renoncé aux obstacles les plus maladroits de nos idées traditionnelles. De même que les Bédouins et les vagabonds méprisent le « Cit » qui est retenu chez lui par ses engagements commerciaux, par les soucis de sa famille et de ses terres et de ses biens, ainsi ces anarchistes nous méprisent, nous qui sommes stationnés dans le monde de la pensée. .

Je me souviens d'un jeune exilé russe, qui parlait si parfaitement l'anglais, à la manière des Essais de Macaulay, que cela paraissait bizarre, disant qu'il était « un cynique du sujet ». Cela m'a semblé une expression merveilleusement appropriée pour distinguer leur façon de penser de la plus habituelle. De tous les « aspects de la vie dans la cuisine », les repas que nous prenons, les vêtements que nous portons, les lits dans lesquels nous dormons, les livrets de banque et les titres de propriété, les droits acquis et les institutions établies, les applaudissements et l'approbation de la foule, qui sont les plus importants. d'entre nous considéraient comme importants, ils étaient cyniques. Je dois par exemple avouer un certain respect irraisonné pour le linge propre. Il m'est difficile, même face à une démonstration visuelle, de la séparer d'une pensée pure et droite. Mais ce groupe réuni chez Mme Barton était certainement indifférent à la question. La formation en bactériologie d'Ann avait fait d'elle une fervente apôtre de la propreté. « Les microbes, disait-elle, ne sont que des ordures ». Mais le plus souvent, certains invités n'avaient visiblement pas peur des microbes. Certains des plus sales d'entre eux étaient les penseurs les plus purs et les plus honnêtes.

Je n'ai jamais rencontré d'autres groupes de personnes qui comprenaient avec autant de sympathie ce que je ressentais face à la vie. D'une manière ou d'une autre, ils en étaient venus à voir la vie comme moi – et je crois que quiconque ayant l'énergie nécessaire pour éviter de se durcir la verrait s'il travaillait longtemps dans les Tombeaux. Essayez-le vous-même. Allez dans les Tombeaux – il y en a un dans chaque ville – si vous avez un peu d'amour pour la justice et la rectitude dans votre être, vous en sortirez en violente révolte contre la complaisance suffisante de notre machine sociale. Vous trouverez des anarchistes avec des gens agréables avec qui discuter.

Mais quand ils ont essayé de me convertir, j'avais froid. Je pourrais les accompagner jusqu'au bout dans leur critique et leur mépris des choses telles qu'elles sont. Une grande partie de ce qu'ils disaient et écrivaient me paraissait des platitudes – je l'avais aussi bien constaté moi-même. Je connaissais les choses dont notre civilisation peut se vanter, ses universités et sa culture, sa musique et sa peinture, les triomphes de ses sciences, son merveilleux asservissement de la nature, ses télégraphes et ses trains transcontinentaux, et tout cela me semblait bien peu de récompense pour l'effroyable prix que nous payons. Pendant des années, j'ai vécu dans les bidonvilles. Je connaissais aussi le côté débiteur du grand livre : les immeubles chargés de tuberculose, les ateliers clandestins, les enfants qui ne grandissent jamais, la pauvreté, le crime. Le temps qu'ils ont passé à essayer de me convaincre que la société était en faillite a été perdu. Et le rêve du communisme qu'ils proposaient à la place était séduisant. Je ne vois pas comment quelqu'un peut s'opposer aux idéaux de l'anarchisme, à moins d'avoir un état d'esprit qui apprécie le genre d'arrangements que nous avons actuellement – où l'on peut voler et assassiner tout en restant respectable. Bien sûr, un coquin passerait un très mauvais moment dans une société communiste. Mais les moyens par lesquels ils espéraient réaliser leur rêve, eh bien, c'était une autre affaire.

Il est possible de croire à tous les miracles de Jésus – depuis sa naissance jusqu'à sa résurrection – mais cela demande de la « foi ». Il est possible de croire que si, par miracle, nous étions tous libérés, nous serions bien meilleurs que nous ne le sommes. Les anarchistes soutiennent que nos vices proviennent de nos multiples esclavages. C'est leur credo. Mais cela demande aussi de la « foi ». Je n'ai pu croire rien de pareil depuis l'âge de seize ans.

Mais j'étais tout à fait prêt à admettre avec eux qu'un travail comme le mien était pitoyablement futile.

II

Il y a eu deux incidents dans mon travail qui ont pris de grandes proportions dans mon esprit. Ils se sont produits à proximité, alors que j'étais environ sept ans dans les Tombeaux.

En marchant un jour dans un couloir de la prison, devant les cellules, mon attention fut attirée par un vieil homme. Il s'assit sur un tabouret bas, près de la porte grillagée, le visage appuyé contre les barreaux. Là-dessus était écrit un désespoir épouvantable et abject.

"Qu'est-ce qui ne va pas?" J'ai demandé.

Il m'a regardé d'un air maussade. Il lui fallut un certain temps avant de répondre.

"Ils se sont trompés", a-t-il déclaré.

La date inscrite sur la porte de sa cellule retraçait l'historique de l'affaire. Il s'appelait Jerry Barnes. Arrêté il y a trois semaines, sans caution, il avait plaidé coupable la veille de cambriolage au troisième degré, et attendait sa sentence devant le juge Ryan.

"Pourquoi avez-vous plaidé coupable ?" J'ai demandé : "S'ils s'étaient trompés ?"

" A quoi ça sert ? Vous ne me croirez pas. "

Avec un peu d'insistance, son histoire s'est précipitée. C'était un ancien, qui avait purgé trois peines dans une prison d'État, mais qui en était sorti quatre ans avant, il avait décidé de « régler le problème ». Il voulait mourir « à l'extérieur ». Il n'avait aucun métier, mais gagnait peu d'argent en fourrant de la paille dans ses matelas. Pendant la haute saison, il gagnait jusqu'à un dollar par jour. Parfois seulement vingt centimes. Et parfois, il n'y avait pas de travail du tout. Il dormait dans une maison d'hébergement à dix cents, mangeait des repas à dix cents, soit quarante cents par jour, plus vingt cents par semaine pour le tabac. Ce qui restait est allé à la Bowery Savings Bank. Il voulait en avoir assez pour ne pas être enterré dans le Champ des Potiers. Cela avait été une vie stérile. Mais la peur de la prison – une peur que seul un ancien qui veut mourir dehors connaît – l'y avait retenu.

Un soir, en rentrant du travail, il s'était arrêté pour observer un incendie. Alors que la foule se séparait, il aperçut sur le trottoir plusieurs sacs de tabac et quelques boîtes de cigarettes. Il les a récupérés et a été presque immédiatement saisi par deux détectives.

Alors que la foule observait l'incendie, quelqu'un s'est introduit par effraction dans un magasin de tabac et l'a pillé. Les détectives ont conduit Jerry au bureau central, l'ont identifié grâce aux archives de Bertillon et l'ont accusé de cambriolage au deuxième degré, pour lequel la peine maximale est de dix ans.

Jerry a dit qu'il ne savait rien du cambriolage. Lorsqu'il avait été présenté au tribunal, le procureur lui avait dit que s'il acceptait de plaider coupable de cambriolage au troisième degré, pour lequel la peine maximale n'est que de cinq ans, il intercéderait auprès du juge et demanderait une peine légère.

Jerry n'avait aucun espoir de prouver son innocence face à son précédent dossier et au fait qu'une partie des bénéfices du cambriolage avait été retrouvée sur lui. Il n'avait pas d'amis. Il ne croyait pas qu'un homme pauvre ait la moindre chance devant un tribunal. Il avait donc plaidé coupable dans l'espoir d'une peine courte.

Son histoire semblait vraie, mais j'ai pris grand soin de la vérifier.

La police pensait que Jerry était l'un des trois ou quatre auteurs du cambriolage. Cent dollars en argent et deux fois plus d'actions avaient été souscrits. Ils n'avaient aucune preuve contre Jerry, à l'exception des paquets de tabac trouvés dans ses poches et de son dossier.

M. Kaufman, son employeur, a fait l'éloge de lui. Jerry était un candidat régulier au travail et un employé privilégié. S'il y avait du travail, on le lui donnait. Et parfois, pendant les périodes creuses, il avait été employé par charité. Kaufman a déclaré qu'il serait heureux de venir au tribunal et de témoigner des habitudes régulières de Jerry au cours des trois dernières années. Le gardien de l'hôtel était également disposé à comparaître en son nom. Jerry avait acquis une certaine réputation de calme et de sobriété. Il avait gardé beaucoup de choses pour lui et n'avait certainement pas eu de relations avec des criminels professionnels.

J'ai raconté toute l'histoire au juge Ryan. Il a toujours accordé une grande confiance à mon jugement dans de telles affaires, et j'étais convaincu de l'innocence de Jerry. Ryan a déclaré qu'il lui permettrait de retirer son plaidoyer de culpabilité et de subir son procès. J'ai eu plus de mal à convaincre Jerry de le faire. Il était enclin à prendre ses médicaments – sans parler de cela. Il pouvait vivre quelques années en prison et mourir dehors, mais il avait peur de prendre des risques à long terme. Mais finalement , je l'ai convaincu de le faire.

Quand finalement l'affaire fut jugée, Ryan était en vacances et l'affaire fut déposée devant O'Neil, avec qui j'avais pratiquement aucune influence. M. Kaufman avait été appelé à quitter la ville à la suite du décès de son père. Personne ne semblait parler au nom de Jerry, à l'exception du gardien de l'hôtel, qui n'a pas fait bonne figure, étant très effrayé par le contre-interrogatoire. Le procureur a produit une poignée de photographies de Jerry dans la Rogues' Gallery. Les policiers ont élargi leur mémoire au point de jurer avoir vu Jerry dans les locaux pillés. Le jury l'a reconnu coupable, sans quitter la salle, de cambriolage au deuxième degré. Et le juge lui a donné huit ans....

Je me suis faufilé hors de la salle d'audience et me suis enfermé dans mon bureau. Ce n'est pas une chose agréable à penser ou à écrire, même maintenant... Je suis sûr qu'il était innocent. Si je ne m'en étais pas mêlé – il ne me l'avait pas demandé – il se serait égaré. Et huit ans, c'était pour lui la « vie ».

Les deux jours suivants, lorsque mon devoir m'a amené à la prison, je suis resté aussi loin que possible de la cellule de Jerry. Que pourrais-je lui dire ?

Mais l'après-midi du deuxième jour, je l'ai rencontré par hasard face à face. Il faisait partie d'une ligne de dix hommes, vieux et jeunes, enchaînés ensemble, qui commençaient tout juste à remonter la rivière. Il m'a sauté dessus si fort que cela a fait tomber toute la ligne. Ses jurons lents et désespérés alors qu'ils les conduisaient au fourgon de la prison me hantent encore, parfois, la nuit.

Maintenant que Jerry est mort – il est mort au cours de la quatrième année –, j'aimerais plus que jamais pouvoir croire en une vie au-delà de la mort. Je ne peux pas imaginer une autre vie dans laquelle nous ne comprendrions pas et ne pardonnerions pas les torts qui nous ont été causés. Et je ne peux penser à rien que je préfèrerais avoir que le pardon de Jerry.

À peu près à la même époque, j'avais commencé à superviser les hommes « en liberté conditionnelle » de la maison de correction. Il était très difficile de trouver un emploi satisfaisant pour ces garçons. J'ai écrit un article qui a été traduit et imprimé dans un quotidien yiddish. J'ai décrit la maison de correction, parlé des conditions dans lesquelles les détenus étaient libérés sur parole et du devoir civique de les encourager à s'en sortir. Et j'ai demandé aux Juifs de m'aider à trouver du travail pour les fils de leur race. De nombreuses offres d'emploi sont venues suite à cet article.

Un jour, un vieux juif russe, nommé Lipinsky , est venu à mon bureau pour cette affaire. Il était marchand de fourrures sur la Deuxième Avenue. Lui et son fils, âgé d'environ dix-neuf ans, travaillaient ensemble et il aurait besoin d'un assistant qui accepterait un salaire d'apprenti et vivrait dans la famille. J'ai aimé le vieil homme; c'était un type robuste, qui avait traversé des épreuves et des revers sans fin au point où il commençait à faire un surplus et à gagner le respect dans son métier. Il était ambitieux pour son fils, sur lequel reposaient tous ses espoirs.

Cela m'a semblé une ouverture exceptionnellement belle, les conditions de vie à la maison, j'en étais sûr, seraient bonnes, et le premier garçon juif qui est venu – il s'appelait Levine – j'ai envoyé à Lipinsky . J'ai appelé deux ou trois fois et tout semblait bien se passer. Mais après environ trois mois, l'accident est survenu. Levine et le jeune Lipinsky ont été arrêtés en flagrant délit de cambriolage dans un grand entrepôt de fourrures. Ils avaient dans leurs sacs des peaux d'hermine de choix valant plusieurs centaines de dollars. Le jeune Lipinsky s'est effondré au « troisième degré » et a tout avoué. Ils y travaillaient depuis plus d'un mois. Cela avait été une combinaison solide : sa connaissance des fourrures et l'habileté de Levine avec le « Jimmy ». Dans un appartement de la Quinzième Rue, où ils gardaient deux filles, la police a récupéré de grandes quantités de fourrures coûteuses.

Levine a été condamné à sept ans de prison d'État et le jeune Lipinsky , parce qu'il avait présenté une preuve à charge et grâce à mon influence, a été condamné à la maison de correction.

Le vieux Lipinsky était complètement ruiné. Ses rivaux l'accusaient de complicité. Les détectives ont perquisitionné son magasin. Ils n'ont rien trouvé, mais cela a suffi à ruiner son crédit. Il vend désormais des lacets de chaussures dans Hester Street.

Mais plus encore que cette perte matérielle fut le coup porté à son cœur : son espoir en son fils unique fut brisé. Il frappe de temps en temps à la porte de mon bureau pour demander des nouvelles de son garçon. C'est une triste nouvelle que je dois lui annoncer. Son fils purge actuellement sa deuxième peine dans une prison d'État, un escroc confirmé.

Le vieux Lipinsky ne me maudit pas comme Jerry : il compte sur moi pour payer son loyer et ses factures de charbon. Il pleure.

J'ai essayé de regarder ces incidents décourageants, avec raison. J'ai essayé de me dire que mes intentions étaient bonnes et que les intentions comptaient plus que les résultats. J'ai essayé de me souvenir des très nombreuses familles auxquelles j'avais apporté une bénédiction. Il ne s'agit pas de se vanter ni d'être modeste. Le travail que j'avais choisi me donnait quotidiennement l'occasion d'apporter de l'aide à ceux qui en avaient terriblement besoin. Mais j'ai essayé de préserver les proportions qui semblaient à ma raison, les malédictions de Jerry, les lamentations du vieux Lipinsky , ont noyé tout le reste. Cela m'obsédait.

En repensant à ces années, il m'est difficile de décider si Norman a été l'élément déterminant dans ma réflexion, ou si sous des angles différents, par des processus mentaux différents, nous sommes parvenus aux mêmes conclusions. Il est certain que bien souvent une conversation avec lui précipiterait mes sentiments fluides et vagues dans les cristaux précis de mes convictions intellectuelles. Un discours sur ce sujet – d'intentions et de résultats – reste aussi clair dans mon esprit que n'importe quel souvenir que j'ai de lui.

Cela a commencé, je crois, par un effort jovial de sa part pour me sortir de mon profond découragement. Nous avions allumé nos pipes, Guiseppe débarrassait la table des détritus du souper. Nina partageait son attention entre une pile de bas à repriser sur ses genoux et Marie, qui était en sécurité dans son berceau et n'avait besoin d'aucune attention. Nina était un facteur constant dans toutes nos disputes à cette époque. Elle était toujours silencieuse. Une grande partie de notre conversation devait être bien au-dessus de sa compréhension, mais elle s'asseyait sur le divan, les pieds repliés sous elle, et écoutait pendant des heures. Sa présence a contribué d'une manière subtile à nos discussions. Les anciens Égyptiens apportaient un squelette à leurs fêtes pour leur rappeler la mort. Nina était pour nous un symbole de vie, un chœur silencieux de réalité. Ce soir-là, un mot ou un regard de ma part montra à Norman à quel point mon découragement était désespérément sérieux, et il baissa son ton désinvolte.

"Après tout, les intentions ne justifient rien. Il faut exiger des résultats. Mais quels résultats ? Quand je vois un gars dont je sais que les efforts sont bons se décourager, je suis sûr qu'il cherche le mauvais type de résultats. Bien sûr, notre influence invisible et involontaire est bien plus grande que l'influence que nous exerçons consciemment. Nous en connaissons peu, mais nous ignorons la plus grande partie. Vous vous inquiétez parce que certains de vos efforts bien intentionnés ont mal tourné, parce que notre combat car une maison de correction s'est terminée en échec. Ces deux cas dont vous parlez, Jerry et Lipinsky , vous préoccupent. Il y en a probablement des dizaines d'autres, tout aussi graves, que vous ne connaissez pas. Sont-ils le genre de résultats sur lequel vous avez le droit de juger votre travail ? Je ne pense pas.

"Le seul véritable résultat de l'activité humaine est la connaissance. Zola fait dire à un personnage de "Travail" que la science est la seule véritable révolutionnaire. Et si la science est quelque chose de plus que des données de laboratoire mortes, si c'est une connaissance humaine vivante et exploitable, une véritable aide à la connaissance. en pensant bien, il a raison.

"Cela doit être le test de votre activité – le résultat du jugement. Qu'importe à la course que Jerry se cogne la tête contre les murs de Sing Sing ? Dans toute l'histoire noire de la course, dans toute cette longue lutte , qui a déteint la plupart de nos cheveux, que signifie un peu d'injustice supplémentaire ? Rien. À moins que – et c'est la grande chance – à moins que vous ne parveniez à faire prendre conscience à la race humaine de la stupidité d'une telle injustice. Si vous pouviez faire en sorte que la tragédie de Jerry nous morde comme celui de l'oncle Tom – eh bien – alors vous et lui auriez gagné le droit d'envelopper les draperies de votre canapé autour de vous et tout ça.

" C'est pareil avec les bons résultats. Ils sont insignifiants ! En termes de race, ils importent aussi peu que la demi-centaine d'esclaves que Mme Stowe a aidé à s'échapper via le chemin de fer clandestin. Prenez Tony, cette épave dans laquelle vous avez traîné à sec... quai et réparé. Il est important pour lui que vous arriviez au bon moment. Mais qu'importe à tous les autres bateaux d'immigrants qui tentent de trouver un ancrage sûr de ce côté du monde ? Il y a un nouveau Tony lancé chaque minute.

"Sept ans que vous êtes dans les Tombeaux, vous aviez le nez dans le cloaque. Qu'avez-vous appris - pas seulement l'acquisition subjective d'informations, mais qu'est-ce que cela vous a appris pour la race ? Tôt ou tard, vous commencerez à enseigner Vous n'y pouvez rien, c'est trop gros pour vous, cela forcera une sortie.

"Les prisons sont une stupidité. Pourquoi nous y accrochons-nous ? Une méchanceté naturelle ? Une cruauté innée ? Vous n'y croyez pas. C'est de l'ignorance ! Une ignorance noire et dense ! Des façons de penser détrempées. Vous avez vu, vous savez. Eh bien, c'est sans pieds - à moins que vous ne puissiez nous faire voir et savoir au reste d'entre nous. Un seul homme ne peut pas ajouter grand-chose à ce grand esprit racial. Mais si vous pouvez faire le peu, le très petit, que Beccaria a fait, que John Howard et

Charles Reade ont fait... un éclair, ces petits résultats dont vous vous inquiétez maintenant sombreront dans l'insignifiance.

"Vous ne résoudrez pas le problème de la criminalité. C'est trop demander. Ce que vous enseignez sur la réforme - les réformes de la procédure judiciaire, les réformes de la police et des prisons - ne m'intéressera pas beaucoup. Je sais que ces choses vous semblent importantes, mais il sera pour la plupart obsolète avant qu'il ne soit sorti de l'imprimerie. Ce que je chercherai, c'est une aide pour comprendre le problème. Ce sera votre contribution, le résultat de votre vie. Peut-être un jeune, un de la génération à venir. , lira votre livre et ira dans les Tombeaux, le verra par lui-même et comprendra en deux ans tout ce qu'il vous a fallu dix ans pour apprendre. C'est le progrès humain !

"Nous devons nous imprégner de l'idée de l'évolution. Considérons-nous, nos petites vies, comme de minuscules étapes dans cette profonde procession. La connaissance est l'élément progressif de la vie, tout comme les cellules nerveuses sont le seul tissu progressif de notre corps. Nous avons gagné Nous ne développerons plus de jambes à mesure que nous évoluerons à travers les âges qui nous attendent — le changement se fera dans notre cerveau. »

La conversation s'est déroulée dans des chemins détournés que j'oublie. Mais c'est cette même nuit, je pense, qu'il a tracé la voie principale de sa philosophie, tracé devant moi son idée du pays que la race doit encore explorer.

"L'obstacle au progrès", a-t-il déclaré, "est notre idée stupide de la finalité. C'est drôle comme l'humanité a toujours cherché une cour d'appel absolue et définitive. Le roi ne peut rien faire de mal. Le pape est infaillible. Dieu est omniscient. ! Maintenant, nous avons l'âge de raison. Les anciens dieux ont été chassés de l'Olympe. Et à la place de Jéhovah et de Zeus, nos professeurs d'université ont fait un dieu de la vérité, l'absolu, le final ! Tôt ou tard , nous devons apprendre que le progrès — la croissance quelle qu'elle soit — est exactement à l'opposé de cette idée de finalité.

"Une grande partie du monde scientifique et, je suppose, quatre-vingt-dix-neuf pour cent de ce qu'on appelle "le public éclairé", croient que le darwinisme est le dernier ouvrage des sciences naturelles. Il y a mille points d'interrogation éparpillés sur la théorie de sélection naturelle. Seuls les biologistes, suffisamment sensés pour ne pas accepter la finalité de quoi que ce soit, tentent de répondre à ces questions.

"Le socialisme est un exemple spectaculaire. Qu'a fait Karl Marx ? Il a trébuché tout au long de la vie qui lui a été donnée, faisant des choses gentilles et méchantes d'ailleurs, qui sont, ou devraient être, oubliées. La vraie chose qu'il a fait Ce qu'il a fait - sa contribution - a été de garder les yeux ouverts, de regarder la vie sans œillères. Dans le long processus de réflexion, c'est la chose la plus importante, la chose fondamentale. Et ce qu'il a vu, il a réfléchi, transpiré, prié des prières athées . " Et puis il s'est exprimé sans crainte. Les gens autour de lui étaient hypnotisés par l'industrialisme merveilleusement grandissant de l'époque. Cela allait résoudre tous les maux de la race. Personne n'avait plus de responsabilité. *Laissez faire* ! Vertu et bonheur et la génération suivante étaient automatiques. L'éloge de la machine est devenu un enthousiasme, un évangile. Marx l'avait regardée plus attentivement que les autres, avait vu à travers sa surface un scintillement. Et comme Cassandra, il criait ses pressentiments, sans se soucier de savoir si la machine Le monde a écouté ou non. « C'est une imposture, dit-il, votre industrialisme est fondamentalement immoral. Il porte en lui des germes de mort. Ils sont déjà au travail. Cette chose en laquelle vous mettez votre confiance est déjà putride. Je ne connais rien de plus étonnant dans l'histoire de l'esprit humain que les prophéties de Marx. Faux sur certains détails bien sûr. Il ne revendiquait aucune inspiration divine. Mais ces trois volumes en allemand sont formidables. Et le secret, c'est qu'il a tourné son regard pénétrant vers la vie qui l'entourait. Il a regardé!

"Mais les socialistes d'aujourd'hui suivent-ils son exemple ? Non. Marx ne croyait pas aux finalités ; ils en font une finalité. Il recherchait un savoir nouveau. Ils défendent ce qui est déjà vieux et, comme tout ce qui est ancien, une partie " C'est faux maintenant. Marx était un révolutionnaire - l'un des plus grands. Les marxistes sont des conservateurs. Pensez-y. Pas un socialiste américain n'a essayé d'analyser Wall Street ! Au lieu de scruter leur vie, ils passent leur temps à discuter de leurs politiques agraires. Aucun pays au monde n'offre des exemples aussi flagrants d'injustice industrielle que les États-Unis et les livres qu'ils diffusent sont des traductions de l'allemand. Un jour, ils se réveilleront, alors je les rejoindrai.

"Le problème vient du fait de penser qu'il y a des finalités dans la vie, des vérités ultimes. Nous devons nous mettre dans la tête que la vérité elle-même évolue.

"Il me vient de plus en plus fort que le point d'attaque devrait être contre nos idéaux en matière d'éducation. Mon Dieu ! Vous avez quitté l'université à la fin de votre première année et vous avez perdu exactement trois ans de moins que moi. Je suis tellement sûr que c'est le vrai problème, c'est que je me désintéresse de tout le reste.

"Un système d'éducation qui réveille l'esprit humain au lieu de l'endormir ! Une éducation qui commence là où il devrait le faire ! Au début ! le processus de voir, de regarder la vie avec nos propres yeux - plutôt qu'à travers les lunettes d'un professeur. Si seulement nous pouvions enseigner le truc de l'observation originale !

"Le problème n'est pas tant que nous pensons mal. Nous ne voyons pas clair.
Je me souviens que notre professeur nous disait que la logique est un moulin
à café. Si nous mettons du café par le haut, il sortira par le haut. " le fond
sous une forme plus utilisable. Mais si nous y mettons de la terre – elle reste
de la terre, peu importe la finesse avec laquelle nous la moulons. Et puis il
s'est éteint pour entraîner nos moulins à café – beaucoup de rigamars sur les
syllogismes, les treize fallacieux… peut-être qu'il était quatorze ans. Mais pas
un seul mot sur la façon de distinguer la saleté du café. Ce sont les hypothèses
initiales qui doivent être remises en question. Je ne crois pas que Darwin était
un meilleur logicien que Saint Augustin. Mais il est allé dans le monde et a
regardé. Il a utilisé des faits observés pour son moulin à café. Saint Augustin
a broyé beaucoup de croyances incohérentes et d'hypothèses sales.
N'importe qui peut apprendre les lois de la logique en trois mois de cours à
l'université, ou en autant de semaines à partir d'un manuel. Mais moi Je ne
connais aucun endroit où ils essaient même d'enseigner l'observation
originale.

"L'éducation, tout le monde le dit, est le rempart de la démocratie. Et nous,
Américains, voulons vraiment une démocratie d'une manière dont les
Européens les plus radicaux n'ont jamais rêvé. Pourtant, nous sommes
satisfaits de nos écoles ! Personne ne se soucie vraiment de les améliorer.
Nous supposons que notre système est le meilleur au monde, parfait. Final !
Foutu finalité ! Je ne suis pas sûr que notre système ne soit pas le pire. Nous
tuons systématiquement toute originalité. À la minute où les enfants entrent
à l'école, le processus commence. " Ceci, mon enfant, est ce que vous devez
croire", dites-vous. "Ce bloc", dit l'institutrice de maternelle, "est rouge".
Bien sûr , ce qu'elle devrait dire, c'est : « De quelle couleur est ce bloc ? Le
professeur d'université dit à son séminaire principal : " Goethe est le plus
grand poète allemand ; si vous préférez Heine, vous êtes un barbare. Les
épopées de Milton font la fierté des lettres anglaises ; si vous préférez
L'Allegro , vous montrez votre manque de culture. " Shelley était sans aucun
doute un grand poète, mais, j'ai le regret de le dire, un incendiaire. Bien sûr,
vous devez lire L'Ode au vent d'ouest et aux nuages, mais je vous mets en
garde contre la révolte de l'Islam. Du lycée à l'université , c'est toute cette
affaire de comprimés prédigérés.

"Il suffit de voir l'effet que ce genre d'affaires a eu sur notre politique ! Nous,
les Américains, sommes morts. Des idées nouvelles, des discussions sur des
principes politiques fondamentaux fomentent partout sauf ici. Un chauffeur
de taxi parisien pense plus à la théorie du gouvernement que notre député.
Nous, Américains, nous asseyons – les pieds sur la table – bombons le torse
et disons que « la liberté complète et absolue pour tous les temps a été
décrétée par les pères en 1789 ». Combien d'hommes connaissez-vous qui
ont jamais sérieusement remis en question cette proposition ? Combien

d'Américains croient réellement qu'il faut une « vigilance éternelle » pour être libre ? Non. Notre Constitution est le document le plus glorieux écrit par l'homme. Elle est définitive – elle stagne et pue !

"Si nous ne révolutionnons pas notre éducation, nous allons pourrir ou abandonner la démocratie. C'est un choix clair. Un Tammany Hall national et une décadence romaine vertigineuse ou une néo-aristocratie avec un suffrage restreint et des expériences farfelues en matière d'élevage humain. Si on n'apprend pas à éduquer de manière plus vraie, si on n'arrive pas à tuer cette folie de la finalité, c'est un choix entre la décadence physiologique et l'eugénisme.

"Je m'éloigne de tout le reste, je ne vois rien d'autre que l'éducation. Plus de charité personnelle, plus de chèques destinés à des œuvres philanthropiques de mauvaise qualité. Tout l'argent sur lequel je peux mettre la main va dans un fonds en fiducie pour financer une insurrection éducative. C'est la seule révolution qui m'intéresse.

"J'ai essayé d'écrire à ce sujet. Mais bon sang, les gens ne me prendront pas au sérieux. Je savais que quelqu'un rirait si je parlais, alors j'ai rédigé un article. J'ai trouvé un homme dans le club qui en riait - il a dit que c'était 'intelligent.' Eh bien, j'ai mis ce que j'en pensais dans mon testament. Peut-être qu'ils ne riront pas en lisant ça.

Comme je l'ai dit, je ne sais pas si Norman m'a donné mes idées ou s'il a exprimé des conclusions qui se formaient déjà dans mon esprit. Au moins, je lui dois leur forme concrète.

Mon travail dans les Tombeaux a pris un nouveau visage. J'ai commencé à y penser comme à quelque chose à communiquer. Je l'ai abordé avec le sentiment d'un showman ou d'un guide. Il y avait toujours quelqu'un à mon épaule, à qui j'essayais d'expliquer l'essentiel des détails. La routine qui avait commencé à être mécanique a été revivifiée. J'ai commencé à réfléchir à mon livre. Ce que je voulais, c'était dresser un tableau des phénomènes complexes de la criminalité et y opposer la simplicité morte et formelle de notre Code pénal, montrer sa désespérée insuffisance. J'ai commencé à travailler sur une section consacrée au « Vol ». A partir de mes notes et de mon expérience quotidienne, j'ai essayé de montrer le genre de gens qui volent, les motivations qui les poussent à le faire, les moyens qu'ils développent pour parvenir à leurs fins, petits voleurs sournois, promoteurs d'escroqueries, braqueurs de banques, pickpockets, mendiants frauduleux, caissiers défaillants. La réalité du vol est une chose infiniment plus complexe qu'on pourrait le supposer à la lecture des maigres paragraphes de nos statuts qui traitent du « larcin ». Le livre grandit lentement. Je ne me sentais pas pressé. De temps en temps, je publiais des articles dans les magazines : « Histoires de vrais criminels ».

III

C'est vers l'âge de trente-cinq ans que j'ai vu pour la première fois le nom de Suzanne Trevier Martin, avocate et conseillère en droit. Nous avions entendu des rumeurs concernant des femmes avocates dans les tribunaux civils. Mais je pense qu'elle a été la première à envahir les Tombeaux. C'est Tim Leery, le portier de la première partie, qui a attiré mon attention sur elle.

"Dis," me salua-t-il un matin vers midi, "Il y a ici aujourd'hui un avocat rémunéré qui te cherche. Et dis, c'est une pêche !"

Je ne sais pas pourquoi je pensais qu'il plaisantait. Je suppose que j'ai partagé l'idée de la bande dessinée selon laquelle la plupart des femmes professionnelles avaient les yeux éclatants et les cheveux courts. Quoi qu'il en soit, ce fut une véritable surprise lorsque je l'aperçus. Leery me montrait.

Oui. Je suis sûr que la surprise était l' élément principal de l'impression qu'elle m'a faite. Tout chez elle était différent de ce que j'attendais des femmes. Elle était la personne la plus neutre que j'aie jamais vue – et la plus belle. Je ne peux pas décrire sa façon de s'habiller, tout ce qui me reste à l'esprit est le col blanc impeccable qu'elle portait. D'une manière ou d'une autre, notre attention était centrée sur ce morceau de linge propre et ordonné. Il n'y avait aucune suggestion de singer la mode masculine chez elle, ni de tweedlede ou de tweedledum frivoles . C'était aussi simple que ce collier.

Elle avait une masse de cheveux roux de Titien. Un teint si délicat que le soleil l'avait déjà tacheté de taches de rousseur au début du printemps. Les lignes de son visage étaient tout à fait magnifiques. Sa bouche était ferme et immobile. Ses changements d'humeur ne se voyaient que dans ses yeux. Ils changeaient toujours de couleur, passant de tons bruns profonds à un châtain éclatant presque aussi rouge que ses cheveux. La façon dont sa tête reposait sur son cou me donnait envie de l'acclamer. Cela semblait une victoire pour la course qu'elle – l'une d'entre nous – puisse porter sa tête avec autant de courage.

"Voici une introduction", dit-elle.

C'était une lettre d'un jeune avocat. Membre junior de son cabinet, il était parfois envoyé dans les Tombeaux pour défendre les serviteurs de leurs riches clients. Je lui avais souvent donné des indications sur la pratique de nos tribunaux, qui diffère sensiblement de celle des tribunaux civils. Il a demandé les mêmes courtoisies pour son amie, Miss Martin.

Je sentais avec une certaine gêne les regards amusés des couloirs bondés.

"Ce n'est pas un endroit très pratique pour parler", dis-je. "Allons chez Philippe et déjeunons."

Alors que nous descendions les escaliers, je lui ai donné environ vingt-cinq ans. J'ai remarqué que la grâce de son cou s'étendait le long de sa colonne vertébrale. Je n'ai jamais vu un dos aussi droit. Il y avait quelque chose de définitivement enfantin dans sa façon de marcher, dans sa démarche et le balancement de ses épaules. Cette impression d'enfantillage revenait toujours et l'empêchait de réaliser qu'elle était une belle femme.

Nous avons trouvé une table tranquille chez Philippe et elle nous a expliqué son cas. Elle était avocate du Syndicat des boutonnières. Ils étaient en grève et l'une des jeunes filles avait été arrêtée sous l'accusation d'avoir agressé un policier privé. La question en litige invoquait la légalité du piquetage. Si la jeune fille avait eu le droit de se tenir là où elle se tenait, le gardien qui a tenté de la chasser s'est rendu coupable de voies de fait. C'était une affaire à débattre devant les tribunaux supérieurs. Les syndicats ont exigé une décision définitive. Mlle Martin souhaitait que son client soit reconnu coupable et a encore des raisons de faire appel. C'était simple et je lui avais donné les points nécessaires avant de finir notre café.

La toute première vue d'elle dans les Tombeaux m'avait ému, comme la première vue d'aucune autre femme ne l'avait jamais fait. Ce n'était pas tant un désir de possession personnelle qu'un vague sentiment que l'homme à qui elle donnait son amour serait plus heureux que les autres hommes. Au fond de mon cerveau, alors que je lui parlais, il y avait un questionnement continu. Elle avait dit qu'elle était socialiste. J'ai vu qu'elle avait cette attitude intrépide et ouverte face à la vie, qui est la marque des révolutionnaires. Je me demandais si elle avait un amant. L'ami qui l'avait présentée était-il l'heureux élu ? Quelles étaient ses théories sur de telles questions ?

Mais si elle m'adressait un appel sensuel plus direct que les autres femmes, elle semblait encore plus ignorer la possibilité que de telles idées soient dans mon esprit. Je n'ai jamais connu de femme laide qui fût moins coquette. Elle était étrangement distante. Elle a fait dominer l'aspect purement professionnel de notre réunion, ne semblant pas se rendre compte qu'il pouvait y avoir un aspect personnel. La façon dont elle m'a empêché de suggérer de payer son déjeuner était typique. Elle me serra la main fermement, franchement, comme un garçon le ferait avec un homme qui lui avait apporté une légère aide, et remonta la rue jusqu'à son bureau. J'ai été surpris.

Dans et hors des Tombeaux, elle marcha pendant les semaines suivantes. Le juge Ryan, devant qui elle a jugé son cas, et qui croyait que toutes les femmes devraient se marier et rester à la maison dès après dix-huit ans comme un homme le voudrait, était puissamment inquiété par son invasion.

« Au diable son âme, Whitman, dit-il, ce n'est pas une femme, elle n'est qu'un cerveau et une voix. Elle est assise là avant l'ouverture du tribunal et ressemble à une femme – une jolie femme en plus – puis elle se lève. ses pattes arrière et parle. Bon sang ! J'oublie que c'est une femme, j'oublie qu'elle porte des jupes. Et, alors aide-moi, il n'y a pas une douzaine d'hommes dans le bâtiment qui connaissent autant le droit qu'elle. Elle a tout ce qu'il faut. Vous ne pouvez pas la snober. Vous ne pouvez pas la traiter comme elle le mérite. Vous voulez la qualifier de non féminine et elle ne vous laissera pas vous rappeler qu'elle est une femme.

Elle avait fait ressentir à Ryan, face à elle depuis le banc, la même distance qu'elle m'avait impressionnée de l'autre côté de la table chez Philippe. Mais si le juge trouvait impossible de la snober, il était tout aussi impossible, à mon avis, d'être amical avec elle. Nous nous croisions fréquemment dans les couloirs. Je les cherchais franchement, et elle le faisait aussi franchement — quand elle voulait des renseignements. Loin d'elle, je la considérais comme une femme désirable. Face à face, elle m'a forcé à la considérer comme une socialiste sérieuse.

Hormis les détails de son cas, nous n'avons eu qu'une seule conversation. Le deuxième jour où elle était au tribunal, elle m'a interrogé sur mes opinions politiques. Je n'en avais pas. "Pourquoi pas?" » a-t-elle demandé. Elle avait tous les préjugés bornés que la plupart des socialistes ont à l'égard du simple réformateur, de l'adepte des palliatifs, de l'épandeur de pommade. N'ai-je pas réalisé la futilité d'un travail comme le mien ? J'en étais plus conscient qu'elle. Eh bien, pourquoi ne suis-je pas allé au fond du problème ? Pourquoi ne pas s'attaquer aux causes fondamentales ? Je n'étais pas sûr de ce qu'ils étaient. Elle était. Même si elle n'était pas allée dans les Tombeaux autant de jours que moi depuis des années, elle savait tout. Tout le problème de la criminalité est né de l'inadaptation économique. Le socialisme le guérirait. Tout cela était si simple ! J'ai une admiration indicible pour une telle foi. C'est la chose la plus merveilleuse au monde. Mais tout ce que je peux faire, c'est l'envier. Je ne peux pas croire.

Son attitude distante a sensiblement augmenté après avoir sondé la profondeur de mon incrédulité. L'affaire terminée, elle est venue me remercier du très réel service que je lui avais rendu. Malgré mes intentions, sa main a glissé de la mienne plus vite que je ne l'aurais souhaité. J'espérais la revoir. Elle ne savait pas dans combien de temps, voire jamais, son travail la ramènerait aux Tombeaux. J'ai suggéré que je pourrais faire appel à elle. Elle parut vraiment surprise.

"Pourquoi," s'écria-t-elle ; "Merci. Mais vous savez, je suis très occupé. J'ai cinq ou six engagements réguliers par semaine - comités et tout ça. Et cette grève prend le temps qu'il me reste. Je suis trop occupé pour le jeu social. Je suis désolé . Mais nous nous reverrons un jour. Au revoir. Pas de fin obligée.

C'était le camouflet direct. Son amitié était réservée à ceux qui voyaient la lumière. Elle n'avait pas de temps pour les étrangers, pour les « simples réformateurs ».

Elle a rempli mon esprit davantage après son départ que pendant les quelques jours de nos rapports sexuels. Pour la première fois de ma vie, la romance s'est emparée de mon imagination. Je ne sais pas s'il s'agissait d'un véritable amour ou simplement *d'un amour-propre blessé* . Mais je rêvais de toutes sortes de moyens extravagants pour gagner son estime et son amour, généralement au prix de ma vie. Je n'étais pas assez malheureux pour vouloir mourir, mais j'éprouvais un plaisir vif, quoique quelque peu lugubre, à l'imaginer agenouillée à mon chevet, réalisant enfin l'erreur qu'elle avait commise en me snobe – s'en repentant toujours au cours d'une vie stérile et sans amour. .

Le souvenir que je gardais d'elle était tout à fait admirable : la ligne droite de son dos, l'équilibre glorieux de sa tête, le riche brun de ses yeux, ses manières franches et enfantines. Mais l'orgueil m'a empêché de la chercher. Je savais qu'un camouflet en résulterait.

Une fois, environ un mois plus tard, j'ai croisé une foule au coin d'une rue, sous une bannière socialiste. Elle se levait juste pour parler. J'ai marché un pâté de maisons de peur qu'elle ne me voie et pense que j'essayais de renouer avec notre connaissance. Mais j'étais aussi occupé. Trop occupée pour perdre du temps avec un fantôme, elle retombait peu à peu dans un pourrait-être de plus en plus vague. Un an plus tard, j'ai retrouvé son nom dans le journal à propos d'une grève. Pendant un jour ou deux, sa mémoire s'éclaira à nouveau. Ce spasme sentimental que je pensais être le dernier d'elle. J'étais en pleine relecture.

IV

Que mon livre ait été reconnu par les pénologues professionnels a été pour moi une surprise. Je l'avais écrit dans l'intention d'intéresser les profanes. Mais une revue psychologique allemande en a fait une longue critique. Il fut rapidement traduit en français et en italien. J'ai été nommé rédacteur en chef de "La revue pénologique ". Enfin, l'American Prison Society m'a remarqué et m'a choisi comme délégué au Congrès international de Rome.

L'Europe ne m'a jamais attiré, et je doute que j'y serais allé, sans l'insistance de Norman et Ann. J'ai eu le mal de mer pendant cinq jours et je me suis ennuyé au-delà des mots pendant le reste du voyage. Il a tellement plu la journée que j'ai passée à Naples que je n'ai pas eu une bonne vue sur le Vésuve.

Arrivé à Rome, j'ai découvert qu'on avait inscrit mon nom pour le programme de la première journée et j'ai passé le temps, jusqu'à l'ouverture du congrès, dans ma chambre à rédiger mon article. J'avais choisi pour sujet

: « La nécessité d'une nouvelle terminologie dans l'étude de la criminalité ». De plus en plus, cette réforme me paraît impérative. S'efforcer d'exprimer l'attitude moderne à l'égard du crime dans la vieille phraséologie revient à mettre du vin nouveau dans de vieilles outres. De même qu'on ne dit plus qu'un homme est « possédé du diable », mais qu'on utilise des mots plus récents comme « paranoïa », « parésie », etc., il faut renoncer à des termes comme « cambriolage au second degré ». C'est un vestige de la scolastique médiévale et ne signifie plus rien aujourd'hui. Il s'agit d'une conception morte de l'acte qui ne rend pas compte de l'être humain vivant qui est censé l'avoir commis. "Le meurtre", indique le code, "est toujours un meurtre, tout comme l'oxygène est toujours de l'oxygène". Mais même si un atome d'oxygène est exactement semblable à un autre, il n'y a pas deux meurtriers pareils. Le crime est infiniment complexe. Le « larcin » – un terme fixe et formel – ne peut pas décrire les réactions complexes provoquées par les divers stimuli de l'environnement, qui conduisent un groupe particulier de cellules nerveuses au vol. Nous devons tourner le dos aux mots abstraits des anciens livres de droit et développer un vocabulaire qui exprime les réalités.

Ce premier jour du congrès me parut l'apothéose même d'une futilité absurde. Une demi-centaine de délégués venus des quatre coins du monde se sont rassemblés dans l'une des salles d'audience du palais de justice. Nous étions censés être des hommes sérieux et pratiques, réunis pour trouver des moyens d'améliorer les méthodes de lutte contre la criminalité. Nous sommes restés assis pendant une heure et demie à travers des échanges fastidieux et grandiloquents de salutations internationales. L'élection d'un président, des présidents et vice-présidents d'honneur, d'un véritable secrétaire et d'une foule de secrétaires honoraires occupa le reste de la matinée. Le parlement d'une nation aurait pu s'organiser en moins de temps et nous nous étions réunis uniquement pour échanger des idées, nous n'avions aucun pouvoir.

Lorsque nous nous sommes retrouvés après le déjeuner, j'ai été convoqué. Il y avait trois délégués d'Angleterre, un du Canada et un autre des États-Unis. Les autres n'avaient qu'une connaissance de l'anglais à distance. Je me suis rarement senti aussi stupide que lorsque je lisais mon article devant un auditoire incompréhensible.

Les deux premiers à discuter de ma thèse étaient des Allemands. Ni l'un ni l'autre n'avaient complètement compris mon argument, ils m'ont attaqué avec acrimonie. Le troisième orateur était un Italien qui m'a tendu le poing. Je n'ai pas la moindre idée de ce dont il parlait. Puis un membre de la délégation anglaise , un évêque, s'est levé et a dit qu'il était bon d'avoir une note d'humanisme dans notre discussion, après que tous les criminels étaient – ou du moins avaient été – des hommes comme nous. Comme l'avait dit l'archevêque Quelqu'un en voyant un prisonnier conduit à l'exécution : « Là, mais pour la grâce de Dieu, j'y vais.

Puis un Français, à la barbe soigneusement soignée et au cynisme tout aussi soigné, a dit que j'étais un sentimentaliste. Il nous a dit qu'il était un « positiviste ». Il faisait souvent référence à Auguste Compte , philosophe que j'avais jusqu'alors toujours tenu en très haute estime. Il ressentait ma maladresse comme un incident des plus regrettables dans une assemblée scientifique. La criminologie, à moins qu'elle puisse être réduite à une science exacte comme la minéralogie ou les mathématiques, n'était pas une science du tout. Il termine en nous disant qu'il était heureux d'annoncer que les objections sentimentales aux châtiments corporels s'éteignaient rapidement en France et qu'il y avait toutes les chances que les chats à neuf queues soient réintroduits dans leurs prisons dans un avenir proche. . Ce que cela avait à voir avec mon sujet, je ne pouvais pas le voir.

Comment répondre à de telles critiques ? Ce n'était pas seulement la difficulté de la langue. D'une manière ou d'une autre , j'étais opprimé par la solitude. J'étais un barbare, un étrange parmi eux. Dans leurs pensées, ils étaient des « fonctionnaires », des « piliers de la société » – ce que Norman appelait avec mépris « les meilleures personnes ». C'était une erreur stupide qui m'avait amené devant eux. Ils ne connaissaient rien du crime, à part un fouillis de mots. Ils ne le feraient jamais.

Et ainsi, étant las de mon âme, je dis que, d'après ce que j'avais compris, ils étaient tous contre moi, à l'exception du monsieur d'Angleterre. Je voulais autant que possible répudier son attitude. J'ai protesté contre le blasphème de son archevêque. Je n'étais pas un homme d'Église, mais je n'avais pas le courage de blâmer la Divinité pour notre scandaleuse injustice humaine. J'étais désolé qu'il croie en un Dieu si immoral qu'il exerçait des actes de grâce spéciaux pour nous garder, lui et moi, hors de prison. Je pensais qu'une meilleure devise pour la réforme des prisons serait : « Là, mais par pure chance, allons-y ».

Cela a été considéré comme une sortie pleine d'esprit par tout le monde, sauf par les délégués anglais qui ont compris ce que j'ai dit et nous avons ajourné pour une réception d'État au Quirinal ; il y eut ensuite un dîner offert par la société pénitentiaire italienne. Le congrès s'est réuni de nouveau le lendemain à deux heures de l'après-midi. Le sujet était « Ventilation en prison ». Je me suis faufilé et j'ai trouvé mon chemin vers le Forum. Là, j'ai rencontré une âme sympathique : un jeune guide qui avait appris à parler anglais à New York. Nous nous sommes assis sur un morceau de la Rome antique et il m'a raconté ses aventures dans le nouveau monde.

"Déjà arrêté ?" J'ai demandé.

" Twitch ."

"Dans les Tombeaux ?"

"Bien sûr," dit-il avec un large sourire. "Pour un combat."

Je l'ai engagé pour le reste de mon séjour à Rome. Il m'a conduit dans un petit restaurant à proximité et après le dîner, nous nous sommes assis dans la toute haute galerie du Colisée et avons parlé de Mulberry Square. J'ai donc raté le dîner que nous offrait la municipalité.

Le lendemain, le grand Lombroso devait discuter des mesures de la tête. Antonio et moi avons visité le Vatican. C'était un anticléricaliste et les histoires indécentes qu'il me racontait sur les papes morts, alors qu'il me montrait leurs tombeaux à Saint-Pierre, étaient bien plus vivantes que les phrases chantées dans les guides qu'il utilisait pour commenter l'émerveillement et la beauté de le lieu. Il m'a emmené dîner avec sa famille dans un quartier résidentiel de Rome. Ainsi, les "spectacles" que j'ai vus n'étaient pas tant des images et des ruines que les âmes des paysans opprimés et amères contre l'Église et l'État. J'ai perdu une chance – sans aucun doute – d'augmenter mon maigre stock de « culture », mais je ne le regrette pas.

Mon collègue délégué américain a été choqué par mon abandon du congrès. Il a pensé que j'étais dans un animal de compagnie à la réception étant donné mon papier et a dit que ce n'était pas décent de rester à l'écart. J'y suis donc allé le lendemain et j'ai écouté une discussion sur l'opportunité d'introduire des médicaments dans l'alimentation des prisons pour réduire les troubles nerveux désagréables chez les détenus. Tout le monde semblait favorable à la proposition, la seule opposition venait de la prise de conscience de la dépense impliquée. Le président a exprimé l'espoir que l'on pourrait bientôt découvrir un médicament qui serait à la fois efficace et bon marché.

Une fois le congrès terminé, les délégués ont été invités par le gouvernement à visiter une prison modèle récemment ouverte dans le nord de l'Italie. Notre inspection consista en une promenade rapide dans les blocs cellulaires et un banquet dans les somptueux appartements du directeur. Nous avons porté plusieurs toasts aux membres de la famille royale puis, quelqu'un a proposé un pare-chocs au Congrès international des prisons. Je remarquai par hasard que la bouteille dans laquelle un garçon de forçat remplissait mon verre était étiquetée « *Lacrimae Christi* ».

"Larmes du Christ!" J'ai dit à mon prochain voisin. "Il serait plus approprié de boire ce toast avec l'eau dans laquelle Pilate s'est lavé les mains."

Mon voisin était un Français qui riait fort – il a donc fallu répéter cette injure irréfléchie. Le délégué anglais saisit l'occasion pour répondre à mon accusation de blasphème. Il y a eu beaucoup de commentaires en colère. C'était un incident regrettable, car il n'a servi à rien.

Le gouvernement hongrois nous avait également invités à visiter certaines de ses prisons de premier plan. Mais dans la gare de Milan, où nous attendions le train pour Trieste et Budapest, j'entendis le *chef de gare* appeler le Paris express. Cela m'est venu précipitamment. Je pourrais rentrer à la maison une semaine plus tôt. Pourquoi perdre plus de temps avec ces vieux messieurs stériles ? Je me suis enfui, j'ai eu juste le temps de récupérer mes bagages.

Arrivé à Paris tôt le matin, je me rendis immédiatement chez Cook et réservai un passage sur le premier bateau pour rentrer chez moi. Alors que je m'éloignais du bureau du bateau à vapeur, j'ai dû passer devant la fenêtre où se distribue le courrier. Je ne pense pas que je regardais consciemment la foule d'hommes et de femmes qui attendaient des lettres, en fait je me souviens très bien que je m'énervais en essayant de mettre une enveloppe trop grande dans ma poche, mais tout à coup j'ai vu Suzanne Martin est de retour. Il était impossible de s'y tromper, ni de s'y méprendre sur la magnifique pile de cheveux au-dessus de son cou mince.

J'ai continué mon chemin, avec l'intention de m'enfuir. Mais je me suis arrêté à la porte. J'ai pris un de ces dépliants touristiques très colorés - je crois que c'était une publicité pour un "Tour de Versailles en automobile" - et par-dessus j'ai vu Suzanne s'approcher peu à peu de la fenêtre, prendre sa poignée de lettres et s'asseoir. asseyez-vous dans l'un des fauteuils pour les lire.

enfin avec eux et se dirigea vers la porte. J'aurais aimé ne pas avoir attendu, mais j'avais honte de la laisser me voir m'enfuir. Je me suis profondément intéressé au petit livre. Elle devrait passer devant moi, mais si elle ne voulait pas bien reconnaître, elle ne devrait pas savoir que je l'avais vue.

<h3 style="text-align:center">V</h3>

"Pourquoi… bonjour… M. Whitman."

Ce n'est que lorsque j'ai entendu sa voix que j'ai réalisé à quel point cela comptait pour moi, qu'elle parle ou non. D'une manière ou d'une autre, nous sommes sortis par la porte donnant sur l'avenue de l'Opéra .

"Dans quelle direction vas-tu?" elle a demandé.

« Nulle part en particulier. Puis-je vous accompagner ?

Me voilà donc à Paris, marchant aux côtés de Suzanne. Je suppose que c'était une belle journée auparavant – c'était début juin, mais elle était soudainement devenue resplendissante. La journée avait commencé à rire. J'ai découvert qu'elle avait l'intention de passer plusieurs semaines à Paris, alors j'ai menti et dit que j'y étais aussi pendant un mois. Avec une joie égoïste, j'ai appris que Suzanne se sentait seule. Elle était évidemment heureuse d'avoir quelqu'un à qui parler. Craignant que si je ne m'occupais pas autrement, je puisse crier, je me suis lancé dans un récit fantaisiste du congrès de la prison. Cela nous conduisit jusqu'à un banc du jardin des Tuileries. Et là, quelque mot fortuit lui apprit que c'était ma première visite à Paris, que j'étais arrivé une heure à peine avant notre rencontre.

"Oh!" dit-elle en se levant d'un bond. Alors, la toute première chose à faire, c'est de gravir la tour de Notre-Dame. C'est l'endroit idéal pour avoir un premier aperçu de Paris.

" *Allons donc* ", m'écriai-je. J'aurais dit la même chose si elle m'avait suggéré la morgue.

Je me souviens que, pendant que nous avancions, Suzanne m'a indiqué divers lieux d'intérêt, mais je doute que mes yeux soient allés plus loin que la main gracieuse avec laquelle elle m'a indiqué. Puis, tout à coup, nous tournâmes à un coin et débouchâmes sur la place devant la cathédrale. Le charme de la jeunesse à côté de moi fut un instant brisé par les merveilles de l'antiquité. Comme le vieux bâtiment semble vivant avec les esprits des hommes morts depuis longtemps qui l'ont construit ! On dit que la cathédrale de Milan est aussi gothique. Mais mon collègue délégué a dû me gêner. Je ne l'avais pas vu comme c'était la première fois que je voyais Notre-Dame.

"Vous pourrez regarder la façade après", dit Suzanne, sa voix brisant le charme. "L'important est d'abord d'avoir la vue depuis le sommet."

Les escaliers tortueux et usés de la tour Nord étaient l'un des trésors de ma mémoire. Une impression étrange : l'épaisse maçonnerie, nos petits cierges scintillants dans l'obscurité, les brins égarés de la romance de Hugo et d'histoires encore plus anciennes, les gouttes d'humidité sur les pierres, le souffle froid et humide d'il y a très longtemps qui dominait tout, Les deux petites chaussures beiges très modernes de Suzanne et de petits aperçus de ses bas. Je me souviens de l'éclat soudain du premier balcon. J'ai aperçu rapidement la rivière et j'ai voulu m'arrêter. Mais Suzanne, qui « dirigeait personnellement » cette tournée, a dit que nous pourrions monter plus haut. Nous sommes donc entrés de nouveau dans l'obscurité et sommes enfin arrivés au sommet.

Je ne pourrais pas vous dire à quoi ressemble Paris depuis la tour de Notre Dame. Je me souviens seulement de l'apparence de Suzanne. La montée raide lui avait coupé le souffle et rehaussé son teint. La brise attrapait une mèche égarée de ses cheveux et lui jouait de délicieux tours. Et comme ses yeux brillaient d'enthousiasme.

"C'est mon endroit préféré sur terre", a-t-elle déclaré. "C'est le centre même de la civilisation. D'ici, on peut voir le lieu de naissance de presque toutes les idées qui ont profité à la race, les champs de bataille où toutes les victoires humaines ont été remportées. Voyez ! Là-bas, sur le Mont Sainte. Geneviève, c'est là qu'Abélard s'est brisé. Le Moyen Âge et la Réforme commencèrent. Et là-bas, dans le Quartier Latin, se trouve la plus ancienne faculté de médecine du monde. C'est dans une de ces maisons à flanc de colline que les hommes osèrent pour la première fois étudier l'anatomie avec un couteau. Et là... plus à l'ouest, c'est là qu'a vécu Voltaire. A proximité se trouve la maison de Diderot, où les encyclopédistes se réunissaient pour libérer l'esprit humain. Et ici, de l'autre côté du fleuve, se trouve le Palais Royal. Voyez le bosquet vert d'arbres. Sous l'un d'eux, Camille Desmoulins sauta sur une chaise et prononça le discours qui renversa la Bastille. Et là, voyez la statue en or de la victoire au-dessus des toits, c'est tout ce qui reste de la vieille forteresse sinistre. Et ainsi de suite. l'histoire de l'émancipation de l'homme s'est déroulée devant vous dans la brique et le mortier. »

Comme cela semble sans vie maintenant, alors que j'écris les fantômes de ses paroles qui hantent ma mémoire ! Mais comme ils sonnaient merveilleusement vivants cet éblouissant matin d'été, Paris étalé à nos pieds, nous deux seuls au sommet du monde ! Même alors, ses paroles auraient pu paraître mortes, si elles n'avaient pas été éclairées par sa beauté vibrante, par la foi glorieuse et l'enthousiasme qui était en elle. Toute cette histoire était pour elle d'une vitalité vitale. Ainsi s'étaient passés les premiers actes du grand drame du progrès. Et elle considérait le dernier acte – la consommation finale de la fraternité universelle – comme quelque chose de proche en effet, comparé aux longs siècles depuis qu'Abélard avait levé le rideau. Nous sommes toujours attirés par ce qui nous manque et sa foi m'a jeté de nouvelles chaînes.

Une nuée de touristes allemands s'est précipitée sur nous et, pour leur échapper, nous sommes descendus déjeuner. Lors de ce deuxième repas avec elle, elle me raconta un peu de sa vie. Elle avait été élevée à la foi. Sa mère, une Française, avait épousé un Américain. Suzanne était née à New York. Mais ses trois oncles avaient participé à la révolte communarde de 1871. L'un d'eux était mort sur la barricade. Les deux autres avaient été envoyés en Nouvelle-Calédonie. Le plus jeune, vivant les horreurs de cette colonie pénitentiaire, s'était enfui en Amérique et avait ramené les restes brisés de sa vie chez sa sœur. Il avait été le mentor de l'enfance de Suzanne.

Six mois avant que je la rencontre à Paris, elle était tombée malade à cause du surmenage et était venue chez des parents du sud de la France pour reprendre des forces. Désormais rétablie, elle passait le dernier mois de ses vacances à faire du tourisme à Paris. Elle m'a demandé où je m'arrêtais, ce qui m'a rappelé que je n'avais pas encore trouvé d'endroit où dormir. Je lui reprochais de m'avoir emmené à la cathédrale alors que j'aurais dû chercher un hôtel.

"Pourquoi gaspiller de l'argent dans un hôtel ?" elle a demandé. "Si vous restez ici plusieurs semaines, une *pension* est beaucoup moins chère."

Elle m'a parlé de l'endroit où elle séjournait sur la rive gauche. Il y avait des chambres vacantes. Je me suis précipité pour annuler ma navigation, récupérer mes bagages et, avant d'avoir eu le temps de me rendre compte de ma bonne fortune, j'ai été installé sous le même toit qu'elle. Mon souvenir des prochains jours est un brouhaha de Suzanne au Musée Carnavelet , Suzanne au Luxembourg, Suzanne sur la place de la Concorde, montrant où on avait guillotiné le roi, Suzanne sous le dôme des Invalides, dénonçant Napoléon et toutes ses voies.

En revenant de Versailles un soir, je lui ai demandé si elle avait déjà pensé à vivre définitivement en France.

"Non," dit-elle avec insistance. "J'aime la France, mais je n'aime pas les Français. Les hommes ne savent pas prendre les femmes au sérieux. Ils parlent toujours d'amour."

"Je leur envie le *sang-froid* avec lequel ils expriment leurs sentiments."

Les yeux de Suzanne jetèrent du feu. Affichant tous ses signaux de tempête, elle s'est lancée dans une dénonciation d'une telle désinvolture. Cette histoire de dire à une femme au premier regard qu'elle vous faisait tourner la tête, la dégoûtait. Cette insistance continuelle sur le sexe semblait méchante. "Pourquoi les hommes et les femmes ne peuvent-ils pas avoir des amitiés honnêtes et franches ?" » a-t-elle demandé. Elle aimait les hommes, leur point de vue, leur conversation et leur camaraderie. Mais les Français ne pouvaient pas réfléchir sérieusement si une femme était en vue. L'amitié était impossible avec eux.

"C'est assez incertain avec n'importe quel homme, n'est-ce pas ?" J'ai demandé.

"Eh bien. De toute façon, les hommes américains sont meilleurs. J'ai eu de charmants amis hommes à la maison."

"Et est-ce que les amitiés ont duré ?" J'ai insisté.

"Et bien non." Elle était merveilleusement honnête avec elle-même. "Pourquoi ? Ce n'était pas de ma faute."

"Probablement la faute de personne", dis-je. "Juste la sombre et vieille loi de la nature. On ne blâme pas le soleil pour son lever. On ne peut pas blâmer un homme pour ... "

"Oh, ne commence pas," l'interrompit-elle. "Je vous préviens justement."

Nous sommes restés assis, maussades, sur des sièges opposés jusqu'à ce que le train atteigne Paris.

"Oh frere!" dit-elle en sortant. "A quoi ça sert de se morfondre ? Soyons amis. Juste de bons amis."

Elle me tendit la main de manière si séduisante que je ne pus m'empêcher de la saisir.

« Honnête Injun », dit-elle. "Pas de triche ? Traversez votre cœur pour mourir."

donc engagé dans une relation platonique que, dès le début, je savais instable.

Le lendemain matin, comme pour prouver les bases plus solides de notre amitié, elle me dit qu'elle attendait que deux camarades, M. et Mme Long, alors en Allemagne, arrivent à Paris dans quelques jours. Ils prévoyaient de parcourir la Normandie pour visiter les cathédrales. Est-ce que je les rejoindrais ? Nous avons passé l'après-midi à parcourir une carte routière du nord-ouest de la France, à tracer un itinéraire.

Et puis, deux jours avant notre départ prévu, arriva un télégramme des Longs. Ils furent soudainement rappelés chez eux et naviguaient directement depuis Hambourg.

"Allons-y quand même", dis-je. "Nous pouvons mettre en place le jeu du frère et de la sœur. Ces Français ne savent pas si les frères et sœurs américains doivent se ressembler ou non. De toute façon, qu'importe ce que les autres pensent ?"

Bien. Nous avions acheté nos sacs à dos . Le voyage était prévu. Toutes ses promesses de plaisirs et d'aventures s'étaient emparées de nous deux. Elle hésita. Je suis devenu éloquent. Au bout de quelques minutes, elle a éclaté — visiblement ne m'ayant pas écouté.

« Tenirez-vous parole ? — Oui, je crois que vous le ferez. J'irai si vous me promettez de — eh bien — de ne pas devenir sentimental — me traiter vraiment comme une sœur.

"N'y a-t-il pas de limite de temps à la promesse ? Dois-je m'attacher à une relation fraternelle jusqu'à ce que la mort nous sépare ? Je n'approuve pas de tels vœux."

"Soit tu es stupide, soit tu essaies d'être drôle", a-t-elle lancé. "Vous proposez que nous partions seuls en voyage. Vous pourriez rendre cela extrêmement inconfortable et tout gâcher. Je ne commencerai pas à moins que vous ne me promettiez de ne pas le faire. C'est simple."

"Eh bien," dis-je. " Donnez et prenez. Je vous promets de ne pas devenir sentimental, si vous promettez de ne pas parler de socialisme. D'accord ? Nous rédigerons un contrat, un traité de paix. "

Et malgré ses protestations riantes selon lesquelles j'étais un imbécile, je l'ai rédigé en forme. Suzanne, partie de la première partie, Arnold, partie de la deuxième partie, acceptent, s'engagent et s'engagent par la présente à ne pas parler de sentiment ni de sociologie pendant le voyage qui sera décrit ci-après....

C'est ainsi que cela a été ordonné. Nous partîmes le lendemain matin en train pour Saint-Germain- en - Laye .

<h2 style="text-align:center">VI</h2>

L'un de mes trésors est une carte routière usée du nord-ouest de la France. Au départ de Paris, une ligne trace notre parcours prévu, descend la Seine jusqu'à Rouen, traverse la campagne jusqu'à Calais. C'est une ligne claire. J'avais une règle pour travailler et la carte était disposée sur le dessus de marbre d'une table du petit Café de la Rotonde . De Paris part également une autre ligne qui montre le chemin que nous avons suivi. Il est moins joliment dessiné, tracé en grande partie sur un livre posé sur mes genoux. Des étoiles marquent les endroits où nous nous sommes arrêtés, la nuit. De Saint-Germain- en - Laye , nous avons doublé jusqu'à Saint-Denis, puis une tangente vers Amiens, un nouvel angle vers Reims. Elle s'arrête brusquement à Moret -sur- Loing .

Je ne peux commander aucune forme littéraire pour rendre justice à cette Odyssée : elle m'a conduit vers ces hautes montagnes d'où l'on peut voir le merveilleux pays de l'amour.

Qu'avons-nous fait? Je me souviens des heures entières où nous marchions péniblement sans presque dire un mot. Je me souviens d'avoir couru avec elle dans la forêt de Saint Germain. Je me souviens d'un midi sous le grand orme du jardin d'un café de village. Il y avait une délicieuse omelette et *Madame la patronne* bavardait amicalement de ses enfants, de ses poules et de la nouvelle taxe inique sur le cidre. Je me souviens de l'émerveillement de ces fenêtres centenaires à Reims et du discours de Suzanne sur la Pucelle . Je me souviens d'avoir essayé de lui apprendre à lancer des pierres et de son dépit lorsque je lui ai dit en riant qu'elle ne pourrait jamais apprendre à le faire comme un homme. Et ici et là, tout au long de notre route, je me souviens de petits coins des Champs Élysées où nous nous sommes reposés un moment et avons discuté. Suzanne avait trouvé que je n'appréciais pas Browning. Souvent, en chemin, elle sortait de son sac à dos un petit volume de ses vers et me faisait écouter. Le premier poème qui m'a charmé fut « Cléon ». Cela nous a conduit très loin dans une discussion sur le sens de la vie et Suzanne – pour rendre plus claire la préférence de Browning pour l'homme qui vit plutôt que pour l'homme qui écrit sur la vie – a lu « The Last Ride Together ». Sa voix vacilla une fois – elle réalisa, je pense, à quel point cela se rapprochait du sujet interdit — mais elle pensa qu'il valait mieux continuer à lire. Après cela, j'ai appartenu à Browning.

Ces vers semblaient écrits pour exprimer notre sortie. Je ne sais pas si elle a regardé au-delà de notre promenade ou non. Je n'ai pas. Que se passerait-il une fois notre pèlerinage terminé , je n'ai pas demandé. Le présent était trop d'une joie vertigineuse pour remettre en question l'avenir.

Nous arrivons enfin à Moret , à la lisière de la grande forêt de Fontainebleau. Nous avions eu l'intention de continuer et de dormir à Barbizon, mais nous avions flâné en chemin, et au petit hôtel de la Palette, on nous a dit que la route était trop longue pour le confort d'un après-midi. Nous nous y sommes donc arrêtés pour flâner quelques heures dans la forêt et partir tôt le matin.

Ils nous donnèrent deux chambres mansardées, car l'hôtel était rempli d'étudiants en art et la plus grande partie était remplie. Je me souviens comment les murs nus étaient couverts de croquis et de caricatures. Il y avait un coucher de soleil particulièrement bizarre peint sur la porte entre nos chambres.

Le déjeuner terminé, nous partons pour la forêt. Nous arrivâmes bientôt au sommet d'une colline, avec vue sur l'océan de cimes d'arbres, le donjon gris de Moret , au nord. Suzanne, comme à son habitude, se jeta face contre terre dans les hautes herbes. Il me semble que je n'ai pas de souvenir d'elle plus précis que dans cette pose. Je m'assis à côté d'elle, admiratif. Soudain, elle leva les yeux.

« Demain soir Barbizon, dit-elle, le lendemain Paris et notre escapade est terminée.

Elle regarda une longue vue entre les arbres. Je ne sais pas ce qu'elle a vu là-bas. Mais quel que soit l'angle dans lequel je regardais, je voyais un nuage de petits morceaux de papier flottant dans une corbeille à papier.

« Et alors, dis-je, un certain traité de paix inique sera déchiré en lambeaux.

Ma pipe avait grillé avant qu'elle ne reprenne la parole. Ses paroles, lorsqu'elles sont venues, étaient totalement étrangères à mon rêve.

"Pourquoi as-tu écrit ce genre de livre ?"

Il y avait une condamnation sincère dans sa voix. Pour gagner du temps, j'ai demandé.

"Tu n'aimes pas ça ?"

"Bien sûr que non. Ce n'est pas sincère."

J'ai rempli ma pipe avant de relever le défi.

"Vous devrez rendre votre acte d'accusation plus détaillé. Qu'y a-t-il de peu sincère là-dedans ?"

"Tu le sais aussi bien que moi."

Jamais, dans aucun de nos entretiens, elle ne m'a donné une impression aussi vive de sérieux. Avec un brusque retournement, elle s'assit et me fit face.

"C'est cynique. Il y a deux parties dans le livre : l'exposé et les conclusions. Les conclusions sont pitoyables. Vous suggérez un programme de réformes du système judiciaire et pénal. Et elles sont mesquines : si elles étaient toutes acceptées, cela ne résoudrait pas le problème. " Le problème de la criminalité. Vous insinuez l'une des deux choses suivantes, soit que ces réformes résoudraient le problème, ce qui n'est pas le cas, soit que le problème est insoluble, ce qui n'est pas le cas. "

"Comptez un", dis-je. "Plaidoyer différé."

"Et puis, c'est pire, vous savez qu'il n'y a pas plus de chance que ces réformes soient accordées dans notre système actuel, que de réformer l'arithmétique pour faire deux et deux cinq."

« Chef d'accusation deux. Non coupable.

"Aucun jury ne vous acquitterait. Mais il y a un troisième chef d'accusation, peut-être le pire de tous. Le livre est horriblement superficiel. Caché dans votre préface, vous mentionnez le fait que les pires crimes contre la société ne sont pas mentionnés dans le code. Vous insinuez gentiment que certaines transactions à Wall Street sont des vols, même si elles ne sont pas illégales. Tout cela est caché dans votre préface !"

"C'est totalement injuste", protestai-je. "Vous vous disputez avec moi au sujet d'une définition. Mon livre traite du phénomène des tribunaux pénaux. Je n'ai rien à voir avec ce que vous ou les journaux appelez crime. Si je voulais que mon travail soit scientifique , il me fallait une définition précise. Et j'ai dit que le crime consiste en des actes interdits par le législateur. J'ai souligné que c'est une conception arbitraire, qui est en constante évolution. Certaines choses - comme embrasser sa femme le jour du sabbat - ne sont plus criminelles et d'autres - comme celles-ci Les transactions à Wall Street seront probablement des crimes demain. Votre troisième chef d'accusation n'est pas contre moi mais contre la « méthode scientifique ».

"Bêtises!" rétorqua-t-elle. "Vous essayez d'éluder une grande vérité humaine par un prétexte scientifique. Vous savez que quatre-vingt-dix pour cent du droit pénal, tout comme quatre-vingt-dix-neuf pour cent du droit civil, est un effort pour faire reconnaître des rapports de propriété qui sont fondamentalement injustes. " Si nos relations économiques étaient bonnes , elles élimineraient quatre-vingt-dix pour cent de la criminalité. Et la justice –

le socialisme – ferait davantage, elle donnerait naissance à des personnalités plus saines et plus nobles et éliminerait les dix pour cent restants. C'est là le nœud du problème de la criminalité. et tu l'esquives.

"Vous avez un chapitre sur la prostitution. C'est magnifique, le meilleur que j'ai vu, où vous décrivez les conditions actuelles. Mais les conclusions sont... enfin... écoeurantes. Pensez-vous vraiment que prendre les empreintes digitales des pauvres femmes aidera ? Bien sûr que vous Tout cela est enveloppé dans la grande injustice qui est à la base de toute vie. Vous arrivez droit au but – vous dites que la plupart de la prostitution survient parce que les filles des pauvres n'ont pas d'autre alternative que l'atelier clandestin – et puis vous fermez votre bouche comme un imbécile ou un lâche.

"Votre livre aurait pu être merveilleux – une grande contribution. Oh, pourquoi pas? Il n'est qu'en demi-teinte – peu sincère!"

Je ne me souviens pas de ma défense. J'ai essayé de lui faire voir comment nous abordions le problème à partir de pôles opposés, comment son point de départ était une organisation sociale idéale, tandis que moi je partais du monde tel qu'il est, comment elle parlait en termes d'absolu, et je pensais seulement des valeurs relatives, comment elle voyait une vérité constante de la vie et je croyais en un changement omniprésent. Nous nous sommes battus âprement – avec des mots bruts – tout l'après-midi. Ni l'un ni l'autre n'ont convaincu l'autre, mais je pense l'avoir persuadée de ma sincérité, presque persuadée que « étroit » n'était pas le meilleur mot pour exprimer mon point de vue – que « différent » était plus juste . Le soleil était couché sur la cime des arbres quand elle mit enfin un terme à la dispute.

"Nous ne serons jamais d'accord. Nos points de vue sont très éloignés."

"Mais cela," dis-je, "ne fait aucune différence, tant que nous sommes honnêtes les uns envers les autres et envers nous-mêmes."

"Je n'en suis pas sûre", a-t-elle déclaré. "Je dois y réfléchir."

Elle s'étendit de nouveau sur l'herbe et commença à enfoncer une paille dans une fourmilière. Je me suis assis, j'ai fumé et j'ai béni les dieux qui avaient façonné un dos si parfait. Puis elle regarda sa montre et se leva d'un bond.

"Tu te rends compte, Suzanne, que tu as violé le traité ? Tu as parlé de sociologie et de socialisme. Maintenant, je suis libre..."

"Oh ! S'il te plaît, ne le fais pas !" elle l'interrompit. "Pas maintenant. Nous devons nous dépêcher d'aller dîner."

Je me suis levé en riant et nous avons marché en silence, entre les grands arbres, dans le crépuscule tombant, jusqu'à l'Hôtel de la Palette. La jovialité de cette troupe de jeunes artistes nous obligeait à parler de choses insignifiantes. Après le dîner, nous restâmes un moment sur le seuil. Derrière nous c'était une gaieté bruyante, devant nous la pleine lune illuminait les murs gris de la citadelle, brillait de manière séduisante sur un tronçon tranquille du fleuve.

"Viens," dis-je. " Descendons au pont, l'eau sera magnifique sous cette lumière. "

Pendant un moment, elle resta en retrait à contrecœur ; puis tout à coup consentit. Mais dans le village, elle perdit beaucoup de temps à chercher la maison où Napoléon avait dormi caché à son retour de l'île d'Elbe. Quand nous arrivâmes enfin au pont, elle grimpa sur le parapet. Je m'appuyais contre elle à côté d'elle. La lumière sur la rivière était magnifique. Même s'il n'y avait pas de vent, les gros nuages au-dessus de nous étaient ballottés comme des navires sans gouvernail dans une tempête. Pendant un moment, la lune était cachée, nous laissant dans l'obscurité totale, le moment suivant, elle éclatait, sa gloire faisant revivre tous les détails des vieilles maisons pittoresques au bord de la rivière. Suzanne fit une ou deux tentatives stériles de conversation. Je me plonge enfin dans les vraies affaires du moment .

"Bien sûr," commençai-je, "si vous le souhaitez vraiment, je retarderai cela jusqu'à ce que nous arrivions à Paris."

Il y avait un resserrement perceptible de ses muscles – un renforcement. Mais elle ne parlait pas.

Si j'ai été éloquent ce soir-là, persuasif, c'est parce que je n'ai pas plaidé pour moi, mais pour l'amour. On dit parfois que l'amour est égoïste, subjectif, il me semble la chose la plus objective au monde. C'est, dans sa forme la plus grandiose, je pense, un abandon complet à la grandeur ultime de la vie. Sans amour, nous n'avons rien pour quoi nous battre sauf nos petites personnalités, pas de meilleure occupation que de magnifier notre individualité. L'amour nous montre de plus grandes choses. C'est du moins ce que j'ai essayé de dire à Suzanne. Elle considérait l'amour comme un élément perturbateur de la vie. J'ai essayé de le lui montrer comme le but, l'apothéose de la vie.

Il me semble, en y repensant maintenant, que je ne pensais guère à Suzanne, pas du tout à mon désir pour elle. Je parlais à quelque chose de plus loin qu'elle, peut-être à la lune. J'essayais désespérément de formuler une foi, de donner voix à une croyance.

Et puis elle a posé sa main sur la mienne et j'ai oublié la lune. Je n'ai vu que la gloire de son visage, différente de ce que j'avais jamais vu. C'était plus pâle que d'habitude et rêveur. Cela me semblait étonnamment proche. Quand je l'ai embrassée, elle ne s'est pas détournée.

Soudain, il pleut.

Une grande partie de ma vie a dépendu de ces hasards stupides et ridicules. Il pleuvait à verse – détrempé et froid. C'était une affaire sérieuse pour nous. Nous voyagions légers, avec rien d'autre que nos sacs à dos plus près de Paris, sans vêtements d'extérieur hormis ceux que nous portions. Même si nous avons couru jusqu'au bout, nous étions trempés jusqu'aux os avant d'arriver à l'hôtel. La pluie s'est arrêtée aussi brusquement qu'elle avait commencé. Nous étions trop essoufflés pour parler alors que nous montions les escaliers jusqu'à nos chambres mansardées.

Après m'être bien frotté, avoir séché mes sous-vêtements et mon pyjama, je me suis enveloppé dans une couverture et j'ai allumé ma pipe. À travers la fine cloison, j'entendais Suzanne donner l'ordre à la bonne de sécher ses vêtements près du feu de la cuisine. Puis son lit craqua. Du café du rez-de-chaussée retentissaient des bruits de gaieté tumultueuse. Notre conversation avait été si peu concluante.

"Suzanne", dis-je en frappant à la porte entre nos chambres. "Puis-je entrer ? S'il vous plaît. C'est extrêmement important."

Il n'y eut pas de réponse et j'ouvris la porte. La lune, s'étant échappée des nuages, brillait par la fenêtre mansardée, pleine sur son lit, peignant ses cheveux d'un rouge plus riche que d'habitude. J'ai dû être étrange à voir, avec cette couverture enroulée autour de mes épaules. Mais elle ne sourit pas. Je ne trouve aucun mot pour nommer son expression, à moins que l'émerveillement ne suffise. On évoquait le visage étonné d'un somnambule. Instinctivement, je savais qu'elle ne me repousserait pas. Ce moment, elle était à moi. Mais je ne désirais pas ce qu'un homme peut « prendre » à une femme. Je voulais qu'elle donne.

Je me suis assis au pied du lit et j'ai essayé de la mettre dans l'ambiance dont j'avais faim. Ce n'était pas de la retenue de ma part. Je n'avais pas conscience de la passion. Ce que je voulais me paraissait plus beau et plus grand. Si elle m'avait tendu la main, tous mes désirs refoulés auraient explosé. Si elle avait essayé de me renvoyer, cela aurait pu m'enflammer. Si elle avait parlé... je ne me souviens pas d'un mot. Elle était là comme dans un rêve. Il y avait un regard étrange et hébété dans ses yeux, peut-être était-ce une attente impressionnée. Je ne l'ai pas lu donc.

Dans l'espoir de la réveiller, j'ai embrassé ses mains et son front. La grande mèche de ses cheveux bougeait dans mes mains comme une chose vivante. Son parfum m'a donné le vertige. Craignant l'ivresse, je m'éloignai un moment près de la fenêtre, regardai la lune déclinante, jusqu'à ce que ma tête redevienne claire. Je suis revenu et je me suis agenouillé près de son lit.

"Suzanne. Ce que je veux, ce n'est pas une chose pour la nuit, ce n'est pas une chose de clair de lune et d'ombres. Ce que je veux doit être fait de jour en plein air - en plein midi - pour toujours et pour tout ce qui viendra après. demain sous le soleil flamboyant...."

Je ne pouvais pas dire ce qu'il y avait dans mon cœur. Les derniers rayons de la lune effleurèrent le profil de son visage avec une telle intensité que soudain j'eus envie de prier.

"Oh, Suzanne, j'aimerais que nous croyions en un Dieu, nous deux. Pour que je puisse prier sa bénédiction sur toi, sur nous."

Puis je l'ai embrassée sur les lèvres et je suis parti.

Les heures que j'ai passées devant ma fenêtre cette nuit-là étaient, je suppose, les plus proches que j'ai jamais atteintes du paradis. Il me semblait qu'enfin mes doutes torturants étaient terminés, que j'avais lu dans la Révélation divine, que le chemin, la vérité et la lumière m'avaient été clairement révélés. Pour la deuxième fois de ma vie, j'ai eu l'assurance du salut.

Juste au moment où le soleil se levait sur les collines de l'est, je l'ai entendue se lever du lit, j'ai entendu le bruit de ses pieds nus se dirigeant vers la porte. J'ai sauté de mon siège près de la fenêtre. Mon rêve s'est réalisé : elle venait vers moi à l'aube.

La porte s'ouvrit à peine d'un centimètre. Sa voix ressemblait à celle d'un étranger.

"Arnold. S'il te plaît, descends dans la cuisine et récupère mes vêtements."

J'étais prêt à lui ouvrir les veines et elle m'a demandé de descendre et de lui apporter une jupe, un chemisier et des chaussures.

"Ne reste pas là comme un idiot," dit la voix étrange. "Je veux mes vêtements."

Eh bien, d'une manière ou d'une autre, j'ai trouvé les vêtements et je les ai ramenés. Elle les fit entrer en toute hâte par la porte, me la ferma au nez, la verrouilla. Je pense que c'est le grincement du pêne dans la serrure qui est ce que j'ai clairement réalisé pour la première fois. Elle avait peur que je m'impose à elle. Nous étions de parfaits inconnus, elle ne me connaissait pas du tout.

Un jour, lors d'une émeute, j'ai vu un homme frappé entre les yeux avec une brique. Cela a dû le rendre immédiatement insensé, mais il a terminé la phrase qu'il criait, s'est penché pour ramasser une pierre, s'est arrêté comme s'il avait pensé à quelque chose, s'est assis sur le trottoir, hébété - ce devait être un plein une demi-minute avant de gémir et de s'effondrer.

Après que Suzanne ait enfoncé le verrou de sa porte dans le rêve, je me suis habillé et je me suis assis bêtement pour attendre. Je l'entendis bouger dans sa chambre, je l'entendis mettre ses chaussures - je me souviens avoir pensé que comme elles étaient mouillées, elles devaient être raides ce matin - puis elle déverrouilla et ouvrit la porte.

"Arnold", dit-elle d'une voix contrainte que je ne connaissais pas. "Je dois partir, je veux être seul. Il y a un train pour Paris dans quelques minutes."

Je suppose que j'ai fait un mouvement comme pour la suivre.

"Non. Ne viens pas. Je dois réfléchir par moi-même. Je dois le faire" - le ton tendu de sa voix était désespéré, presque hystérique - "Laisse-moi y aller seul. J'écrirai à vous... celui de Cook. Je suis... »

Elle s'est retournée sans un mot d'au revoir et j'ai entendu ses pas dans les escaliers de la maison encore calme. Et bientôt, peut-être quinze minutes, peut-être une demi-heure, j'entendis le sifflement d'un train.

VII

Au bout d'un moment, je « suis revenu à moi ». Je suis entré dans sa chambre et j'ai regardé autour de moi. Dans sa hâte de partir, elle avait oublié son sac à dos , il gisait là, bien en vue, sur le lit renversé. Je suis descendu, j'ai bu du café ct j'ai payé l'addition. Je me souviens d'une envie insensée de pleurer lorsque j'ai réalisé que je devais payer pour nous deux. Durant tout le voyage, elle avait scrupuleusement insisté pour veiller à sa part. Avec seulement nos deux sacs pour compagnie, je montai à Paris. Elle avait récupéré ses bagages à la pension une heure avant mon arrivée, elle n'avait laissé aucune adresse. Je passais la plupart de mon temps dans le jardin des Tuileries, allant toutes les heures environ chez Cook chercher la lettre qu'elle avait promise. Il y avait des moments où j'espérais qu'elle reviendrait, où il me semblait impossible de ne pas la retrouver, parfois je désespérais. Mais ce n'était surtout qu'une douleur sourde et stupéfiante, qui n'était ni espoir ni désespoir. Au bout de trois jours, la lettre arriva. Le cachet de la poste était Le Havre.

"Cher ami Arnold,

"Il m'a fallu plus de temps que je ne le pensais pour être sûr de moi. Je ne peux pas t'épouser. Cela n'a jamais été difficile pour moi de dire cela auparavant. C'est difficile maintenant. Je sais à quel point cela te fera du mal. Et je m'en soucie. plus que je ne l'ai jamais fait auparavant. Plus, je pense, que je ne m'en soucierai plus jamais. Car je ne peux imaginer aucune meilleure façon d'être aimé que la vôtre.

" S'il n'y avait pas la douleur que cela vous a coûté, je serais heureux du hasard qui nous a réunis à Paris. Les jours qui ont suivi ont été les plus joyeux que j'aie jamais connus, presque les seuls. Je n'ai pas retrouvé la vie. une affaire heureuse. Vous ne réaliserez sûrement pas, je doute que quiconque le réalise, à quel point le monde me semble triste. Mais d'une manière ou d'une autre, à cause de la misère accablante qui nous entoure, vous m'avez aidé à m'échapper pendant un moment, m'avez aidé à arracher une partie de ' l'esprit de joie qui vient rarement. C'était parfait – ces journées inoubliables sur la route.

"Je n'arrive pas, même après toute cette réflexion, et je n'ai pensé à rien d'autre, à comprendre clairement ce qui s'est passé à Moret . Quand tu as commencé à me parler d'amour, eh bien, c'était la première fois de ma vie, je l'ai fait. Je ne veux pas m'enfuir. Nous avons tous notre rêve de femme caché quelque part en nous. Je ne me souviens pas de ce que tu m'as dit là-bas sur le pont mais tout à coup, mon rêve est devenu grand. L'amour semblait quelque chose que j'avais toujours attendu. J'ai gardé me demandant « est-ce que ça peut enfin être de l'amour » – et parce que je ne voulais pas m'enfuir, j'ai pensé que oui.

"Quand tu es venu dans ma chambre, j'étais ivre de ce rêve. Que tu n'aies pas profité de ma perplexité... eh bien, c'est ce que je voulais dire quand je disais que je ne pouvais penser à aucun amour plus beau que celui que tu m'as donné. Je ne pouvais pas Je t'aurais fait des reproches si tu l'avais fait. Dieu sait ce que cela aurait voulu dire. Cela aurait pu renverser la balance, j'aurais pu t'aimer, d'une certaine manière. Mais cela n'aurait pas été *toi* , et cela n'aurait pas été ce que tu voulais.

"Quand tu es parti, j'ai commencé à me souvenir de tes paroles - je les avais à peine entendues - et puis j'ai compris ce que tu voulais. Cela me paraissait très beau et - le croiras-tu - je voulais te le donner, que ce soit pour toi. Mais au fur et à mesure que les heures passaient, la peur grandissait que je ne pouvais pas, devenait une certitude. Et j'avais peur que si je restais, je te tromperais. Et alors, dans la peur, je me suis enfui.

"Je sais que j'ai dû vous paraître très cruel ce matin-là. Et j'écris tout cela dans l'espoir que vous comprendrez que j'ai été dur parce que j'avais peur, c'était la cruauté de la faiblesse. J'avais envie de mettre mes bras autour de moi. et pleurer. Tu verras qu'il valait mieux que je ne le fasse pas. Pour l'instant, la tête froide, il est très clair pour moi, non seulement que je ne pourrais pas être pour toi ce que tu souhaites, mais qu'au fond je le fais. Je ne veux pas, je ne t'aime pas.

"Je voudrais rendre cela moins brutal, mais c'est vrai. Ce n'est pas seulement sur le socialisme que nos points de vue sont très éloignés, mais aussi sur cette question d'amour.

"Le porteur appelle l'autobus pour mon paquebot. Je dois arrêter ou rater l'offre. C'est aussi bien. Si je ne vous ai pas montré dans ces quelques pages ce que je ressens, je ne pourrais pas en deux fois plus."

Je n'étais pas assez homme pour prendre mes médicaments tranquillement. La lettre m'a sorti de ma léthargie, m'a plongé dans une rage, la pire humeur de ma vie. J'ai maudit Suzanne, maudit l'amour, maudit l'Europe. J'ai engagé le passage sur le premier bateau pour rentrer chez moi. J'ai emporté le sac à dos de Suzanne avec l'intention d'en faire laver le contenu et je le lui ai rendu avec un mot désinvolte et insultant. J'ai occupé la majeure partie du temps jusqu'au départ du bateau, sur sa composition. À bord, je buvais à la va-vite, je jouais de manière imprudente – et c'est ce qui se passe souvent – et je gagnais beaucoup.

Mais la dernière nuit, hors quarantaine, la fureur et la folie m'ont quitté. Après tout, j'avais provoqué une tempête incroyable dans une théière. Qu'importait que mon histoire d'amour soit droite ou mauvaise ? Je me sentais tellement l'enfant gâté, que j'avais honte de regarder les étoiles patientes et éternelles. Après les vagues espaces ouverts de la mer, le port bondé, la lueur et le bourdonnement lointains de la grande ville semblaient bien réels. Une fusée éclairante jaillit de Coney Island, éblouit un instant et s'éteint. J'ai ri. Les lumières inférieures le long du rivage n'étaient pas si brillantes, mais durables.

Je me suis penché par-dessus la rampe et j'ai tendu les yeux vers la ville. Et il me semblait que la vie me venait pendant la nuit comme une chose qu'on pouvait tenir dans la main et étudier.

Les Tombeaux et tous ses habitants, juges corrompus et honnêtes criminels. Dans quelques jours, je retomberais dans l'ornière parmi eux. Qu'était devenu Sammy Swartz ? Pickpocket de pièces détachées, il avait, lorsque je suis parti, récurer vertueusement les sols d'un immeuble de bureaux – une tâche mortelle, comparée à l'élan et à l'aventure de son ancienne vie. Qu'est-ce qui l'a retenu ? Était-ce seulement la peur de la prison ou un vague désir de rectitude ? Était-il toujours « sur la place » ou était-il revenu à la « greffe » ?

Le Tipi, Norman, Nina et la petite Marie. Que faisaient-ils? Je me demandais probablement quand je reviendrais et j'organisais une fête. Mes questions revenaient à l'ancienne maison du Tennessee. Le Père et Margot, que faisaient-ils, que leur avait-on fait ? Et Ann ? Il faudrait que je lui fasse du mal demain matin, avec mes nouvelles. La vie avait creusé un fossé entre nous.

Et Suzanne ? Elle était quelque part en ville. Je l'imaginais en conseil avec ses camarades dans une salle de comité crasseuse, dans un immeuble d'habitation - la lumière de la vision glorieuse dans leurs yeux - planifiant la grande reconstruction, préparant le couronnement de la justice. Elle avait tourné le dos à l'amour que j'offrais pour qu'un plus grand amour puisse se manifester. Cela m'a semblé faux. Mais à tort ou à raison, je l'aimais plus que jamais cette nuit-là. C'était comme si une comète était devenue une étoile fixe.

Et j'étais désolé pour elle, tout en l'admirant. Comme nous tous, elle était prise dans la vaste toile d'araignée de la vie, battant ses ailes en morceaux dans l'effort divin pour atteindre la lumière. Toutes les personnes auxquelles je pouvais penser semblaient dans le même sort : admirables et pitoyables. Notre immense famille, en train de se reproduire et de lutter, n'est-elle pas aussi semblable dans l'incertitude de la vie que dans la certitude de la mort ?

Une fois à terre, j'ai appelé Ann au téléphone. Son laboratoire avait été transféré en ville et nous avons donc pu organiser un déjeuner ensemble. J'étais content du restaurant public, j'aurais eu plus de mal à lui parler de Suzanne si nous avions été seuls. Une fois qu'Ann a compris, elle m'a rendu la tâche aussi facile que possible.

"Et alors," dit-elle enfin alors que nous atteignions l'entrée de son laboratoire, "tu ne viendras pas à Cromley ?"

"Je serais un invité résolument maussade, j'en ai bien peur",

Elle resta un moment debout sur la marche, les sourcils froncés.

"Eh bien," dit-elle, "Si vous la voulez vraiment, poursuivez-la. Frappez-la à la tête et traînez-la jusqu'à votre grotte. Oh, je sais. Je suis trop réaliste et tout ça. Mais c'est la façon dont pour l'avoir, battez-la un peu.

"J'ai eu l'occasion de le faire", dis-je, "et je n'ai pas pu. Peut-être que tu as raison, mais je l'aime un peu trop. Je ne la poursuivrai pas."

Ann renifla.

"Si j'étais un homme, je ferais ce que je veux." Puis ses yeux s'adoucirent. "Mais je ne suis qu'une femme. Tout ce que je peux faire, c'est vous dire que vous êtes toujours la bienvenue à Cromley ."

Elle se retourna et monta les marches en courant jusqu'à son laboratoire.

Au cours de cette conversation, j'ai réalisé plus clairement qu'auparavant la différence fondamentale entre le point de vue d'Ann et le mien. Sa philosophie lui a appris à se contenter, sinon de se contenter, du moins de demi-choses. Si elle ne pouvait pas obtenir exactement ce qu'elle voulait, ni la totalité, elle essayait de se contenter de ce qui était disponible. Sans aucun doute, elle trouvait la vie plus digne d'être vécue que moi. Mais une telle attitude envers Suzanne m'aurait semblé une profanation. Peut-être que si je l'avais recherchée, discuté avec elle, essayé de dominer sa volonté – essayé, au sens figuré, de « la battre un peu » – j'aurais pu la persuader de m'épouser. Peut-être. Mais ce que j'aurais pu gagner de cette manière n'aurait pas seulement été moins que ce que je voulais, mais quelque chose de tout à fait différent.

Il n'avait pas fallu « persuader » pour me faire aimer Suzanne. J'avais vu d'innombrables femmes, j'en avais rencontré, je suppose, plusieurs milliers. J'en connaissais beaucoup depuis plus longtemps que Suzanne. Mais elle se distinguait des autres, non pas comme « une autre » femme, non pas comme une femme plus belle, plus intelligente ou plus sérieuse – même si elle était tout cela – mais comme quelque chose de tout à fait différent – ma femme. Si elle ne me reconnaissait pas, de la même manière soudaine et indiscutable que son homme, je ne pourrais rien y faire. Elle n'a pas.

Le sage d'Israël a dit que la voie d'un homme avec une servante est inconcevable. Il serait plus vrai de dire que les manières des hommes avec les jeunes filles sont trop variées et trop nombreuses pour être classées. Ma façon de faire était peut-être insensée. Très probablement, je demandais à la vie plus que ce qui est accordé aux mortels. Mais ce n'est qu'un petit réconfort.

Peut-être que Suzanne m'aimait et avait, en s'enfuyant, obéi à un instinct séculaire et ineffaçable de son sexe. Il est possible qu'elle ait pleuré parce que je n'ai pas joué au vénérable jeu de poursuite. Peut-être que si j'avais profité de l'heure où elle était entièrement à moi, cela aurait pu « renverser la balance ». J'aurais pu entrer dans la gloire. Je ne comprends pas les forces de la vie qui régissent notre accouplement. Mais une chose que je sais : je n'étais amoureux d'aucune Suzanne qui aurait pu être « persuadée ».

Je me suis assis pendant un certain temps sur un banc à Union Square, réfléchissant à cela, après avoir quitté Ann. J'avais une étrange réticence à replonger dans mon ancienne vie. Je me souviens avoir regardé avec envie deux clochards assis dans un silence contemplatif sur un banc en face de moi. J'étais tenté de m'éloigner, hors du monde des responsabilités, vers ce pays étrange où rien n'a d'importance. Il existe deux sortes d'envie de voyager ; celui qui pousse les pieds et celui qui pousse l'esprit. Mais finalement , je me suis débarrassé de cette lâche lassitude et j'ai marché en ville jusqu'au tipi.

Nina a passé ses bras autour de mon cou. Norman m'a frappé dans le dos, la petite fille Marie m'a embrassé timidement et Guiseppe est sorti de la cuisine en boitillant pour compléter l'accueil. Pendant qu'ils me bombardaient encore de questions, Norman se remit à son travail. Il avait une grande feuille de papier à dessin punaise sur la table et dessinait une publicité pour une nouvelle marque de cornichons. Quand les autres disparurent pour tuer le veau gras, il posa une main sur mon épaule et m'examina attentivement.

"Vous avez été sur les rochers ?" il a dit.

Je n'avais pas réalisé que cela se voyait. J'acquiesçai.

Il a ajouté une touche de pourpre à côté d'un vert éclatant.

"N'est-ce pas féroce ?" il a dit. "On n'accrocherait pas ce genre de chose au Louvre mais c'est ce qui fait que le public achète." Il plissa les yeux tristement : « Cette affaire d'amour me dépasse. Qui aurait cru que je pourrais tomber sur Nina là où je l'ai fait ? Vous connaissez cette chanson d'Euripide.

"Ce Cyprien

C'est mille, mille choses

Elle apporte plus de joie que n'importe quel Dieu,

Elle apporte

Encore du malheur. Oh, peut-être

Une heure de miséricorde quand

Elle me regarde.

J'avais abandonné toute l'affaire par dégoût — et c'était résolu pour moi. — Dis. Je dois travailler dans un peu de bleu brut ici. Des cornichons verts, du poivron rouge, du bleu – oh oui – une étiquette bleue sur la bouteille. Doux! n'est-ce pas ?

"Vous savez, parfois, je pense que nous avons tous tort d'essayer de joindre nos cerveaux. Vous ne diriez pas que Nina est exactement mon égale intellectuelle, mais je ne connais aucun homme marié à un diplômé universitaire qui ait quelque chose sur moi. Je le supporterai. Marie contre toute progéniture intellectuelle."

Il retira les punaises, installa son croquis sur la cheminée et traversa la pièce pour obtenir l'effet. Il secoua la tête, fit un geste de la main et ses lèvres remuèrent comme s'il contestait. Il l'épingla de nouveau et commença à inscrire les lettres.

" Bien sûr, reprit-il le fil de sa pensée, il y a des gens qui disent que ce n'est pas du tout un mariage, que je viens de légaliser ma maîtresse. Mais j'ai vu beaucoup de gens s'efforcer, rompre leur cou, pour quelque chose qu'ils appelleraient plus beau, plus spirituel - et n'obtenant rien du tout. Je sais que je suis plus heureux que la plupart. Je suis satisfait de *ma* chance. C'est le point. Je ne peux pas appeler cela autre chose que de la chance — À propos. Il y a une pile de lettres pour toi.

Et donc je me suis replongé dans l'ornière. Dans les Tombeaux, je cherchais de nouveaux devoirs, j'essayais de me perdre, d'oublier le désordre que j'avais fait, dans le travail. Nina et Norman se tenaient à mes côtés à cette époque avec une belle et douce loyauté. Ils ne posaient aucune question, mais semblaient savoir ce qui n'allait pas. Je me sentais toujours au milieu d'une conspiration de joie. C'est pendant ces mois mornes que j'ai commencé à aimer les enfants. Le bavardage de Marie, après la tristesse et la lassitude des Tombeaux, était vraiment brillant.

Je ne connais rien de plus beau que la vue d'une petite âme d'enfant qui prend progressivement forme. Le souvenir de ma propre enfance solitaire et sans amour m'a donné , je suppose, un aperçu particulier des problèmes des jeunes. Le fait que j'ai réussi à gagner l'amour et la confiance de cette petite fille m'a compensé pour beaucoup de choses qui m'avaient manqué.

VIII

Peu de temps après mon retour d'Europe, j'ai repris contact avec ma famille. C'était d'abord une lettre du Père . Il a regretté que tant d'années se soient écoulées sans avoir de mes nouvelles. Le connaissant comme je le connaissais, j'y reconnus une véritable excuse pour avoir tenté de me faire mourir de faim pour me faire obéir. Il avait lu mon livre avec grand plaisir et avait été particulièrement fier d'apprendre que j'avais été choisi pour représenter notre nation à l'étranger. Puis il y eut une petite nouvelle du village : une liste de ceux qui étaient morts, nés et mariés. Oliver, écrit-il, avait récemment été appelé à un pastorat à New York. Il m'a donné son adresse pour que je puisse l'appeler. Et il terminait par l'espoir que j'avais vaincu les doutes qui avaient troublé ma jeunesse et gagné la joie de la paix religieuse.

C'était une lettre difficile à répondre. Je n'avais plus l'amertume que j'éprouvais autrefois à son égard. J'avais très envie de lui donner des nouvelles qui lui remonteraient le moral. Et pourtant, je savais que la seule question qui lui paraissait vraiment importante — en ce qui concerne mes croyances religieuses — je ne pouvais pas y répondre franchement sans lui faire de la peine. J'ai fait de mon mieux pour y échapper.

À propos d'Oliver, j'en étais moins sûr. Je ne l'avais jamais aimé. Je ne voulais pas rétablir la connexion. Mais je savais que cela plairait au Père de m'avoir. J'ai décidé d'appeler, mais n'ayant aucun enthousiasme pour cela, d'autres engagements me semblaient plus importants, je n'ai cessé de le reporter.

Mais en rentrant au Tipi un après-midi d'hiver vers cinq heures, j'ai découvert qu'il m'avait devancé en appelant le premier. En ouvrant la porte, j'ai entendu la voix de Nina, puis une autre qui était étrange, mais j'ai tout de suite su que c'était la voix d'un ecclésiastique. Ils n'avaient pas encore allumé de lampe et la bibliothèque n'était éclairée que par le feu ouvert. Norman était assis sur le divan et jouait avec la natte de Marie, c'était une habitude chez lui, tout comme certains hommes jouent avec le charme de leur montre. Nina avait des manières de compagnie et s'occupait des réceptions. Le pasteur se leva à mon entrée. Il était grand et large, à la limite de la rondeur. Il portait une veste et un collier de bureau et la lumière du feu scintillait sur une grande croix en or suspendue à sa chaîne de montre.

"Le voici", dit Nina alors que j'entrais.

« Je... suis... très... heureux... de... te revoir... Arnold.

Je n'ai pas réalisé de qui il s'agissait jusqu'à ce que Norman prenne la parole.

"C'est votre cousin, Dr Drake."

"Oh. Bonjour, Oliver," dis-je en serrant la main.

Je réalisai immédiatement que ce n'était pas une manière tout à fait appropriée de répondre à son salut digne, presque pompeux. J'ai du mal à ne pas dépeindre Oliver de manière caricaturale. Il était si totalement étranger à la vie que je menais, si différent des gens que je connaissais qu'inévitablement il avait l'air bizarre, parfois comique. J'ai toujours regretté que Browning n'ait pas écrit un autre poème, l'inverse des « Apologies de l'évêque Blougram », nous donnant le récit du libre penseur de cette interview.

Au début, Oliver me parut terriblement affecté. Mais au fur et à mesure que je le voyais davantage, j'ai changé l'adjectif en « adapté ». Tout comme un médecin en exercice doit développer certaines manières, Oliver s'était adapté à son *métier*. Sa voix était des plus impressionnantes. C'était son fonds de roulement et il le gardait avec un soin infini. Il avait autant peur d'un mal de gorge qu'un chanteur d'opéra. Il appartenait à cette sous-variété de son espèce qu'on appelle « libérale ». Il avait accepté la théorie de l'évolution et la critique supérieure. Il se targue d'être à l'écoute de son époque. Il s'efforça, avec succès, de donner l'impression d'un gentleman cultivé et à l'esprit large.

Je pense qu'il appréciait la flatterie du succès et qu'il avait l'intelligence nécessaire pour le gagner. Sa femme, que j'ai rencontrée plus tard, était, je pense, dominée par des ambitions « sociales ». Elle avait aussi un cerveau. C'était une équipe solide. Leurs progrès avaient été une courbe ascendante constante. D'une petite ville à une petite ville, puis d'une chapelle missionnaire à Indianapolis à sa plus grande église, de là à Chicago et enfin à une charge à la mode à New York. Et quand on voyait Oliver, ce progrès semblait inévitable.

Spiritualité? Je ne pense pas qu'il en ait eu besoin. Cela aurait été un frein à sa progression. C'était très difficile de se rappeler qu'il était le fils de Josiah Drake.

"Ça fait combien de temps," dit-il de sa voix suave et modulée, "que nous ne nous sommes pas vus. Pas depuis que je t'ai laissé à ton école préparatoire — au moins quinze ans."

"Plus", dis-je, "vingt". Je ne trouvais rien à dire. Sa présence était plutôt oppressante. Mais cela faisait partie de son métier de ne jamais être gênant.

"Eh bien. Maintenant que nous sommes dans la même ville, j'espère que nous nous reverrons plus fréquemment. Vous étiez en Europe lorsque nous sommes arrivés. Je ne savais pas trop si vous étiez déjà de retour ou non. Mais je suis arrivé par le "J'ai eu votre adresse par vos éditeurs" - il s'est incliné pour vous féliciter - "pour voir si nous pourrions vous inviter à dîner vendredi prochain. Ce fut un grand plaisir de rencontrer M. et Mme Benson, je vous envie une telle amitié. ..."

"Nina," l'interrompit Norman, "chante vos louanges depuis une demi-heure."

"Ah. Vous ne pouvez pas esquiver vos responsabilités de cette façon, M. Benson," remarqua Oliver avec un ton plutôt enjoué. "Vous avez été un chœur des plus efficaces. Bien sûr, Arnold," - il se tourna vers moi, "vos amis seront toujours les bienvenus chez nous. Je serais très heureux, et je suis sûr que Mme Drake le serait aussi, si tu pourrais les amener avec toi vendredi soir.

Norman rebondit sur le divan, comme si quelqu'un avait fait exploser une bombe sous lui.

"Oh non," dit-il. "Nous vous sommes très reconnaissants. Mais Nina et moi ne sortons jamais en société", a poursuivi Norman alors qu'Oliver avait l'air un peu surpris. "Vous voyez, notre mariage était... enfin... pittoresque. J'ai oublié la date, mais vous pouvez trouver les détails dans les archives de n'importe lequel de nos journaux. Heureusement, ma femme n'a aucune ambition sociale, nous n'avons donc pas à prendre de risques. embarrassant les gens qui ont la gentillesse de nous inviter.

Oliver avait retrouvé son calme.

"Étant étranger à la ville", dit-il, "j'ignore bien sûr le sujet dont vous parlez mais" (il prit gracieusement la main de Nina) "je suis tout à fait sûr que Mme Benson honorerait n'importe quelle société. Cependant , si cela vous exposerait à un quelconque embarras, je ne peux bien entendu pas insister.

L'attitude de Nina envers Oliver après son départ était amusante. Elle avait visiblement été impressionnée par sa grandeur. Mais quand Norman l'accusa en plaisantant d'être tombée amoureuse de lui, elle frémit.

"Non", dit-elle avec une solennité réelle mais ridicule, "je n'aimerais pas être sa femme."

Marie, qui avait dû subir l'épreuve de s'asseoir sur ses genoux, remarqua qu'il ne savait pas jouer.

Mais malgré l' aversion qu'elle lui portait, Nina m'a fait raconter en détail tout ce qui concernait le dîner. Cela a été, j'en suis sûr, un grand succès du point de vue de Mme Drake. Il y avait autour de la table deux millionnaires de Wall Street, un grand avocat, un membre du Congrès et un ambassadeur. Parce que le français m'est venu facilement, j'ai dû divertir la femme de cette dernière. La nourriture et le vin étaient exquis. Socialement une réussite, mais humainement une affaire stérile.

J'ai fait mon devoir chez Mme Drake et je ne me serais plus jamais approché d'elles, sans une lettre que j'ai reçue d'Oliver environ un mois plus tard. Il m'a demandé de venir déjeuner pour discuter d'un projet de réforme pénale qu'il préparait. Cela m'a énormément intéressé de le voir lui et sa femme travailler ensemble. Il commença par une péroraison sonore. La raison pour laquelle l'Église perdait de son influence était qu'elle ne s'intéressait pas suffisamment aux problèmes sociaux. Il développait longuement cette idée lorsque Mme Drake toussa.

"L'idée est familière", a-t-elle déclaré.

"Oui mon cher."

Venant, comme il l'a fait, à la direction d'une des églises les plus influentes de New York, une congrégation qui comprenait de nombreuses personnes très riches, de nombreuses personnes influentes dans le monde des affaires et de la politique... Mme Blake toussa.

"Je suis sûr que le cousin Arnold connaît l'église."

"Oui, ma chérie. J'allais dire..."

Il était sur le point de dire qu'il estimait qu'il était de son devoir d'essayer d'utiliser cette grande force pour le progrès humain. Quelques minutes plus tard, Mme Drake toussa de nouveau et dit : « Naturellement ». Il avait beaucoup réfléchi à ce sujet, dans la prière : personnellement, il était opposé à ce que l'Église se lance en politique. Il a parlé de plusieurs ecclésiastiques bien connus qui s'étaient battus contre Tammany Hall, il doutait de leur sagesse. Bien sûr , si l'on pouvait être sûr que toute leur congrégation était républicaine.... Le déjeuner fut alors terminé et nous entrâmes dans la somptueuse bibliothèque. Mme Drake lui prit le sujet des mains.

« Vous voyez, cousin Arnold, dit-elle, nous pensons que le rôle de l'Église devrait être conciliant. Notre objectif est d'attirer les gens – tous les gens vers l'Église – et non d'aliéner qui que ce soit. Et l'Église ne peut se mêler à aucun sujet. des questions qui sont controversées, qui ont des partisans de chaque côté, sans offenser ni faire fuir les gens. Il est évident que l'Église doit s'intéresser aux questions sociales, doit montrer qu'elle est une puissance pour surmonter ces horribles troubles. très difficile de trouver un problème social qui soit cohérent avec le rôle conciliant que l'Église doit conserver.

"Quand Oliver et moi avons lu votre livre, nous avons tous deux eu la même inspiration. C'est justement là le problème. Ce que vous avez écrit sur les prisons est horrible. Et personne ne peut s'opposer à ce que l'Église prenne une attitude définitive sur cette question. Le Maître , lui-même nous a chargé de rendre visite à ceux qui sont en prison."

"Exactement," répondit Oliver.

Mais elle ne lui laissa pas le temps de continuer. Elle me présenta rapidement leur plan. Oliver devait réunir un groupe d'une douzaine de confrères du clergé, les plus influents – je suppose qu'elle voulait dire les plus en vogue – de chaque confession. Je devais leur parler et l'aider à les intéresser. Ils organiseraient un comité, accorderaient des interviews aux journaux, prêcheraient des sermons sur le sujet, présenteraient de bons projets de loi à l'Assemblée législative – et feraient grand bruit !

Je me suis assis et je l'ai écouté avec un amusement sombre. Ce devaient être les débuts d'Oliver à New York. En termes vulgaires, il s'agissait d'une « campagne d'agent de presse ». Oliver – le pasteur progressiste et combattant – devait recevoir des colonnes de publicité gratuite. Il y aurait sûrement une grande réunion de masse dans l'un des théâtres et Oliver aurait l'occasion de jeter le charme de son oratoire sur le New York à la mode. C'était un projet admirable. Pas d'attaque contre Tammany Hall, l'un de ses diacres n'était-il pas directeur d'une entreprise de tramway ? Le véritable propriétaire de la société gazière n'a-t-il pas loué le banc le plus cher de l'église et n'a-t-il pas fait en sorte que Tammany Hall, avec sa complaisance, fasse enlever les cendres de la société gazière par le service de nettoyage des rues de la ville ? Aucun soutien à la campagne pour des logements décents, certains membres de la congrégation étaient propriétaires. Et bien sûr, il ne faut pas jouer avec le dangereux sujet des syndicats.

"JH Creet n'appartient pas à votre église, n'est-ce pas ?" J'ai demandé.

"Non", a répondu Mme Drake. "Pourquoi?"

"Eh bien, il a un gros contrat pour la fabrication de tissus pour les uniformes de prison."

"JH Creet ?" » dit Oliver en prenant note. "Un drôle de nom. Je n'en ai jamais entendu parler."

Leur intérêt pour la question était évident, mais où suis-je intervenu ? Eh bien, après tout, la publicité est une bonne chose. Cela doit être la base de toute réforme. Je croyais très peu aux résultats positifs d'une telle campagne, mais au moins elle attirerait l'attention des gens sur le problème. Il ne fallait pas le mépriser. J'ai donc adhéré au projet.

Plusieurs étrangers m'ont complimenté sur le bruit que nous faisions dans les journaux, supposant que j'en étais le moteur. L'éloge revient à Oliver et à sa femme. C'était remarquable l'habileté avec laquelle ils l'ont manipulé. C'était amusant d'observer les manœuvres suaves par lesquelles Oliver assurait toujours la première ligne. Pendant un mois, il a travaillé dur, s'est consacré à de véritables heures d'étude. Son grand discours au Daly's était magistral. Et puis les choses se sont envolées. Aucun des projets de loi n'a dépassé la deuxième lecture.

Lors d'une des dernières conférences que j'ai eues avec Oliver, il m'a demandé pourquoi je n'étais pas allé au Tennessee rendre visite au Père .

"Pourquoi ne le fais-tu pas venir ici pour des vacances ?" J'ai demandé. "Il n'est pas venu à New York depuis avant la guerre."

Olivier haussa les épaules.

"Je me fais un devoir de sortir le voir tous les deux ans, mais il ne serait pas à sa place ici. Le monde a beaucoup bougé depuis son époque. Il ne comprendrait pas. C'est le genre de la vieille école. Le progrès est " hérésie. Pourquoi je suis sûr qu'il serait choqué que je porte un collier comme celui-ci. Il m'accuserait de papauté. Je mets toujours un mufti quand je lui rends visite. "

C'est la supériorité condescendante de son ton qui m'a mis en colère. J'ai soudain réalisé à quel point le Père devait être seul. Je l'avais toujours considéré comme très heureux d'avoir un fils qui avait suivi ses traces. Je ne suis pas sûr qu'avec toute mon hérésie déclarée, j'étais plus un vrai fils pour lui qu'Olivier. J'ai décidé d'aller au Tennessee à la première occasion.

Je suis à moitié désolé d'y être allé. Ce fut une visite infructueuse. Le petit village de montagne aride n'avait pas du tout changé au cours des années où j'étais parti. Il y avait encore quelques monuments de bataille sur le flanc de la colline et les gens ne parlaient encore que de la guerre. Le grand presbytère à côté de l'église aux allures de grange était tel que je l'avais laissé. Les besoins du Père étaient pourvus par la nombreuse progéniture de Barnabas, le serviteur du corps nègre qui l'avait suivi tout au long de la guerre.

J'avais été expulsé pour mon impiété et on s'attendait à ce que j'aille aux chiens. C'était en quelque sorte un affront aux traditions que je n'avais pas. Avoir écrit un livre était une affaire de renommée dans ce petit village. J'ai découvert que le Père , avec une fierté enfantine, s'était vanté partout de ma nomination comme délégué au congrès des prisons de Rome. Il ne fallait pas se rendre compte qu'au lieu de revenir en tant que prodigue, je reviendrais en tant que « fils distingué ». Les petits prophètes du lieu furent déçus par moi.

Même le père était déconcerté. Il est descendu vers le portail pour me rencontrer – un beau vieux personnage, appuyé sur sa canne d'ébène, ses yeux intacts brillant sous ses sourcils blancs et hirsutes. Il a passé son bras sur mon épaule alors que nous retournions à la maison, comme s'il était heureux d'avoir quelqu'un sur qui s'appuyer. Et tout au long du dîner, il m'a parlé de mon père et de ma mère. Il m'a raconté à nouveau comment mon père était mort courageusement à la tête d'une sortie casse-cou hors de Nashville. Et il m'a raconté avec beaucoup de charme l'époque où ils étaient enfants. Nous nous sommes assis sur le porche pendant un moment et il a continué ses souvenirs . Puis soudain, il s'est arrêté.

"Oh," dit-il, "comme je divague. Vous aurez envie d'aller rendre visite à Margot."

C'était comme rendre visite aux fantômes. Margot avait vieilli plus que n'importe quel membre de ma génération. Nous avions encore moins de quarante ans mais ses cheveux étaient plutôt gris. Son visage avait perdu sa beauté, pincé par sa vie étroite et vide. Et pourtant, tandis qu'elle se tenait sur le porche pour me saluer, tandis que je montais l'allée menant à sa maison, il y avait en elle une grande partie du charme d'antan. Il y a peu de femmes comme elle de nos jours. J'en ai connu beaucoup dans mon enfance, les véritables héros de la grande guerre. Les femmes qui, dans les jours amers de la reconstruction, ont pansé les blessures de la défaite, ont porté presque tous les fardeaux et ont jeté les bases du nouveau Sud. C'étaient des femmes aimables, malgré leur fierté arrogante envers leur race. Ils savaient souffrir et sourire.

Nous nous sommes assis côte à côte sur le porche, à des lieues et des lieues les unes des autres. J'ai trouvé étrangement difficile de parler avec elle. Elle racontait, de sa voix calme et incolore, toutes ses nouvelles. Sa mère était décédée plusieurs années auparavant. Al était marié et établi à Memphis, etc. Juste au moment où les nouvelles s'épuisaient, un coq se réveilla d'un mauvais rêve et chanta endormi.

"Margot," dis-je, "est-ce que tu voles toujours des œufs ?"

"Ô Arnold," rit-elle, "tu n'as pas oublié ça ? Je l'ai presque fait. Il y a longtemps, j'ai remboursé ma mère et j'ai économisé quinze dollars sur mon allocation et je l'ai envoyé à l'église presbytérienne."

Je m'étais toujours considéré comme un homme assez honnête, mais il ne m'était jamais venu à l'esprit de réparer ces vols enfantins.

"C'était horrible", a-t-elle poursuivi, "pourquoi avons-nous fait cela ?"

"Margot," dis-je, "n'as-tu jamais commis un péché pire que celui-là ?"

Elle devint soudain sérieuse. Il fallut plusieurs minutes avant qu'elle ne réponde.

"Oui, Arnold, j'ai été mécontent et rebelle."

Je regardais la rue du village, les maisons sans intérêt, l'éclat du "magasin général" où l'on vendait de l'alcool et où sans doute le colonel Jennings, éclairé par le whisky de nos montagnes, racontait à un auditoire de fainéants ennuyés quelques détails sur l'une des charges retenues contre Stonewall Jackson. Il était inutile de se demander ce qui la rendait mécontente, contre quoi elle s'était rebellée. Et la torpeur mortelle de cette vie de village semblait s'installer autour de moi comme un nuage de fumée suffocante. Il y avait à côté de moi cette femme pleine d'esprit, inutile. Sa glorieuse potentialité de maternité inutilisée. Fraude à son droit de naissance – gaspillée ! J'ai eu envie de sursauter et de serrer le poing face à tout cela. J'avais envie de lui dire que son plus grand péché avait été de ne pas se révolter plus efficacement. Mais cela aurait été cruel maintenant que ses cheveux étaient si gris.

« Savez-vous qui m'a le plus aidé ? elle a demandé. "Ton oncle. C'est un saint, Arnold. Nous sommes de grands amis maintenant. Il est venu ici une fois quand mon père était malade. Il m'a été d'un merveilleux réconfort. Parfois, je vais le voir. Il est très seul. Et il est un vieux monsieur si vaillant. Quand je le vois passer dans son chariot , je lui fais toujours signe et dès qu'il est hors de vue, je vais à la maison et gronde les nègres. Ils ne feraient jamais aucun travail si quelqu'un ne s'en souciait pas. Et vous savez, cela me rend plus content de le regarder. Je me dis que si un homme si merveilleux, si sage et si instruit, peut trouver beaucoup à faire pour servir le Maître dans ce petit village, il doit y en avoir bien assez pour juste un femme comme moi. Il y a beaucoup de réconfort dans cette pensée. Mais parfois, je lis une histoire ou je pense à vous tous dans le grand monde et cela semble très petit ici – et solitaire.

Je n'avais rien à dire, alors encore une fois nous restâmes silencieux.

"Arnold," dit-elle soudainement. "Lis-tu encore des histoires sur le roi Arthur ? "

"Chaque fois que j'ai cinq minutes", répondis-je. "Les gens avec qui je vis ont une petite fille, Marie. Je lui apprends."

"Je suis si content... et Froissart ?"

Elle entra dans la maison et en sortit le vieux volume sale. Nous l'avons parcouru ensemble, puis elle a dit que je voudrais peut-être l'emmener vers l'Est pour Marie. Mais j'avais le sentiment qu'elle souhaitait le garder. Alors j'ai dit que Marie était encore trop jeune pour Froissart. Une fois de plus, nous nous taisâmes. Je me souviens du livre ouvert sur ses genoux maigres, de sa main fine et aristocratique entre les pages, du profil de son visage. La lumière d'une lampe brillait sur elle par la fenêtre et elle paraissait presque belle à nouveau.

Je ne suis jamais sûr de ce qu'il y a dans le cœur d'une femme. Mais je ne pouvais expliquer la contrainte qui pesait sur nous, sinon que peut-être avait-elle toujours attendu mon retour, nourrissant encore dans son cœur notre amour d'enfant, espérant toujours. Mais il n'y avait rien à espérer. Il n'était pas en son pouvoir de concevoir ce que j'étais. J'étais meurtrie et marquée par des combats qu'elle n'avait jamais imaginés, désillusionnée par des rêves qu'elle n'avait jamais rêvés. J'avais quitté le village il y a des années – de manière irrévocable. Elle aurait été complètement perdue dans mon monde. Finalement, plutôt tristement, je dis « bonne nuit ».

Le lendemain, le père était sous le porche quand je suis descendu. Il m'a accueilli avec une sorte d'attente mélancolique dans les yeux. Et mon cordial « bonjour » ne parut pas le satisfaire. Je n'ai compris qu'au petit déjeuner.

« Mon fils, dit-il, j'ai souvent souhaité — cela m'aurait rendu très heureux — que tu épouses Margot. Il avait donc au moins espéré que ce serait le résultat de mon retour à la maison.

"C'est une fille rare", dit-il, "un bon esprit. Une bonne épouse est d'une grande aide pour un homme qui mène une vie honnête. Un pilier de force."

"Le destin m'a refusé cette aide", dis-je. Et je n'ai réalisé que trop tard la forme païenne que j'avais donnée à mes paroles.

Mais l'allumette était allumée. Le Père ne croyait pas qu'un bien puisse arriver à un homme sans la religion du Christ. J'ai fait de mon mieux, je n'ai pas pu empêcher la conversation de prendre cette tournure. S'il m'avait moins aimé , nous aurions pu être de meilleurs amis. Mais la seule chose qui lui importait était le salut des âmes. Et dans la mesure de son amour pour moi, il doit nécessairement rechercher ma conversion. Sur le seul point où nous ne pouvions pas nous entendre, son affection même le faisait insister.

Nous avons tous les deux essayé très fort d'être doux à ce sujet. Mais j'étais dans une position difficile. Si je n'essayais pas de répondre à ses arguments , il pensait que j'étais convaincu mais ne voulait pas l'admettre. Si je discutais, cela le mettait en colère. Il perdrait son sang-froid et s'en excuserait ensuite beaucoup. Pendant environ une heure, nous parlions agréablement d'autre chose. Alors, inévitablement, la conversation revenait au sujet qui lui tenait le plus à cœur. Après le dîner, il amena enfin les choses à un point tel qu'il n'y avait plus qu'une issue.

« Mon fils, dit-il, après-demain est le premier dimanche du mois, le dimanche de la communion. Vous êtes toujours membre de mon église, vous n'avez jamais demandé à être relevé des responsabilités solennelles que vous avez prises lorsque vous uni à nous. Veux-tu rejoindre le reste des membres à la table de communion ?

"Je suis désolé, Père", dis-je, mon cœur se durcissant soudain au souvenir de la façon dont j'avais été poussé à devenir membre de l'église. "Je dois partir demain soir. Je dois être de retour au travail en début de semaine prochaine."

Je m'attendais à rester plus longtemps. Mais si j'allais à l'église et refusais la communion, cela aurait été presque une insulte envers lui. Avoir prétendu une foi que je n'avais pas me semblait un mensonge pire que celui que j'utilisais. Et ainsi, après être resté à la maison seulement deux nuits, je suis retourné en ville et travaillé.

IX

Depuis, à l'exception de mes vacances, j'ai manqué très peu de jours de travail aux Tombeaux. Et au fil des mois, j'ai progressivement enrichi mes écrits sur la criminologie. Pour certains, cela peut paraître une vie morne. Il n'en a pas été ainsi. Il y a eu des compensations.

Le principal a été l'agréable maison du tipi. Il serait facile de remplir des pages à ce sujet. Mais ceux qui ont fait partie d'une famille aimante sauront ce que je veux dire sans que je l'écrive. Et il est hors de mon pouvoir de le peindre pour ceux qui ne l'ont pas partagé.

Je me souviens surtout du réveillon de Noël où Marie avait neuf ans. Norman était au travail à table. Marie s'est assise sur mes genoux et m'a raconté une histoire merveilleuse. Nina revenait de la cuisine où elle et Guiseppe préparaient le festin du lendemain. Elle s'est assise sur le bras de ma chaise et m'a dit qu'elle avait un secret à me murmurer à l'oreille. Norman leva les yeux de son travail et sourit.

"C'est la seule chose qui la trouble", a-t-il déclaré. "N'ayant fait qu'une seule fois son devoir en matière de natalité."

L'émerveillement était revenu dans les yeux de Nina à cette époque. Même la petite Marie sentait la « présence » parmi nous et était impressionnée.

Mais le sort me réservait encore un coup. L'année commençait à peine à devenir le printemps lorsqu'il tomba. Un matin, aux Tombeaux, un greffier m'a appelé au téléphone. C'était Nina. Norman, dit-elle d'une voix effrayée, était très malade. Il s'était plaint la veille d'un rhume et s'était couché dans l'après-midi. Je ne l'avais pas vu ce matin-là. Quand j'ai atteint le tipi, il délirait, avec une forte fièvre. Nous n'avions pas de médecin habituel, alors j'ai appelé Ann au téléphone.

"Cela me ressemble à une pneumonie", lui dis-je. "Pouvez-vous nous envoyer un bon médecin et une bonne infirmière ?"

En moins d'une demi-heure, Ann était venue elle-même avec l'un des médecins les plus célèbres de la ville.

Nina ne voulait pas quitter le chevet. J'attendais des nouvelles à la bibliothèque. Cela m'a rappelé l'époque, des années auparavant, où j'attendais un verdict sur mes yeux. Je ne pense pas qu'il y ait beaucoup d'amitiés comme la nôtre. Il est difficile de croire que de telles relations puissent être autre chose que permanentes. Il me semblait impossible de perdre Norman. Mais Ann ne faisait aucune feinte d'espoir. Il n'y avait presque aucune chance, dit-elle. Elle téléphona à sa mère pour lui dire qu'elle resterait en ville et retourna à la chambre du malade.

Tout l'après-midi et toute la nuit, ils se sont battus. Parfois, quand le suspense était trop grand , j'allais à la porte. Nina était assise, les yeux fixés sur la tête du lit. Ann et le médecin étaient occupés avec des presses à glace. A la tombée de la nuit, je donnai à Marie son souper et la couchai dans ma chambre. Elle avait soudain eu peur et je restai longtemps assis à côté d'elle, la réconfortant avec des histoires de la Table Ronde, jusqu'à ce qu'elle s'endorme enfin.

Norman dormait un peu, mais la plupart du temps, il se tournait dans un état de délire, appelant quelqu'un qui n'était pas là. "Oh Louise !" il gémissait : "Comment peux-tu croire ça à mon sujet ? Je ne suis pas impeccable, mais ce n'est pas vrai. Ne pense pas ça de moi. C'est trop cruel." Mais il n'a eu aucun réconfort. La femme de son délire était obstinée.

L'aube commençait à peine quand Ann est venue et m'a dit qu'il était conscient. C'était la fin. Nina était agenouillée à côté de lui et pleurait silencieusement. Il m'a souri et a essayé de me tendre la main, mais il était trop faible.

"C'est comme s'ils m'avaient laissé revenir pour te dire 'au revoir'", murmure-t-il. "Soyez gentil avec eux, Arnold, envers Nina, Marie et celle qui arrive. C'est une gentille fille..." Un air d'émerveillement passa dans ses yeux, de ses dernières forces il lui caressa les cheveux.

"C'est drôle. Je pensais qu'elle n'était qu'un jouet, mais elle a une âme, Arnold. N'oublie pas ça, vieil homme. Promets-moi" - je lui ai serré la main - " Oh oui. Je sais que tu seras gentil. " Je sais, tout va bien. Pauvre petite fille. J'aimerais qu'elle ne pleure pas ainsi. J'aimerais l'embrasser encore une fois" - Ann la souleva pour qu'il puisse l'embrasser. "Là! Là! Petit. Il ne faut pas pleurer. Ce n'est pas si grave que ça. Arnold va prendre soin de toi. Bonne chance à vous tous. N'ayez pas peur.... Je suis...."

Ce furent des funérailles bizarres. Certains de ses proches, qui l'avaient excisé depuis son mariage, sont venus. C'était un dimanche pour que le Studenten Verein puisse venir. Mme O'Hara, dont il avait acheté du charbon pendant sept ans, est venue avec ses huit enfants. Notre blanchisseuse, Frau Zimmer, et son fils épileptique aussi. Guiseppe montait dans la voiture de devant avec Nina, Marie et moi, et pleurait plus que chacun d'entre nous. Les étudiants Manière Chor a chanté un chant funèbre. Dans la foule hétéroclite, j'aperçus un homme en costume d'ecclésiastique épiscopalien. Alors qu'ils se dispersaient, il s'est approché de moi.

« Je vous suis inconnu, monsieur, dit-il, je veux vous dire que je crois en l'immortalité et que je suis sûr que votre ami est assis à la droite de notre Père céleste. J'espère être digne de le rencontrer à nouveau. Il était si bon que je suis surpris qu'il ait échappé à la crucifixion. Je ne suis qu'un parmi tant d'autres qu'il a sortis de l'enfer. Je ne peux pas ...."

Il fondit en larmes et disparut dans la foule. D'une manière ou d'une autre, de tous les hommages rendus à Norman qui m'affluaient à cette époque, ce sont les paroles incohérentes de cet ecclésiastique inconnu qui m'ont le plus touché. Quelle était son histoire, comment Norman l'avait aidé, je n'en ai aucune idée.

De retour au Tipi, nous y avons retrouvé Ann, elle avait mis les choses en ordre pour nous. Elle a emmené Nina au lit et lui a donné quelque chose pour la faire dormir. Puis elle m'a rejoint à la bibliothèque. Elle a pris son chapeau pour s'en aller, mais je l'ai retenue. Et donc nous sommes restés assis ensemble tout l'après-midi. Si je me souviens bien, nous avons très peu parlé, à l'exception de quelques indications qu'elle m'a données sur la santé de Nina. Au crépuscule, Guiseppe entra avec Marie, qu'il avait emmenée se promener dans le parc. Nous avons tous dîné ensemble. Ann m'a aidé à mettre Marie au lit puis elle est partie.

C'était très réconfortant, après avoir perdu un ami, d'en retrouver un autre. Depuis, il n'y a eu aucune vague de séparation entre nous. Notre relation amoureuse a été le point d'ancrage – la chose inébranlable – de ma vie future.

Le testament de Norman a laissé une rente confortable à Nina et aux enfants, le reste étant allé dans sa dotation éducative. Je suis fiduciaire des deux sommes. Je pense qu'ils ont tous deux été administrés comme il l'aurait souhaité.

Le bébé était un garçon. Nina m'a dit que bien avant la mort de son père, ils s'étaient arrangés, si c'était un garçon, pour lui donner mon nom. J'aurais préféré l'appeler Norman. Un soir, alors que j'écrivais dans la bibliothèque, j'ai levé les yeux de mon journal. Nina allaitait le petit, des larmes coulaient sur ses joues.

"Qu'est-ce qui ne va pas?" J'ai demandé.

"Oh ! J'aurais aimé qu'il puisse vivre jusqu'à voir l'homme-enfant. Parfois j'avais peur qu'il se lasse de moi. Mais il aurait aimé son fils – toujours. J'aurais aimé qu'il puisse le voir."

Mais j'aurais aimé que Norman puisse vivre assez longtemps pour voir Nina. J'ai toujours eu le sentiment qu'il ne l'appréciait pas entièrement. Elle s'est beaucoup développée depuis sa mort. Peu de temps après, j'ai commencé à remarquer de longues et sérieuses conversations italiennes entre elle et Guiseppe . Et je lui ai demandé un jour, en plaisantant, de quoi ils trouvaient qu'ils parlaient avec autant de sérieux.

"Je lui apprends, Monsieur Arnold, à être une dame. Maintenant que leur père, qui était un gentleman, est mort, il faut que la mère des enfants soit une dame."

Guiseppe est trop républicain et Nina trop peu snob pour que ces mots aient un sens autre que le plus noble.

"C'est difficile pour un homme simple comme moi", a-t-il poursuivi. "Mais n'ai-je pas été soldat de la liberté sur deux continents ? J'ai vu beaucoup de belles dames et je lui en parle. Et j'ai lu aussi des livres."

Nina s'est également mise à la lecture. Péniblement, elle se souvient des leçons de ses brèves années d'école. Bien sûr , je l'ai aidée autant que je pouvais. Elle a assumé les responsabilités de la maternité d'une manière qu'elle n'aurait guère fait si Norman avait vécu.

C'était peut-être un an après sa mort, qu'un soir, en rentrant à la maison, je trouvai Nina en pleine effervescence. Sur la pointe des pieds, le doigt sur les lèvres, elle m'entraîna dans la bibliothèque et ferma la porte.

" Oh ! mon amie, dit-elle, tu ne seras pas en colère ? Il y a une femme dans ma chambre. Une vieille femme si triste. Elle est très ivre. Je l'ai trouvée en bas, dans le couloir. Il y avait des garçons qui la taquinaient. Au début , j'ai eu peur et j'ai couru à l'étage. Puis je me suis rappelé qu'il ne quitterait jamais personne ainsi. Je l'ai amenée dans ma chambre. Vous ne serez pas en colère ? »

Elle a transformé le tipi en une sorte de mission de sauvetage informelle. Je ne sais jamais qui je trouverai dans mon fauteuil préféré. Parfois, ils souffrent de delirium tremens et crient toute la nuit. Au début , je m'inquiétais des conséquences sur les enfants. Mais Nina et Ann ont dit que cela ne leur ferait aucun mal. Je ne vois pas que ce soit le cas. Une chose m'a énormément impressionné. Il m'est souvent arrivé, dans mon travail, de ramener à la maison un garçon ou un homme des Tombeaux et de le laisser dormir sur le divan jusqu'à ce qu'on lui trouve un meilleur endroit pour lui. Il n'est pas rare que ces invités partent sans formalités, emportant comme souvenirs toutes les cuillères en argent qu'ils trouvent à portée de main. Aucune des femmes de Nina n'a rien volé. Cela dépasse mon entendement.

Nina a une grande admiration pour Ann, mais ne la comprend pas du tout. Elle ne comprend pas les raisons pour lesquelles Ann refuse de se marier. C'est une chose à philosopher sur l'attitude de ces deux femmes à l'égard du mariage. Ce sont toutes les deux de bonnes femmes, mais pour l'une, le mariage semble une dégradation et un servage, pour l'autre, le mariage signifie une évasion de la boue, une émancipation de l'esclavage le plus abyssal que le monde ait jamais connu. Les regarder m'a aidé à comprendre de nombreux paradoxes infinis de la vie.

La seule chose nouvelle qui est entrée dans ma vie depuis la mort de Norman, ce sont les enfants. Je suis le tuteur légal des deux de Nina. Et il y a plusieurs années, lorsque Billy, le neveu d'Ann, a atteint l'âge du lycée, elle me l'a confié, craignant qu'une maison entièrement composée de femmes ne soit pas le meilleur endroit pour un garçon en pleine croissance. Il est donc venu au Tipi, allant à l'école en ville, passant uniquement ses week-ends à Cromley .

Mon travail dans les Tombeaux continue comme toujours. Une nouvelle prison a été construite, avec des couloirs plus propres, des cellules plus spacieuses, des sanitaires, etc. Mais la vieille tragédie continue quand même. Mon titre est passé de détective du comté à celui d'agent de probation, et j'ai reçu quelques assistants. Il y a certainement eu une amélioration. Les aspérités de la justice ont été effacées. Mais le bandeau est toujours sur les yeux de la déesse. Les noms des juges ont changé, mais la méchanceté inhérente à leur situation reste inchangée. Il y a maintenant, comme à mes débuts, dix fois plus de travail que ce que je peux faire pour atténuer ne serait-ce que les multiples cruautés de cet endroit. On l'appelle encore, malgré le nouveau bâtiment, les Tombeaux.

Et Suzanne ? Si quelqu'un me demandait ce qu'elle est devenue, je serais obligé de répondre par une question : « Quelle Suzanne ? J'ai très peu vu celui qui est revenu en Amérique. Une ou deux fois , je l'ai rencontrée lors de réunions publiques. Trois ans après mon retour d'Europe, j'ai reçu ses cartes de mariage : un architecte nommé Stone. Je le connaissais un peu. Il semble très amoureux de sa femme. On retrouve assez fréquemment leurs noms dans les journaux. Ce sont des socialistes actifs. Mais Mme Stone est pour moi une personnalité étrange et plutôt irréelle.

Mais il y a l'autre Suzanne, celle aux formes minces et enfantines, qui essayait d'apprendre à jeter des pierres comme un homme et qui était vexée quand je me moquais d'elle, la Suzanne qui aimait les coquelicots, la Suzanne de nos discussions sérieuses, la Suzanne qui était une prophétesse, l'apôtre enthousiaste de la foi nouvelle, qui, comme Déborah d'autrefois, chantait les chants du grand réveil à venir, et la Suzanne de Moret , que j'aimais. Elle vit toujours. Je ne vois pas que les années qui ont passé aient assombri d'une manière ou d'une autre cette vision. Mme Stone devient matrone, ses cheveux perdent de leur éclat. Suzanne est toujours droite et élancée. Il y a des moments où elle vient vers moi du mystère des rêves et, assise par terre, pose sa tête – sa tête intrépide – sur mes genoux. Je passe mes doigts dans ses cheveux étonnants et j'essaie de capter la lumière intermittente du feu qui y brille, tantôt si doré, tantôt si rouge... Et comme le rêve est doux, le réveil est aussi amer.

LIVRE VII

J'en viens maintenant à la dernière section de mon livre. Il ne fait aucun doute qu'il s'agit des enfants.

À mesure que je vieillis, malgré mes meilleures intentions, le travail dans les Tombeaux devient mécanique. Chaque nouveau prisonnier a bien sûr ses particularités, mais je me retrouve souvent à dire : « C'est comme un cas que j'ai eu en 1900 ». Et c'est la même chose avec mon écriture. Il s'agit essentiellement d'une réaffirmation – j'espère qu'elle sera toujours meilleure et plus énergique – des conclusions que je défends depuis de nombreuses années.

La lumière de ces dernières années a été ma filiation indirecte : ces trois jeunes aventuriers qui m'appellent « Papa ». Je suppose que je les regarde avec un œil indulgent, magnifiant leurs vertus, ignorant leurs limites. Mais ils me semblent très merveilleux. Penser à eux, les regarder, me fait sympathiser avec Moïse sur la montagne solitaire de Nébo. À travers eux, j'aperçois un pays plus juste que celui que j'ai connu, dans lequel je ne pourrai jamais entrer.

Le jour de son dix-huitième anniversaire, Billy m'a demandé pourquoi je n'étais pas socialiste. Je savais qu'il penchait dans ce sens. C'est un artiste. Ann voulait qu'il aille à l'université, mais il s'est séparé pour suivre les cours de Cooper Union. Aujourd'hui, à vingt-quatre ans, il rapporte chez lui des prix et des médailles d'or qu'il feint de mépriser. Beaucoup de ses amis artistes sont socialistes. J'ai essayé de le faire débattre sur le sujet, mais, comme à son habitude, il n'a pas voulu discuter. Il me posait seulement des questions. Qu'est-ce que j'ai pensé de ça ? Qu'est-ce que j'en ai pensé ?

Environ une semaine plus tard, au petit-déjeuner ; il m'a remis un petit carton rouge, qui était son certificat d'adhésion au parti.

"Vous ne pouvez pas adhérer avant l'âge de dix-huit ans", a-t-il déclaré. "Tu vois, papa, je ne pense pas qu'un type puisse jamais peindre quoi que ce soit, faire quoi que ce soit qui vaille dans l'art, à moins de croire en quelque chose en dehors de lui-même, quelque chose de plus grand. Je ne connais rien de plus grand que cette foi dans les gens. "

Il a passé un assez mauvais moment le dimanche suivant à Cromley . Sa grand-mère est une guerrière si aguerrie de l'anarchisme qu'elle a aussi peu de tolérance envers les socialistes que nos « meilleures personnes » l'auraient envers elle. Ann était neutre, car elle estime que ce que l'on croit compte moins que la façon dont on le croit. Et je ne ferais rien pour freiner l'ardeur du jeune. C'est incroyable pour moi. Il a la foi nécessaire pour regarder la législature de notre État et croire en la démocratie, pour regarder les tombeaux et croire en la justice.

En fait , j'ai parfois pensé à rejoindre son parti. J'aimerais entrer au plus près de sa vie. Mais tous ces discours sur la révolution me répugnent. C'est l'impatience de la jeunesse. Le monde ne bouge pas assez vite pour eux : ils oublient qu'il bouge. Mais cela a parcouru un très long chemin, même dans ma vie.

Je me souviens de notre combat pour une maison de correction. Cela s'est terminé par un fiasco. Mais ce n'était que le début d'un mouvement. Baldwin était un homme qui tenait bon. En peu de temps, il parvint à convaincre un État occidental d'essayer son projet. Aujourd'hui, plus de trente de nos États disposent de maisons de correction pour garçons. Les derniers, meilleurs que le rêve de Baldwin. Et puis ce système de probation. C'est le plus grand coup jamais porté à la vieille idée des Tombeaux. Bien sûr, il y a des difficultés de croissance. Les défenseurs spéciaux du système sont affligés par le fait que des centaines d'agents de probation, seuls quelques-uns sont efficaces. Lui donner le temps.

Et l'éveil de la démocratie dans le pays est d'une importance plus vaste. Il faudra une génération ou plus avant que les historiens puissent juger correctement ce mouvement. Aujourd'hui, nous n'en voyons que des manifestations sporadiques, des discours ici et là, en faveur du référendum, etc. Le véritable enjeu est souvent voilé par la personnalité des candidats. Le bruit n'est que l'effervescence d'une grande idée, d'une grande aspiration, qui prend forme dans l'esprit de la nation.

Le pays est dix fois plus attentif aux problèmes sociaux qu'il ne l'était au début de ma génération. Récemment, le législateur a fait un crédit pour me donner un nouvel assistant aux Tombeaux. J'ai écrit à plusieurs collèges et une douzaine d'hommes ont postulé pour le poste. Je pourrais faire mon choix. Douze hommes sur une année universitaire ! J'étais un pionnier.

Et le jeune Fletcher, l'homme que j'ai choisi, m'a demandé l'autre jour ce que je pensais du livre de Devine, "Les causes de la misère". Il commence à travailler sur la base de ce livre. Et Devine parle de « l'abolition de la pauvreté » comme si c'était un lieu commun. Personne n'osait rêver que la pauvreté puisse être abolie lorsque j'étais jeune. Nous pensions que c'était une partie indivisible de la civilisation. Je me souviens de la première fois où j'ai entendu Jacob Riis parler de l'abolition des bidonvilles ! Je pensais que c'était un rêveur. Le département des immeubles d'habitation rapporte qu'un million de nouveaux logements ont été construits dans la ville – en vertu de la nouvelle loi – sans pièces sombres. Et l'abolition de la tuberculose ! Pourquoi je me souviens d'une épidémie de choléra ! Ces jeunes socialistes ne réalisent pas ce que nous avons fait.

L'été dernier, j'ai emmené Nina, Marie et le jeune Arnold, il a dix ans maintenant, sur la côte du Maine, sur une île où Billy et certains de ses amis artistes campent. En me mêlant à cette colonie de jeunes gens ardents, malgré la sympathie que m'a donnée pour eux la véritable amitié avec Billy, je me sentais comme un étranger. Je suis sûr qu'ils pensent que je suis un vieux vieux. Mon esprit revenait sans cesse à ma propre jeunesse, en la comparant à ce que j'avais été à leur âge. À bien des égards, ils étaient de meilleurs hommes que moi, mieux équipés pour la vie.

Je me souviens surtout d'une conversation avec Billy. Il venait de terminer une toile alors que le crépuscule tombait. Je pense que c'est la meilleure chose qu'il ait faite jusqu'à présent. Il y a une étendue de vagues au premier plan et au-delà, les îles s'élèvent de plus en plus haut jusqu'au sommet du Mont Désert. Je ne peux pas le décrire au-delà de ces détails stériles. D'une manière ou d'une autre , il a accentué les lignes ascendantes, par magie de sa couleur, il a insufflé à la chose une immense émotion.

"Comment vas-tu l'appeler ?" Ai-je demandé alors qu'il remontait ses tubes.

"Il n'a pas de nom", a-t-il déclaré. "C'est juste un sentiment que j'ai parfois : ici, avec la mer et les montagnes." Il y réfléchit un instant, cherchant ses mots. Ce n'est pas un bavard prêt. "Je pense que c'est un des psaumes", dit-il enfin, "vous connaissez celui qui commence : 'Je lèverai mes yeux vers les collines, d'où viendra mon secours.' C'est un peu religieux : être seul et regarder vers le haut."

"Quelle est ta religion, Billy ?" J'ai demandé.

Il resta silencieux, arrêta de ranger ses pinceaux et regarda les derniers rayons de soleil au sommet de la montagne.

"En as-tu un?" J'ai persisté.

"Oh, oui," dit-il rapidement. "Oui, au moins parfois, cela me vient. Il y a des jours où cela ne vient pas, des jours stériles. Et puis encore une fois, cela vient très fort. Je n'ai pas de nom pour cela. Je pense que le problème avec la plupart des religions c'est que les gens essaient de les définir. Cela ne semble pas tenir dans les mots."

Une fois de plus , il était occupé avec son kit. Mais quand tout fut prêt, au lieu de rentrer chez lui, il se rassit.

"C'est drôle", dit-il, "je suis sûr qu'on ne peut pas parler de religion de manière satisfaisante. Mais nous le voulons tous. Et dès que vous essayez de le mettre en mots, une partie s'échappe - la meilleure partie ... Je pense que c'est pour ça que la peinture m'attire : on peut dire des choses avec des couleurs qu'on ne peut pas dire avec des mots.

"Vous vous souvenez de ces reproductions, je vous ai montré, de Félicien Rops , le graveur belge. Vous ne les aimiez pas. Moi non plus. Il est merveilleusement intelligent, mon Dieu ! J'aimerais pouvoir dessiner comme cet homme, mais je ne pense pas que ce soit de l'art. Je ne pense pas qu'il ait jamais regardé vers le haut, ni vers les collines. Je suppose que ma religion est justement quelque chose d'indescriptible qui transforme l'artisanat en art. Je veux bien dessiner, je veux que ma couleur soit juste, je veux de la technique, tout ce que je peux en tirer. Mais même si j'étais parfait dans tout cela, je devrais lever les yeux vers les collines pour demander de l'aide avant de pouvoir faire la vraie chose, la chose que je veux faire. »

"Et quand tu lèves les yeux, Billy," demandai-je, "qui est-ce qui t'aide ?"

» Il parla à contrecœur après un moment de pause.

"C'est le problème quand on parle de religion. On se mélange entre le figuré et le littéral. Est-ce vraiment important de savoir qui ou où ? Je ne pense à personne là-haut, dans la lueur rémanente, au sommet de la montagne. Il n'y a personne. il faut même qu'il y ait n'importe quelle colline. Parfois, je reçois de l'aide dans mon studio, sans rien admirer à part les lumières blanchies à la chaux et les chevrons.

« Nous avons tous besoin d'aide et lorsque nous l'obtenons, nous avons la religion. Tout cela est si vague que nous devons utiliser des symboles. Une personne a associé « l'aide » à la grand-messe, aux enfants de chœur et aux images sordides. Une autre obtient son lien en écoutant un quatuor de village assassiner « Plus près de toi, mon Dieu ». Lorsque Nelson a fini d'illustrer ce livre sur l'Égypte , il a appris l'appel à la prière mahométan. C'est bizarre de chanter une chanson. Il y a des millions de gens qui, quand ils entendent cela, ont le sentiment qu'ils ont besoin d'"aide" et courent jusqu'à la mosquée. Je n'ai rien trouvé de plus suggestif que ces paroles du roi David. .

"Parfois, mes photos sont pourries et je les signe 'William Barton'. De temps en temps, j'en peins un qui est meilleur, meilleur que mes tours de pinceau, meilleur que ma technique, meilleur que moi seul, et je mets toujours une petite étoile après mon nom. Cela signifie "ce tableau a été peint par William Barton". Et Dieu.' C'est ma religion."

"Tout est résumé dans cette vieille chanson juive : 'Je lèverai mes yeux vers les collines, d'où viendra mon aide.' Le savez-vous?"

Oui. Je le savais. Je me suis assis dans le bureau du père , tout un bel après-midi, pendant que les autres garçons jouaient au ballon, et j'ai appris cette chanson par cœur, en guise de punition pour avoir renversé son encrier. Cela me semble très merveilleux que la Bible puisse paraître belle à un jeune. C'était au mieux pour moi une corvée désagréable — le plus souvent une forme de châtiment. Ce qui suscite les émotions les plus profondes dans le cœur de Billy me rappelle seulement une tache d'encre sur le bureau de mon père et les cris des garçons dans la rue que je ne pourrais peut-être pas rejoindre.

Je soupçonnais depuis un certain temps que même si Billy et Marie m'appelaient tous les deux « papa », ils se rendaient compte qu'ils n'étaient ni frère ni sœur. Mes soupçons ont été confirmés l'autre jour par Nina. Elle m'a demandé solennellement ce que je pensais de Billy. Et quand j'ai déclaré qu'il était le jeune le plus hétéro, le plus propre et le plus beau que je connaisse, elle a dit.

"Peut-être. Mais il ne va pas aussi bien que Norman."

J'ai dit que Dieu avait apparemment égaré le moule dans lequel il avait jeté Norman.

"J'aimerais que Marie puisse avoir un aussi bon mari que moi : c'est une meilleure fille."

Nina a un immense respect pour sa fille. Et Marie le mérite. Une habitude de philosopher m'oblige à réaliser que la plus grande partie du monde n'a pas apprécié, a en fait complètement ignoré l'existence de ma merveilleuse fille adoptive. Il y a sans aucun doute de nombreux parents qui, même s'ils avaient eu la chance de connaître Marie, préféreraient obstinément leurs propres filles. Mais si j'avais vingt ans de moins, je participerais certainement à la course contre Billy. Elle tient son apparence de sa mère, pure Lombarde, mais elle a hérité de la vision irrévérencieuse et incisive de Norman et de ses astuces de langage. Elle a décidé de suivre les intérêts principaux de son père et, aujourd'hui, à dix-neuf ans, elle fréquente une école maternelle normale.

Mais ce pour quoi j'adresse à Marie mon plus grand respect, c'est son attitude envers sa mère. Elle connaît la vérité. J'ai découvert qu'ils en avaient parlé avant la mort de Norman. Il souhaitait que des étrangers ne le lui disent pas. Ainsi, rien ne lui fut caché, aucune question ne fut éludée et elle grandit dans la connaissance de l'histoire de sa mère, avec aussi peu de choc qu'elle apprenait la table de multiplication. C'est très doux de les voir ensemble, cette vieille femme tranquille, aux yeux tristes, qui sait écrire avec difficulté et cette fille superbement moderne, qui a eu tous les avantages de l'éducation. Marie a suffisamment de bon sens pour savoir que très, très peu de personnes ont eu la chance d'avoir des mères plus raffinées.

Quelques nuits après cette conversation avec Nina, j'ai trouvé Marie seule dans la bibliothèque en train de lire un livre couvert de papier rouge d'Earl Krautsky : « La route du pouvoir ». De l'autre côté du coin, de sa grande écriture enfantine, était écrit « William Barton ».

"Marionnette", dis-je en pensant à ce que sa mère avait dit, "Croyez-vous à l'amour libre ?"

"Pas une minute," dit-elle sèchement, "c'est juste un autre de vos trucs d'homme pour prendre le dessus sur vos supérieurs."

Marie est suffragette. Mais sa moquerie envers moi ne l'a pas satisfaite. De toute évidence, cette chose la préoccupait. Elle est venue et s'est assise sur le bras de ma chaise.

"Ne te moque pas de moi, papa. C'est tellement sérieux. Je pense que tout est enveloppé dans la grande question de la femme. Comment peut-il y avoir une vraie liberté sauf entre égaux ? Au fond de mon cœur, je pense que c'est un bel idéal. " Si j'étais amoureuse d'un homme, je voudrais juste être avec lui. Cela semble un peu dégradant de prendre un juge de paix dans la confiance d'une personne dans une affaire aussi privée. J'aurais honte de dire à un étranger que je J'allais aimer ma chérie. Et dans un sens , j'aime l'idée de liberté. Ce serait horrible que mon mari m'embrasse parce que c'était la loi, parce qu'il l'avait promis — s'il ne le voulait pas vraiment.

"Mais ce n'est qu'un point de vue personnel et privé. Cela ne me semble pas la chose importante, ce que les politiciens appellent 'le problème principal'. Cette tentative d'être libre individuellement, cette agitation autour des droits individuels, semblent une sorte de début de l'époque victorienne... »

"Quoi," l'interrompis-je, "vous ne l'appelleriez pas Ann - l'une des premières femmes à remporter une distinction dans une profession - vous ne l'appelleriez pas Début de l'époque victorienne ?"

"Eh bien, je ne parle pas d'Ann. Elle est une exception. Non, elle ne l'est pas non plus. Je parle d'elle aussi. De nos jours, nous pensons aux choses de manière sociale. Peu importe que je sois libre, que je sois libre ou non. Obtenez justice, ce sont les autres, la race, pour lesquels nous devons travailler. Ann est merveilleuse. Vous savez combien je l'aime. Mais elle ne voit pas les choses comme nous.

"Nous devons penser non seulement aux quelques femmes, ici et là, aux géants comme Ann, qui sont assez forts pour se tenir seuls, mais à toutes les femmes — et aux enfants. C'est justement le problème. Nous essayons d'apprendre comment ne pas rester seuls — comment être unis. Nous devons ignorer nos propres préférences et droits et apprendre à lutter pour les droits des femmes.

"La plus grande partie de la prostitution ne vient-elle pas de l'amour libre de filles faibles ? Même lorsque les cadets les poursuivent juste pour gagner de l'argent, n'est-ce pas de l'amour de la part de la fille ? Ce qu'ils pensent être de l'amour ? Nous devons nous battre et nous battre. et lutter pour que les femmes comprennent qu'elles ne doivent pas aimer seulement pour elles-mêmes, que ce n'est pas bien envers la race qu'elles aiment aveuglément, que c'est un péché, un péché social, que nous aimions jusqu'à ce que nous soyons sûrs de nous-mêmes, sûrs de l'homme, sûrs des enfants. C'est un péché pour une femme de se sacrifier à un homme simplement parce qu'elle l'aime, un péché même de prendre des risques.

"D'une manière ou d'une autre, jusqu'à ce que nous ayons conquis la liberté, l'égalité et l'indépendance, nous devons insister sur les garanties. Je ne vois pas comment nous pouvons les obtenir sauf par des lois, par des mariages à l'ancienne. Nous, les femmes qui sommes plus fortes, et mieux éduqués et capables de subvenir à nos besoins et à ceux de nos enfants, nous devons toujours penser aux autres qui ont moins de chance. Et tant que vous les hommes profiterez de l'une de nos sœurs, nous n'écouterons pas vos discours d'amour gratuits. Alors voilà ! "

"Papa", dit-elle après avoir posé sa joue contre la mienne pendant un moment. "Je vais vous dire un secret. Chut ! Ne le respirez jamais ! Savez-vous contre qui nous, les suffragistes, devons nous battre ? Ce sont des femmes ! S'il n'y avait que vous les hommes, nous aurions gagné depuis longtemps. Ce n'est pas le cas. Ce sont les hommes qui nous asservissent. C'est une tradition et une habitude. Une longue formation nous avait rendus égoïstes, divisés, faibles.

"Prenons le pire des cas. C'est l'histoire de ma mère qui recommence, tout le temps. Elle a essayé de s'enfuir. Une demi-douzaine d'hommes, instinctivement, ont agi ensemble, dans leur intérêt commun, et ont été forts. Ils n'ont pas réfléchi. . Blackie n'avait pas besoin de leur dire, aidez-moi à battre ma fille, et je vous aiderai à battre la vôtre et ainsi nous leur ferons tous peur. C'est une longue tradition héritée des hommes d'agir ensemble comme ça, une seconde nature. "C'est presque un instinct. Mais quand un cadet bat une fille, est-ce que les autres filles se précipitent comme ça et se battent pour leur intérêt commun ? Non. Chacune pour elle se faufile et essaie d'apaiser son homme. C'est pareil avec les " respectables ". " les gens. Si une femme essaie d'être libre, les hommes sont tous contre elle avec leurs législatures et leurs tribunaux et tout ça. Les autres femmes s'unissent-elles pour l'aider ? Oh, non. Elles l'ont excisée. Tout comme les prostituées, elles essayer de s'attirer les bonnes grâces de leur mari en crachant sur celui qui a essayé d'être libre.

"Si nous, les femmes, étions assez civilisées pour vraiment coopérer, pour nous serrer les coudes, épaule contre épaule, oh, nous vous remettrions assez rapidement à votre place, les hommes. L'individualisme, le fait d'essayer d'être autonomes, est le pire ennemi que les femmes puissent avoir. aujourd'hui. Nous devons apprendre à utiliser notre force unie.

"Et nous aussi, nous apprenons. Vous vous souvenez de cette grande grève des chemises ? C'était merveilleux de voir la façon dont les filles se serraient les coudes. Je ne crois pas qu'à aucun moment auparavant dans l'histoire de ce vieux monde , les femmes se soient soutenues les unes les autres comme ça - avec Une telle loyauté. Beaucoup de vos stupides journaux masculins ont publié des éditoriaux se demandant pourquoi les femmes des hautes villes s'intéressaient autant à la grève. Pourquoi, même les riches suffragistes ont assez de bon sens pour savoir que la solidarité est dix fois plus importante que le vote. Si vous nous livrez un long et dur combat pour cela, si vous nous obligez à jeter des pierres, à gifler les policiers et à aller en prison et tout ça, nous apprendrons cette leçon de solidarité et nous saurons alors comment utiliser la franchise. quand nous l'aurons. Oh ! Le moment arrive, papa. Attention.

"Je n'ai pas peur." J'ai dit : « Si j'avais aussi près de trente ans que cinquante ans, je suppose que je serais un suffragette enthousiaste . Tout ce que vous voudriez me semblerait bien. Pensez-vous que j'aurais eu une chance si je vous avais rencontré quand J'étais assez jeune pour être ton amant ?

"Je me demande comment tu étais, papa, il y a vingt ans, juste au début. Oh, je suppose que je t'aurais aimé. Mais même si je l'avais fait, je t'aurais envoyé un avocat avec un long contrat, précisant mes privilèges divers et divers et vos devoirs correspondants. Ensuite, je vous aurais conduit jusqu'à l'Hôtel de Ville et vous aurais fait signer chaque article avec un grand serment. Comment auriez-vous aimé cela ?

"Je me serais soumis avec joie."

Son bras se resserra autour de mon cou.

"Et tu sais ce que j'aurais fait alors, papa ?" » demanda-t-elle après un moment de silence. "Je suppose que dès que nous étions seuls, j'aurais déchiré ce contrat en petits morceaux. Et j'aurais dit : 'Oh, mon Seigneur et Maître, soyez humble envers moi en public, pour le bien de toutes mes pauvres sœurs qui ont peur... mais ici en privé, s'il vous plaît, piétinez-moi un peu... Et oh ! si vous m'aimez, faites-moi repriser vos chaussettes.

"Oh papa, c'est ça qui me brise le cœur" - il y avait un embarras dans sa voix - "C'est ce qui est difficile. Nous savons que nous devons nous battre pour notre liberté et notre égalité - pour le bien des autres femmes. Et pendant tout ce temps - si nous sommes amoureux, ce que notre cœur réclame, c'est un dirigeant. Nous voulons servir.

Je pense que lorsque j'en aurai l' occasion , je dirai à Billy de montrer ses muscles de temps en temps.

donc où j'en suis aujourd'hui. Mon expérience en éthique ? Cela a échoué. Je ne peux pas plus sûrement distinguer le bien du mal aujourd'hui que lorsque j'étais enfant à l'école.

Mes meilleurs efforts ont conduit Jerry – innocent – en prison. La seule fois où j'ai violé toutes les règles que j'avais établies pour me guider dans les Tombeaux, où j'ai menti abondamment, fait de la sale politique, aggravé un crime et me suis lancé dans une chasse à l'homme, avec la haine dans le cœur, je me suis débarrassé du le proxénète Blackie, a libéré Nina, a fait le bonheur de Norman. Marie est le résultat.

L'une des meilleures choses de ma vie a certainement été l'amour d'Ann. Cela m'est venu sans aucun effort de ma part, cela n'a en aucun cas été une récompense pour un effort ou une aspiration. Petit à petit, cela m'a semblé faux. Je ne crois pas à l'amour libre. Je ne peux pas plus justifier cela que je ne pourrais le justifier en volant des œufs quand j'étais un garçon. C'était quelque chose que je voulais et que j'ai pris. Pourtant, je suis sûr que cela a été une bonne chose.

En revanche, l'époque où je m'efforçais le plus d'atteindre un niveau supérieur, où j'étais le plus soucieux d'être droit et honorable, ces jours que j'ai passés en France avec Suzanne, ont abouti à la douleur la plus amère, à l'échec le plus lamentable de ma vie. vie. Ce n'est pas une mince affaire pour moi, même après toutes ces années. Les jours viennent où je dois ouvrir ma malle, sortir son sac à dos et la carte, les seuls souvenirs que j'ai d'elle, ce sont des jours d'angoisse. Pourquoi cela n'aurait-il pas été le cas ? Ma vie me semble amère et de peu de valeur quand je pense à ce qu'elle aurait pu être avec elle.

Je suis aujourd'hui plus perdu aujourd'hui en ce qui concerne les valeurs morales que jamais. Il ne me reste que peu d'espoir de réussir mon expérience. C'est ce qui est triste. Le bon combat a été long. Suite à la poursuite de la campagne, je suis prématurément épuisé. À moins de cinquante ans, je suis prématurément vieux. L' *élan* de la jeunesse est parti.

À l'Hôtel des Invalides à Paris, ils racontent l'histoire d'un vétéran infirme et marqué par la guerre des guerres napoléoniennes. Sa poitrine était couverte de médailles de service. Lors d'une des inspections annuelles, un jeune commandant a fait l'éloge de ses nombreuses décorations. « Mon général, répondit le vieux soldat, je ne peux plus porter de mousquet, il aurait mieux valu mourir glorieusement à Austerlitz.

Je suis loin de la triste disparition de ce vétéran décrépit, pourtant son histoire me touche presque. Les meilleurs jours se sont envolés. J'ai vécu intensément. Dans chaque combat, qu'il s'agisse de l'escarmouche insignifiante de mon travail quotidien ou des batailles les plus décisives, je me suis jeté avec une énergie dépensière. Je ne regrette pas cette attitude envers la vie. Je suis heureux d'avoir affronté ses problèmes face à face, avec un effort passionné. Mais il faut en payer le prix. Aujourd'hui, il me reste peu de fougue. L'esprit de quête de la jeunesse a disparu – et je n'ai pas trouvé le Saint Graal.

Peut-être que ces jeunes ont raison. J'ai peut-être mal commencé en essayant de trouver la vérité par moi-même. Il n'y a peut-être pas d'éthique individualiste. Ils trouveront peut-être la réponse exprimée en termes sociaux. Peut-être. Mais je n'ai plus l'énergie pour recommencer l'expérience.

Mais je dois le répéter encore une fois, je ne regrette pas ma manière de vivre. On ne nous propose que deux choix ; accepter les choses telles qu'elles sont ou lutter passionnément pour des formes nouvelles et meilleures. La défaite n'est pas honteuse. Mais la complaisance couchée l'est sûrement.

De la vie de toute ma génération, un petit supplément de sagesse est venu dans la course. Ni la Renaissance, ni la Réforme ne me semblent des changements aussi fondamentaux que ceux que nous avons opérés. Nous avons soudainement rendu la nation consciente d'elle-même. Nous n'avons pas guéri ses maux, mais au moins nous avons fait de grands progrès dans le diagnostic. Et mon expérience – à la manière des minuscules insectes coralliens – a fait partie intégrante de cet accroissement de sagesse.

Je suis plus optimiste aujourd'hui que jamais. Et si je souhaite continuer à vivre – et c'est sûrement mon souhait – c'est d'observer ces jeunes dans leur lutte pour une meilleure forme. Comme ils sont mieux équipés que nous, comme ils voient plus clair !

Je me revois à la sortie de l'université, si effrayée par la vie que j'étais heureuse de trouver refuge parmi les vieux livres. Je me souviens à quel point ce premier dîner à la Maison des Enfants avec Norman avait semblé étrange. Et puis je pense à Billy. Pourquoi! Les connaissances de la vie que ces pionniers commençaient tout juste à découvrir sont des lieux communs dans les conversations entre les amis de Billy. L'abolition de la pauvreté !

La vision me vient de Margot, délicate, fragile, ignorante – trop ignorante pour avoir peur. Toute la sagesse des âges – passés et futurs – lui semblait liée à la version King James. Je la compare à Marie. Elle est forte comme une paysanne. J'ai arrêté de jouer au tennis avec elle, elle me bat trop facilement. Et la manière sûre et intrépide avec laquelle elle regarde la vie me coupe le souffle, me laisse haletant, tout comme son jeu fringant au filet. Elle parle d'Ann comme du début de l'époque victorienne, mais je crains qu'elle ne place Margot comme élisabéthaine.

Le plus merveilleux de tout, c'est que ces jeunes n'ont jamais eu à se battre avec Dieu, n'ont jamais eu à se déchirer pour échapper au formalisme mortel et à la tyrannie du dogme de l'Église. Ils n'ont jamais eu à se qualifier d'athées.

Et puis je pense à la façon dont Billy et Marie sont confrontés à ce plus gros problème de tous : cette affaire d'amour. Ils auront sans doute leurs grains et se retrouveront peut-être dans des eaux peu profondes. Mais ils n'ont pas les yeux bandés comme je l'étais, comme l'était Norman — comme l'était toute ma génération. La pure chance était tout ce qui pouvait nous sauver. Ils dirigent et ne dérivent pas.

Oui. Mon histoire est terminée. La vieille troupe a été chassée de la scène. Il n'y aurait que peu d'intérêt à écrire le travail qui me reste — brosser les perruques du personnage principal, préparer la malle de la star , — pousser le cygne pour Lohengrin, curer les chevaux de la Walkyrie — tout cela se déroulera dans les coulisses.

Et comme je leur envie leur foi !

Ave— Juventas — morituri salutamus !